# 基于人力资本视角的收入差距研究:理论与实证

张晓蓓 著

中国财经出版传媒集团
中国财政经济出版社

**图书在版编目（CIP）数据**

基于人力资本视角的收入差距研究：理论与实证/张晓蓓著 . —北京：中国财政经济出版社，2017.12

ISBN 978 – 7 – 5095 – 7889 – 6

Ⅰ.①基… Ⅱ.①张… Ⅲ.①收入差距 – 研究 – 中国 Ⅳ.①F124.7

中国版本图书馆 CIP 数据核字（2017）第 292367 号

责任编辑：胡　博　庄　莉　　　　　责任校对：徐艳丽
封面设计：孙俪铭

中国财政经济出版社 出版

URL：http：//ckfz.cfeph.cn
E – mail：ckfz@cfeph.cn

（版权所有　翻印必究）

社址：北京市海淀区阜成路甲 28 号　邮政编码：100142
营销中心电话：88190406
天猫网店：中国财政经济出版社旗舰店
网址：https：//zgczjjcbs.tmall.com
北京中兴印刷有限公司印刷
787×1092 毫米　16 开　19.25 印张　309 000 字
2017 年 12 月第 1 版　2017 年 12 月北京第 1 次印刷
定价：68.00 元
ISBN 978 – 7 – 5095 – 7889 – 6
（图书出现印装问题，本社负责调换）
本社质量投诉电话：010 – 88190744
打击盗版举报热线：010 – 88190414　QQ：447268889

# 绪　论

改革开放以来，中国经济持续稳定增长，1987—2014年间GDP平均增长率高达9.4%。近年来我国经济整体增长变缓，但仍然保持了较高的增长速度。中国经济的迅猛发展成为世界各国政府和学者关注的焦点。国内外学者从各种角度出发，采用不同的理论和实证模型，分析中国经济发展的历史和现状，试图探讨并解释中国增长的原因。然而，直至今日，有关中国经济增长的研究仍未取得一致的结论，一些学者的研究结果甚至截然相反，这进一步增加了中国增长的神秘性。实际上，与世界其他国家一样，中国整体经济的增长离不开地区经济的持续贡献。地区、省份、城市或农村、个人等作为渐进微观的经济单位，是我国整体经济的细分。只有微观的个人、城市或农村、省份、地区经济健康协调发展，整体经济才有足够的动力持续增长。反过来，整体经济持续增长所产生的收益，能够用于帮助某些欠发达微观经济单位的发展，缩小微观经济单位之间的发展差距，进而促进微观经济单位的平衡增长。如此循环往复，整体经济形势将得到改善，我国经济将朝着更高的稳态增长。

按照研究对象的不同，经济单位的收入差距问题可分为两类：微观个体收入差距和宏观经济收入差距。其中，微观个体收入差距从个体层次入手，重点研究个体劳动力的收入均等化问题，特别是不同群体间的工资收入对比，如男性与女性的收入差距，城镇劳动力和农村劳动力的收入差距，以及不同学历水平、不同行业、不同所有制单位的劳动力收入差距等等。要素均等化理论预测，随着壁垒的降低，在标准赫克歇尔—俄林—萨缪尔森模型中，要素报酬将在不同经济贸易体内实现均等（Heckscher，1991；Samuelson，1948）。宏观经济收入差距则主要关注人均收入、人均产出等总量，回答人均收入在不同经济体内收敛还是发散的问题，如国家间收入差距，地区层面、省级层面收入差距，城乡收入差距等。由于人均收入是加权平均的要素价格,因此微观个体收入差距和宏观经济收入差距密切相连。本书第一篇针对我国省级层面经济均衡增长和收敛展开研究,属于宏观经济收敛的范畴。第二篇则研究个体层面不同劳动力群体的收入决定问题,属于微观收入差距的范畴。

事实上,我国政府很早就意识到了地区协调发展对总体经济的重要性,业已出台多项政策扶持欠发达地区的发展,如西部大开发、东北地区等老工业基地振兴、中部崛起等。从十一五规划开始,推动区域协调发展成为我国经济社会改革的重要目标之一。十三五规划进一步提出了"创新、协调、绿色、开放、共享"的发展理念,主张通过推动京津冀协同发展,推进长江经济带发展,以及扶持特殊类型地区发展和拓展蓝色经济空间等多种途径拉动区域协调发展。然而长期以来,我国采取了"粗放型"的经济增长方式,即主要依靠物质资本投资来发展经济,通过加大对欠发达地区基础设施建设、教育、卫生等方面的投资,拉近它们与发达地区的经济距离。随着经济转型的不断深化,以及产业结构的逐步升级,粗放型经济发展方式的弊端逐渐浮现,已经影响到经济的持续稳定增长。已有政策只在一定程度上减缓了地区差异的扩张速度,距离缩小甚至消除地区差异的政策目标仍需长时间的努力。

就微观层面而言,我国个体收入不平等程度仍在持续加大。我国已成为世界上收入不平等增长最快的国家之一。早在 2000 年我国基尼系数便达到 0.4 的收入分配差距警戒线,与美国持平,至 2004 年已经上升为 0.47。随着政府针对收入分配状况的宏观调控,以及我国社会保障体系的逐步完善,近年来基尼系数总体呈下降趋势。然而,直至 2016 年,统计局发布的数据显示,我国基尼系数仍然高达 0.465。可见,我国整体上贫富差距愈演愈烈的状况很难在短期内得到遏制。与此同时,性别间、城乡间以及行业间的个体收入差距也持续存在。就城市或农村而言,随着城市化进程的加快,大规模劳动力向发达城市流动,城乡差距急剧扩大。进一步的,不同的城市之间、农村之间的发展水平也相距甚远。就省份和地区而言,沿海省份的经济发展水平远远超过内陆省份,东部地区经济增长始终领先于中西部地区,并且地区间差距仍在扩大之中。收入差距的扩大会降低低收入劳动者的积极性和工作效率,而地区经济差异的扩张也势必抑制整体经济的发展。因此,减缓收入差距增长趋势,促进地区经济协调发展是确保我国经济长期稳健快速增长的必要选择。

毋庸置疑，人力资本是决定个体收入水平的关键因素，换而言之，个体收入差距的主要原因之一就是人力资本水平差异。仅以受教育水平这一常用的人力资本衡量指标为例，研究表明，受教育水平高的人群不仅进入劳动力市场的起始工资较高，而且整个工作生涯中工资上涨速度也更快，幅度更高。其他影响到个体收入的因素往往和受教育水平有着千丝万缕的联系，如工作单位类型、行业类型等，用人单位招收员工时往往将学历水平视为工作和学习能力的体现，受教育水平高的个体在工资福利待遇更好的单位和行业就业的概率更高，因此平均收入水平会高出受教育水平低的个体。实际上，除了学校教育之外，人力资本投资还包含健康、培训、迁移、"干中学"等其他因素，身体健康的劳动者生产力更高，他们经过培训和工作经验的积累能够得到工作能力的提升，通过迁移实现在充分发挥自身能力的最优岗位上的配置，收入水平必然高于其他劳动者。可见改善个体人力资本是缩小收入差距，降低收入不平等程度的关键途径。

宏观上来看，人力资本是推动经济社会发展的最根本源泉。人力资本水平的增加不仅能够直接提高劳动力生产效率，增加产出。而且可以通过提升劳动者吸收先进技术的能力，促进技术创新来加快全要素生产率的增长，进而推动经济发展。因此，人力资本水平的差异是导致个体层面收入差距以及地区经济差异的重要原因。人力资本水平较低的地区，劳动力不具备技术创新能力，学习和熟练使用新技术也需要更长的时间，因此高科技产业在这类地区落户需要花费的成本将更高。相反，凭借自身优势，人力资本水平较高地区能够吸引众多高科技产业竞相投资，加快了地区内产业结构的调整及升级，有利于地区经济的长期快速发展。因此如果没有外部力量的介入，人力资本方面的差异将导致劳动力水平较高地区经济的快速增长，而劳动力水平较低地区则增长缓慢，最终表现为地区经济差距的扩大。此时，若政府展开宏观调控，加大欠发达地区的人力资本投资，长期来看必将有利于遏制差距扩大的趋势。

我国政府采取了多项措施提高人口素质，如九年义务教育、高等教育扩招等等。然而，与同期发达国家相比，我国人力资本投资水平仍显著偏低。数据显示，2007年我国政府教育支出占GDP的比率仅为3.22%。以高等教育为例，1998年我国大学生毛入学率仅为6.2%，而同期美国大学毛入学率达到77%，日本为43.9%。1999年高校扩招政策实施后，我国高等教育发展踏上快车道。至2007年，我国大学入学率上升为22.9%，与中等收入国家23.1%的水平基本持平，高校扩招政策取得了明显成效。但是同期高收入国家大学入学率为67.2%，对比而言，我国高等教育距大众化仍相差一段距离。与此同时，由于高校基础设施和师资力量不能同步增长，高等教育质量逐步下滑，这直接导致了大学生就业难问题的出现。

此外，我国人力资本投资也呈现出显著的地区差异。具体而言，凭借自身的经济实力，沿海省份人力资本投资高于中西部省份，城市人力资本投资远远超出农村。而沿海、城市往往也是固定资本投资和外商直接投资更为丰富的地方，因此两方面的共同作用必将导致地区间、城乡间发展差异的急剧扩大。此时，只有发挥中央政府的宏观调控功能，实施有利于欠发达地区的人力资本投资政策，区域人力资本差异才能逐步解决，地区经济差异的持续恶化方能得以缓和。

收入差异问题一直是经济领域研究的重要课题。从个体角度而言，劳动力收入水平的高低不仅关系到个体自身经济状况，也必然会影响到他所从属的家庭的财富积累和应对风险能力，进而对经济的长期持续增长，乃至整个社会的福利水平产生影响。那么哪些因素影响到个体收入水平？哪些因素导致了个体间的收入差距？个体特征、工作特征、社会政策亦或是歧视等不公正待遇？回答上述问题能够帮助我们了解个体收入的决定因素，继而有针对性地投资和培养有助于收入提高的积极因素，规避和克服妨碍收入上升的消极因素。针对那些依靠个体劳动者自身努力无法克服的因素，政府可以通过制度层面的构建加以解决，降低劳动者的阻力，打通收入层级的上升渠道。

从地区收入差距角度来看，新古典增长模型认为：在资本边际报酬递减的前提下，落后地区的经济增长率将高于先进地区，因此长期来看地区经济增长将趋向于收敛。然而，内生经济增长理论则认为，技术进步的存在可以使规模报酬保持不变甚至递增，因此地区经济增长将呈现发散状态，即区域经济差距持续扩大。那么，改革开放以来，我国地区经济的发展表现为哪种趋势，是逐步收敛还是日益发散？影响地区经济收敛的因素有哪些？人力资本在其中发挥什么样的作用？何种措施能够抑制经济差异的扩大？这些都是本书想要回答的问题。

本书尝试从人力资本视角出发，对我国当前个体收入差距和地区收入差距的问题进行深入分析，寻找缩小收入差距的有效途径。本书在理论梳理的基础上，采用多种实证分析方法研究我国收入差距问题，剖析收入差距的成因,并重点分析人力资本在其中扮演的角色。在结构上,本书分为宏观篇和微观篇两部分,其中宏观篇分析了我国地区经济趋同的现状和动态走势,全面深入地研究了人力资本在区域经济发展中的作用机制,并根据研究结果提出了适合我国当前国情的、推动区域协调发展的有效政策建议。在宏观篇对我国整体收入分配状况分析的基础上,本书微观篇由省级层面落到个体层面,分不同主题分析了人力资本对个体收入差距影响,包括对城乡间、性别间工资差距的直接影响,以及人力资本通过工作匹配、婚姻匹配和劳动力供给状况等途径对个体收入差距产生的间接影响。本书是在作者博士论文基础上撰写而成的,撰写过程中得到了诸多学者和专家的指导和建议,在此表示感谢,当然文责自负。需要指出的是,人力资本与收入差距之间的关系错综复杂,对它的全面分析涉及区域经济、人口经济、教育经济、社会学等多领域的知识,由于时间有限和能力有限,本书必然还存在诸多不足之处,恳请读者批评指正。

# 目　录

## 宏观篇——人力资本与区域经济均衡发展

引言 ………………………………………………………………（ 3 ）

第一章　人力资本与经济收敛的理论综述 …………………（ 9 ）

第二章　人力资本的构成及其度量 ……………………………（39）

第三章　人力资本与经济收敛现状分析 ………………………（57）

第四章　人力资本与经济收敛实证分析——基于传统线性
　　　　模型的结果 ……………………………………………（86）

第五章　人力资本与经济收敛的非线性探讨 …………………（98）

第六章　人力资本在经济收敛过程中的门槛效应分析 ………（113）

第七章　人力资本与经济收敛实证分析——基于非参数和
　　　　半参数模型的结果 ……………………………………（132）

第八章　结论及政策建议 ………………………………………（157）

参考文献 …………………………………………………………（165）

## 微观篇——人力资本与个体收入差异

引言 ………………………………………………………………（191）

第一章　人力资本与个体收入差异理论综述 …………………（192）

第二章　人力资本与个体收入差异现状分析 …………………（200）

第三章　人力资本与性别工资差异 ……………………………（207）

第四章　人力资本与户籍工资差异——以城镇劳动力市场为例 ……（220）

第五章　教育匹配程度与收入差异研究 ………………………（232）

第六章　高等教育大众化的收入影响研究 …………………… （244）

第七章　人力资本、收入差异与择偶标准 …………………… （256）

第八章　人力资本、工作时间与城镇女性的劳动力供给 ……… （266）

参考文献 ………………………………………………………… （283）

# 宏观篇

## 人力资本与区域经济均衡发展

# 引　言

改革开放三十多年来，我国经济以年均9.9%以上的速度攀升，取得了卓越的发展成果和改革红利。但是成果和红利并没有在地区间得到公平分配，不论在经济总量还是经济增速上，沿海发达地区都远远甩开中西部地区，城镇地区也始终领先于农村地区，地区经济非均衡增长日趋严重。我国地区经济差距的逐步扩大不仅严重违背了共同富裕的目标，而且不利于社会的长治久安。近年来，随着人口红利衰减、中等收入陷阱风险积累，我国年均经济增长速度开始由高速增长转变为中高速增长，经济发展进入新常态。新常态的特点之一就是经济福祉将由非均衡型向包容共享型转换。即：农村居民收入增速快于城镇居民，中部、西部和东北地区经济增长速度超过东部地区。当然，这一转换需要经过一系列的结构性改革方能实现。

在区域经济失衡的背景下，数据显示，我国不同地区的人力资本水平也差距悬殊，城镇人口的受教育水平和教育质量远高于农村地区，同样的情况也发生在发达地区和欠发达地区之间。此外，受到经济发展水平的限制，落后地区的高水平劳动力往往大量流失到发达地区，进一步加剧了地区间的人力资本差距。考虑到人力资本对经济发展的重要推动作用，它可能是导致我国地区经济非协调发展的重要原因。这一推测与我国当前推行的供给侧结构性改革不谋而合。供给侧包括劳动力、土地、资本和创新四大要素，而供给侧改革就是从提高要素质量出发，推进结构调整，扩大有效供给，促进经济增长。人力资本不仅改善劳动力和土地的使用效率，也能够促进创新，推动产业结构升级，可见人力资本是供给侧结构性改革中不可或缺的重要环节。

本部分将采用省级层面面板数据研究我国区域经济趋同问题，并重点分析人力资本对区域经济增长的作用机制。本部分研究具有重要的理论和现实意义：

第一,地区经济均衡发展是总体经济持续稳定增长的前提和先决条件。从总体来看,当前我国经济增长势头良好,但是一些影响到未来经济增长的隐患已经出现,地区经济的非平衡发展就是其中之一。落后地区与先进地区之间巨大的经济差距,使得该地区民众的物质文化需求不能得到及时有效的满足,这不仅与现阶段追求的共同富裕目标相违背,而且也不利于长期的社会稳定。因此,确保地区经济协调发展是国家经济稳定增长的前提条件。经济收敛性问题的研究将帮助当局认清地区经济发展的现状及长期趋势,为政府辨别相关的政策建议提供理论支持。

第二,人力资本是保证经济持续增长的核心动力,是供给侧结构性改革的重要环节。广义的资本包括物质资本和人力资本两种,而物质资本的产出效率取决于人力资本水平。一方面,人力资本通过技术创新和吸纳新技术,可以提高单位投入的产出量,增加物质资本的边际生产力。另一方面,人力资本特有的组织管理能力,能够优化物质资本的配置效率,进而促使物质资本实现产出最大化。此外,人力资本的积累也能够直接提升生产力。因此,人力资本对经济增长的推动作用毋庸置疑,但是如何运用人力资本的这种作用来改变地区经济差异,推动供给侧结构性改革,促进区域协调发展还需要进一步的研究。

第三,我国十三五规划将"推动区域经济协调发展"和"提升全民教育和健康水平"列为重要内容,树立了创新、协调、绿色、开放、共享的五大发展理念,本篇乃至本书的研究一方面验证了这些理念的正确性,另一方面也能够为具体实现这些目标提出有针对性的政策建议。

## 一、研究思路及研究内容

### (一)研究思路

有鉴于当前我国地区经济和人力资本投资失衡的共同存在,本篇将就宏观省级层面二者之间的关联性展开研究。本篇研究的重点包括:我国地区经济是否趋向于收敛,人力资本在推动地区协调发展中发挥的作用,以及如何通过人力资本政策改善地区差异,拉近落后地区和先进地区之间的差距。

### (二)研究内容

本篇试图系统梳理现有的经济收敛理论,并构建模型实证检验我国地区经济的收敛问题。具体的,本篇将采用省际面板数据研究人力资本与地区经济收敛之间的关系。本篇的结构安排如下:第二章简要概述经济收敛理论的发展历程,分析不同模型中人力资本的作用,并给出国内外有关经济增长收敛性的研究结果;第三章详细介绍人力资本内涵及其衡量方法;第四章解析我国地区经济增长和人力资本水平的现状,以求对我们研究的经济现实有个直观了解。接下来进入实证分析环节,本书通过构建多种实证模型全面分析我国的省际经济趋同现象,并探究人力资本在其中发挥的作用。首先,第五章将建立传统的新古典经济收敛模型,在资本边际报酬递减的假设下研究省际经济的收敛性,并探讨人力资本与地区经济增长和收敛的关系;而后,本书逐步放松传统模型的前提假设,检验前文结论的稳健性。第六章针对传统模型的线性假设展开检验,通过将样本按照地域或时间划分,对比分析在不同时间、不同地区省际经济收敛的差异性,鉴别经济收敛现状是否符合线性假设。第七章将构建门槛效应模型具体研究经济收敛过程中人力资本的门槛效应,分析人力资本在门槛前后影响效应的变动。第八章进一步放松传统模型的前提假设,采用新兴的非参数分析方法和半参数分析方法研究我国的省际经济收敛问题,并与前文结论进行对比,探讨回归结果的稳健性。最后一章总结全文,给出相应的政策建议。图1给出了本书的研究技术路线。

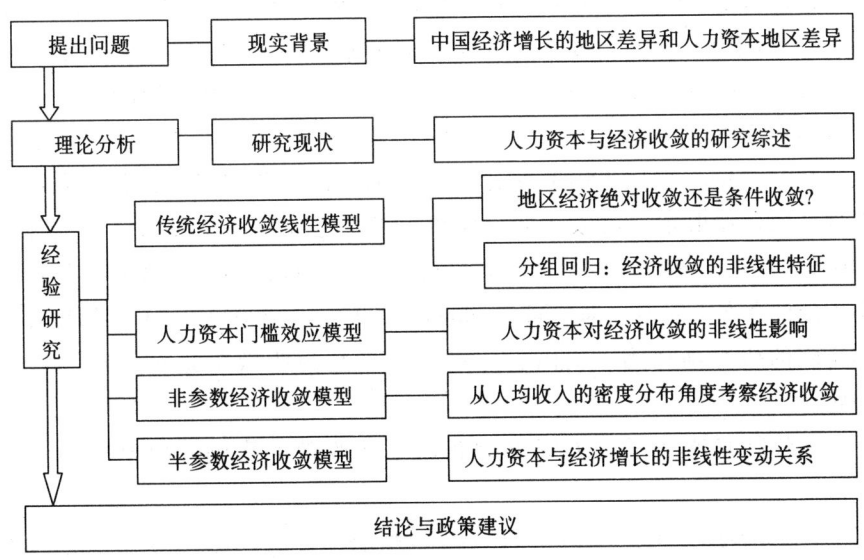

**图1 研究技术路线图**

## 二、研究创新

本书采用1990－2009年期间的省级面板数据分析我国的经济收敛问题，并重点探讨人力资本在经济收敛过程中的作用。这段时期以来我国教育事业发展迅速，人力资本投资日益增加，中国人力资本的状况发生了巨大的变化。例如，1990－2009年间，我国高中生入学率由11.97%上升为44.73%，增加了接近3倍，而大学生入学率上升更为迅速，由2.19%增加到了21.66%，上升了9倍之多。尤其是进入21世纪以来，我国九年义务教育持续强化和普及，国家还进一步出台了诸多政策提升人口素质，如1999年的高等学校扩招、国家资助出国留学以及大规模吸引海外学者回国等，这些政策的实施加快了我国人力资本积累的速度。人力资本的大幅变动有助于辨识其对经济的作用效应，为深入的研究人力资本与经济发展和收敛的关系提供了更好的数据基础。诸多研究认为1994年是中国经济结构的转折点，因此本文将研究范围限定为1994年之后的阶段。在下面的分析中，我们将每5年划为一期，这样1994年的基期就是1990年，而2009年之后由于《中国统计年鉴》自2012年停止发布省级层面总体就业人数数据，考虑到数据的连续性，本书将考察年份设定为1990－2009年期间。

国内对于地区经济收敛的研究多数只考察了经济是否收敛的问题，如潘文卿（2010）采用空间计量模型系统研究了我国区域经济的收敛趋势，该研究发现我国存在全国范围的绝对收敛特征，并且1990年前东部和中西部分布形成两个收敛俱乐部，而1990年后逐渐分化为东、中、西三大收敛俱乐部[①]。Zhang等（2001）采用时间序列方法的研究指出，我国东部和西部地区存在俱乐部收敛，中东部和东西部之间却趋于发散。覃成林等（2012）将俱乐部趋同概念从时间维度扩展到空间维度，发现我国长江三角洲地区存在空间俱乐部趋同。Sakmoto和Islam（2008）采用马尔科夫转移矩阵的研究则认为，我国省际经济是否趋向收敛仍是个有待回答的问题。

少数研究涉及了人力资本对我国经济收敛的影响，如蔡昉和都阳

---

[①] 俱乐部收敛指初期经济发展水平接近的经济集团各自内部的不同经济系统之间趋于收敛的现象，即穷国集团和富国集团各自内部存在条件收敛，而两个集团之间则没有收敛迹象（沈坤荣和马俊，2002）。

(2000)，该研究指出我国地区经济增长存在俱乐部收敛和条件收敛现象，然而人力资本禀赋稀缺、市场扭曲和开放程度不足等因素正阻碍着地区收敛的实现。Chen 和 Fleisher（1996）认为经济收敛速度的快慢受到人力资本投资的影响。刘强（2001）则认为新古典经济增长收敛机制在中国并没有发挥作用，大规模的劳动力转移是主要原因。沈坤荣和唐文健（2006）进一步指出，较大规模劳动力转移会促使经济收敛性质出现先发散后收敛的动态变化①。然而，这些研究没有对人力资本在经济收敛中的作用进行深入探讨，特别是对于人力资本与其他因素对经济收敛的交互影响没有深入解释。

本书将在已有研究的基础上，从经济收敛的视角深入研究人力资本的作用。与现有研究相比，本研究有以下创新：

第一，研究方法的创新。本书首先采用传统的经济收敛模型检验我国省际经济收敛问题，并考察人力资本的作用。而后，考虑到传统模型的局限性，本书逐步放松模型前提假设，采用多种研究方法分析人力资本与经济收敛的关系。具体而言，第一步，本书通过将样本按照地域和时间进行划分，探讨不同时间、不同地区间经济收敛的差异性，发现经济收敛的非线性特性。第二步，为克服第一步人为划分样本的主观性，本书采用门槛效应模型研究经济收敛过程中人力资本的门槛效应，通过实证回归得出门槛估计值，并分析门槛值前后人力资本影响作用的差别，这在国内同类研究中为首次。第三步，完全抛开线性假设，对模型不做任何主观设定，采用非参数方法分析我国省级层面人均收入密度分布的动态变动，并得出多维经济收敛模型的回归图。最后，根据非参数回归结果构建半参数模型进行研究，以克服非参数分析可能存在的维度灾难问题。以上步骤层层递进，环环紧扣，通过对不同模型方法结论的对比分析，能够确保本书研究结论的稳健性和准确度。

第二，人力资本指标的创新。由于人力资本度量的复杂性，以往文献往往采用单一的人力资本指标，但是单一的指标不能全面反映人力资本对经济收敛的作用。因此，本书采用多种人力资本度量指标，全面考察人力资本对中国省级经济相对增长的影响。现有文献中用到的人力资本指标大

---

① 也有不少相关研究，尽管不是关于经济收敛，但着眼于分析人力资本对中国区域经济增长和经济效率的影响，如 Fleisher, Li 和 Zhao（2010）。

多数是根据教育程度来度量的,如平均受教育年限、入学率、识字率等,本书选取了平均受教育年限指标,并通过永续盘存法计算了高中毕业人口、大学毕业人口在总人口中的比率用于全文分析。

值得注意的是,教育只是人力资本的一部分,人力资本还包括培训、迁移和健康等其他因素,因此单以教育衡量人力资本并不全面,也可能影响回归分析结果。本书将首次采用最新发布的中国省级层面的人力资本数据展开分析,该数据依据国际上通用的 Jorgenson – Fraumeni（J – F）终生收入法计算而得（Jorgenson 和 Fraumeni, 1993）,涵盖了包括教育、工作经验、健康等在内的多种影响因素,是对人力资本的全面综合度量,有利于考察人力资本的综合作用。

第三,数据处理的创新。在利用中国省级数据进行回归分析时,一个潜在的问题是由于各省生活成本差异巨大而导致的许多货币化指标,如人均 GDP 或人均收入等,在省际间没有可比性,省级固定效应模型也无法完全消除这一问题,现有研究往往忽视这一问题。本书根据购买力水平计算出以 1990 年为基年、北京为参照地的省级层面的生活成本平减指数,用以调整相应省级变量,使其不仅纵向跨时间可比,而且横向跨省可比,提高了模型中数据的相对准确度。此外,为了消除模型中变量的内生性问题,我们在技术上采用了固定效应模型及工具变量方法,以检验估计结果的稳健性。

# 第一章 人力资本与经济收敛的理论综述

一国经济增长如何达到稳态，各国经济发展最终收敛还是发散？自诞生之日起，经济学就致力于回答这些问题。经济收敛，顾名思义指不同宏观经济系统间人均产出水平的趋同，它包括 $\sigma$ 收敛和 $\beta$ 收敛两种。其中，$\sigma$ 收敛指地区间人均收入离差逐渐缩小的过程，$\beta$ 收敛则指未来人均产出增长率与初期收入水平负相关的现象。根据是否控制技术水平和偏好因素，$\beta$ 收敛又分为绝对收敛和条件收敛。绝对 $\beta$ 收敛指无需控制任何因素，落后地区经济增长速度都快于先进地区，所有地区的发展将趋向于共同的均衡状态。而条件 $\beta$ 收敛指，在控制了地区技术水平和偏好因素的前提下，落后地区经济增长速度才会快于先进地区。即只有具有相同结构特征的国家或地区经济发展才会趋向收敛。

伴随着西方经济学的发展，经济收敛理论也经历了不同的时期。从最初的古典经济收敛理论，到新兴的内生经济收敛理论，经济收敛模型所考虑的因素更加全面，与经济现实也越发接近。有关地区经济收敛性的理论包括技术扩散模型、新古典经济增长模型和内生经济增长模型等，多数实证研究均基于后两种模型展开。新古典经济增长模型认为资本、劳动、技术决定一国的经济增长，但是该模型假设技术是外生的，并且劳动具有同质性。内生经济增长理论则将技术因素内生化，并将知识外溢、人力资本和研发投资包含在模型中。然而，我们不能简单辨别新古典经济增长模型和内生经济增长模型的优劣。考虑到转型经济的特殊性，我们需要在借鉴国外先进研究经验的基础上，结合本国国情探索中国增长的独特规律。

## 一、技术扩散理论

经济收敛假设最早出现在18世纪中期大卫·休谟和约西亚·塔克的经典著作中（Elmslie，1995）。休谟坚信在经济增长过程中，不同经济体将自然的收敛于同一收入水平。而塔克则认为，经济体之间的差异将持续存在。休谟指出技术转移和较低的工资水平是推动落后经济体的增长快于先进经济体的两大原因，并且先进经济体的制造工人将向落后经济体迁移（Hume，1978），该观点暗含了制造业工作的边际报酬递减规律。此外，休谟认为地区差距在短期内存在，但在长期将消失。

技术扩散理论的核心观点认为，在特定情况下，技术上的落后将带来经济增长上的优势。Veblen（1915）的研究结论显示，先进地区向落后地区的技术扩散是推动经济收敛的重要原因。Gerschenkron（1952）进一步提出了后发优势的观点，即技术上落后的地区更加具有发展优势。但发挥该优势需要具备两个基本条件：充足的可利用资源禀赋和无工业化障碍。Abramovitz（1986）采用数据对后发优势理论进行了检验，该研究假设生产率的增长取决于旧资本从安置到替换期间技术的进步程度。追随经济体与领先经济体之间的技术水平差异越大，即生产率差异越大，追随经济体的增长潜力将越大。因此，追随经济体的增长速度与其初始技术水平负相关。Abramovitz和Paul（1996）进一步指出，社会能力是落后经济体赶超先进经济体的必要条件。社会能力包括充足的企业家才能、管理和技术人员、配套机构设施等。文化特点、对工作和财富的观念、社会结构阶层流动性以及建立非家族企业的能力也属于社会能力的范畴。如果经济体缺乏社会能力，技术上的落后将不能转化为经济发展的优势。Baumol（1986）分析了16个先进经济体长期经济增长的收敛性问题。研究发现，技术作为公共产品，其扩散会促进赶超现象和经济体之间的收敛，并且经济增长将向有能力采用新技术的经济体扩散。Baumol（1994）进一步指出技术的进步会在经济体间产生正的外部性。

跨国企业是经济体间技术扩散的最便捷途径，然而并非所有跨国企业东道国都经历了高增长。Blomstrom，Lipsey和Zejan（1996）按照人均收入将发展中国家进行了排序，他们的研究发现，只有前50%的国家经济增长受到FDI技术溢出效应的推动。其他国家由于不具备充足的资源，因此无法吸收跨国公司带来的技术流入。该研究同时指出，生产的全球化有利于东道国的经济增长。

技术模仿的低成本是导致追随经济体后发优势的另一个原因。新技术创新过程中不可避免地会有错误出现，产生相应成本，而追随经济体则能够避免该成本。诸多研究提供了有关模仿成本和时间的估计。Mansfield, Schwartz 和 Wagner（1981）发现化学、电子、机械和药物类产品的模仿成本只占创新成本的65%。Teece（1977）的研究显示，跨国企业的技术转移成本只占全部生产成本的19%。Mansfield（1985）的研究发现70%的新技术模仿存在一年的滞后。Caballero 和 Jaffe（1993）则认为新观点对其他研究者产生影响需要1到2年的时间。

技术扩散效应的不足是没有考虑回波效应的存在，即先进地区将持续吸引其他地区的资源源源不断地流向该地区。由于集聚经济和规模收益递增的存在，先进地区在技术水平和产出效率方面占据绝对优势，将保持快速的经济增长，而落后地区的经济将趋于停滞。这正是累积性因果循环理论预期的结果，即地区经济差异将持续存在，并不断扩大。

## 二、新古典经济收敛模型

### （一）巴罗绝对经济收敛模型

新古典经济增长理论以资本边际收益递减为假设前提，认为随着经济的发展，富裕国家的资本边际报酬将低于贫穷国家，进而导致富裕国家新增固定资本投资减少，人均产出增长减缓，贫穷国家则发生相反的变化，因此贫穷国家与富裕国家的人均产出水平将逐步趋同（Solow, 1956, 1957; Swan, 1956）。以此为理论依据，学者们将初期收入水平与未来的产出增长率联系起来，通过考察二者之间的关系来判定经济收敛的存在与否（Barro, 1991; Barro 等, 1991; Barro 和 Lee, 1993; Rassekh 等, 1998）。

因此，在新古典经济增长理论中，人均产出主要由人均资本决定，根据 Barro 和 Salai Martin（1992），生产函数可假设为以下形式：

$$\hat{y} = f(\hat{k}) \tag{1.1}$$

$\hat{y}$、$\hat{k}$ 分别表示单位有效劳动的产出和单位有效劳动的资本。$Le^{xt}$ 代表有效劳动,其中 $L$ 指劳动力人数,$x$ 指外在技术进步率。

在封闭经济中,$\hat{k}$ 的变动轨迹为:

$$\dot{\hat{k}} = f(\hat{k}) - \hat{c} - (\delta + x + n)\hat{k} \quad (1.2)$$

其中,$\hat{c} = C/Le^{xt}$,$\delta$ 指折旧率,$n$ 代表劳动力增长率。

代表性家庭将最大化自己的效用水平:

$$U = \int_0^\infty u(c)e^{nt}e^{-\rho t}dt \quad (1.3)$$

$$u(c) = \frac{c^{1-\theta} - 1}{1-\theta} \quad (1.4)$$

其中 $c = C/L$,$\rho$ 指时间偏好比率,$\theta > 0$,因此边际效用对 $c$ 的弹性为常数 $-\theta$。

式(1.3)实现最大化的一阶条件为:

$$\frac{\dot{c}}{c} = \frac{1}{\theta}[f'(\hat{k}) - \delta - \rho] \quad (1.5)$$

在稳态时,单位有效劳动的产出、资本、消费等均保持不变,而人均产出、资本、消费则以 $x$ 比率上升。因此稳态的单位有效资本满足以下条件:

$$f'(\hat{k}*) = \delta + \rho + \theta x \quad (1.6)$$

如果某一经济体初期单位有效劳动的资本($\hat{k}$)低于稳态水平($\hat{k}*$),那么该经济体的 $\hat{k}$ 将逐步增长直到实现稳态水平。

假设(1.1)式为柯布道格拉斯生产函数:

$$\hat{y} = f(\hat{k}) = A\hat{k}^\alpha, 0 < \alpha < 1 \quad (1.7)$$

我们可以得出以下结论:人均资本的增长率($\dot{k}/k$)和人均产出的增长率($\dot{y}/y$)将逐步递减为稳态增长率 $x$。因此对于两个拥有相同偏好和技术水平的经济体而言,初期 $\hat{k}$ 较低,即距离稳态较远的经济体人均产出增长将更快。

对式(1.2)和式(1.5)在稳态附近进行对数线性变换,可以得到:

$$\log[\hat{y}_t] = \log[\hat{y}_0] \cdot e^{-\beta t} + \log[\hat{y}^*] \cdot (1 - e^{-\beta t}) \quad (1.8)$$

其中 $\beta$ 为经济收敛速度。

则,人均产出在 0 到 T 期间的平均增长率为:

$$\frac{1}{T}\log\left[\frac{y(T)}{y(0)}\right] = x + \frac{1-e^{-\beta t}}{T} \cdot \log\left[\frac{\hat{y}^*}{\hat{y}(0)}\right] \tag{1.9}$$

上式体现了条件收敛,即在 $x$ 和 $\hat{y}^*$ 给定的前提下,$y(0)$ 越小,经济增长率越快。把时间看作离散的增长阶段,式(1.9)可变为:

$$\log\left[\frac{y_{it}}{y_{i,t-1}}\right] = a_i - (1-e^{-\beta})\left[\log(y_{i,t-1}) - x_i(t-1)\right] + u_{it} \tag{1.10}$$

$$a_i = x_i + (1-e^{-\beta})\log(\hat{y}_i^*) \tag{1.11}$$

假设所有经济体的稳态 $\hat{y}^*$ 相同和技术进步率 $x_i$ 相等,上式可变为绝对收敛模型:

$$\frac{1}{T}\log\left[\frac{y_{i,t_0+T}}{y_{i,t_0}}\right] = B - \left(\frac{1-e^{-\beta T}}{T}\right)\log(y_{i,t_0}) + u_{i,t_0,t_0+T} \tag{1.12}$$

采用新古典经济增长模型,Barro 和 Salai Martin(1992)分别研究了美国 48 个相邻州和 98 个国家之间的经济收敛问题。研究发现:各州经济表现为绝对收敛,而各国经济则条件收敛,即只有控制了影响劳动生产率和技术进步的相关因素后(如初期入学率、政府消费占 GDP 的比率等),落后国家经济增长率才会快于先进国家。

**(二)基本的索罗条件收敛模型**

罗伯特·索罗是新古典经济增长理论的创始人,因此新古典经济增长模型也称为索罗模型。该模型在哈罗德—多马模型基础上发展而来,但是修正了原模型中生产要素不可替代的基本假设。索罗认为,生产要素不可替代假设与经济现实严重不符,但哈罗德—多马模型的推导结论与这一假设是否成立显著相关。此外,经济增长作为一种持续现象应当采用长期分析工具来加以研究,如边际分析方法,但哈罗德—多马模型主要采用乘数、加速数和资本系数等短期研究工具来考察经济增长。因此,哈罗德—多马模型的结论无法经受事实的验证,需要加以修正。正是基于这种背景,索罗创立了新古典经济理论,在该模型框架中劳动和资本可以相互替代。

索罗模型从柯布—道格拉斯生产函数出发来建立经济增长与各种影响因素之间的关系。该模型认为,资金投入量、劳动投入量和科技进步是影响经济增长的三大基本因素,经济增长稳态可以通过调整生产中的资本劳动比实现。新古典经济增长理论将储蓄率、人口增长率和技术进步都视为

外生变量,并假设生产要素报酬等于其边际产品。因此,在 t 期,生产函数表现为以下形式:

$$Y(t) = K(t)^\alpha (A(t)L(t))^{1-\alpha} \qquad 0 < \alpha < 1 \tag{1.13}$$

其中,$Y$ 代表产出,$K$ 和 $L$ 分别为资本和劳动,$A$ 表示技术水平。$L$ 和 $A$ 分别以不变的比率 $n$ 和 $x$ 增长,因此,$A(t)L(t)$(有效劳动)的数量将以 $n+x$ 的比率增加。

$$L(t) = L(0)e^{nt} \tag{1.14a}$$

$$A(t) = A(0)e^{xt} \tag{1.14b}$$

$$k = K/AL \tag{1.15a}$$

$$y = Y/AL \tag{1.15b}$$

(1.15a)、(1.15b) 式中 $k$ 和 $y$ 分别为有效人均资本和有效人均产出,将其带入(1.13)式可得:

$$y(t) = \left(\frac{K(t)}{A(t)L(t)}\right)^\alpha = (k(t))^\alpha \tag{1.16}$$

进一步的,新古典增长理论假定储蓄率为产出的固定比率 $s$,令 $\delta$ 代表资本折旧率,则单位时间内资本存量的增量等于投资带来的资本增加减去使用导致的资本消耗,即

$$\dot{K}(t) = dK(t)/dt = sY(t) - \delta K(t) \tag{1.17}$$

因此,有效人均资本将沿着下式变动:

$$\dot{k}(t) = sy(t) - (n+x+\delta)k(t) = s(k(t))^\alpha - (n+x+\delta)k(t) \tag{1.18}$$

当 $\dot{k}(t) = 0$ 时,有效人均资本存量达到稳态,这意味着稳态有效人均资本存量为:

$$k^* = [s/(n+x+\delta)]^{1/(1-\alpha)} \tag{1.19}$$

由上式可见,$k^*$ 与储蓄率呈正向变动关系,与人口增长率呈反向变动关系。即储蓄率越高的地区,有效人均资本越高,人口增长越快的地区,有效人均资本越少,这与我们观察到的各国经济发展现实相符合。索罗模型研究的核心是储蓄率及人口增长率对实际产出的影响,将(1.19)式代入(1.13)式,并对方程两侧求对数,可得稳态人均产出为:

$$\ln\left[\frac{Y(t)}{L(t)}\right] = \ln A_0 + gt + \frac{\alpha}{1-\alpha}\ln(s) - \frac{\alpha}{1-\alpha}\ln(n+x+\delta) \tag{1.20}$$

将(1.19)式代入(1.16)式,可得稳态有效人均产出为:

$$y^* = [s/(n+x+\delta)]^{\alpha/(1-\alpha)} \tag{1.21}$$

令 t 期实际有效人均产出为 $y(t)$，则 $y(t)$ 向稳态收敛的过程为：

$$\frac{d(\ln y(t))}{dt} = \lambda [\ln y^* - \ln y(t)] \tag{1.22}$$

$$\lambda = (n + x + \delta)(1 - \alpha) \tag{1.23}$$

$\lambda$ 为经济向稳态的收敛速度。索罗模型认为，地区之间若偏好和技术水平相同，即便初始人均产出不同，经济最终也将收敛于同一稳态。究其原因，由于资本边际收益递减规律的存在，初始产出水平较高的地区，经济增长率较低，而初始产出水平较低的地区，产出增长率相对较快。因此，长期来看，地区经济趋同于一致的产出水平。地区经济增长率与初始水平的关系可由下式体现：

$$\ln(\frac{y(t)}{y(0)}) = (1 - e^{-\lambda t})\ln y^* - (1 - e^{-\lambda t})\ln(y(0))$$

$$= (1 - e^{-\lambda t})\frac{\alpha}{1-\alpha}\ln(s) - (1 - e^{-\lambda t})\frac{\alpha}{1-\alpha}\ln(n + x + \delta) -$$

$$(1 - e^{-\lambda t})\ln(y(0)) \tag{1.24}$$

可见，经济增长率的高低取决于稳态水平和初始状态，并且与前者呈正向变动关系，与后者呈反向变动关系。也就是说，当前经济水平距离稳态越远，初始经济水平越低，模型预测增长率将越快。

### （三）扩展的索罗条件收敛模型

自 1956 年索罗模型提出以来，诸多经济学家采用实证分析方法对其进行了验证，但一些实证结果与模型预期相异，因此产生了对索罗模型适用性的质疑。如 Romer（1987a，1987b）的研究结果显示，储蓄率对经济增长的影响十分巨大，并认为资本积累存在正的外部性。Lucas（1988）则认为人口增长率的变动不能解释实际产出的大型波动。针对这类质疑，Mankiw 等（1992）对索罗模型进行了改进，下文简称 MRW 模型。

Mankiw 等将人力资本引入新古典经济增长模型，指出人力资本变量的缺失是导致索罗模型实证结果与预期不符的主要原因。人力资本的引入实际上是考虑了劳动力质量，而以往的新古典经济增长模型单独采用人均资本（$\hat{k}$）拥有量来解释经济增长，忽略了劳动力质量问题，因此是不全面的。Mankiw 等（1992）指出经济增长为储蓄率、劳动力增长及人力资本等因素的函数，这些因素也正是决定地区经济发展能否实现收敛的关键。根据 MRW 模型，我们假设扩展的柯布—道格拉斯生产函数如下：

$$Y(t) = K(t)^\alpha H(t)^\beta (A(t)L(t))^{1-\alpha-\beta} \tag{1.25}$$

上式为加入人力资本后的柯布—道格拉斯生产函数，其中 $H$ 代表人力资本存量，其他变量定义与上一小节相同。令 $s_k$、$s_h$ 分别表示国民收入中用于物质资本投资和人力资本投资的份额，则经济将沿着（1.26a）和（1.26b）式决定的轨迹发展：

$$\dot{k}(t) = s_k y(t) - (n + x + \delta)k(t) \tag{1.26a}$$

$$\dot{h}(t) = s_h y(t) - (n + x + \delta)h(t) \tag{1.26b}$$

其中，$h = H/AL$，代表有效人均人力资本。MRW 模型假定人力资本、物质资本和消费之间能够无成本替换，换句话说，一单位的消费能够完全转换为一单位的人力资本，不产生任何成本。并且，人力资本折旧率等于物质资本折旧率。此外，边际收益递减规律依然成立，即 $\alpha + \beta < 1$。因此，稳态的有效人均物质资本和有效人均人力资本分别为：

$$k^* = \left(\frac{s_k^{1-\beta} s_h^\beta}{n + x + \delta}\right)^{1/(1-\alpha-\beta)} \tag{1.27a}$$

$$h^* = \left(\frac{s_k^\alpha s_h^{1-\alpha}}{n + x + \delta}\right)^{1/(1-\alpha-\beta)} \tag{1.27b}$$

将（1.27a）和（1.27b）分别代入（1.25）式，并同时对方程两侧求对数，可得人均国民产出决定模型：

$$\ln\left[\frac{Y(t)}{L(t)}\right] = \ln A_0 + gt - \frac{\alpha+\beta}{1-\alpha-\beta}\ln(n+x+\delta)$$

$$+ \frac{\alpha}{1-\alpha-\beta}\ln(s_k) + \frac{\beta}{1-\alpha-\beta}\ln(s_h) \tag{1.28}$$

（1.28）式表明，人均国民收入同时取决于物质资本、人力资本和人口增长率三方面，并且与物质资本和人力资本同方向变动，与人口增长率反方向变动。与忽略人力资本因素的（1.20）式相比，物质资本的系数变大。储蓄率提高将增加产出水平，进而推动人力资本向更高的稳态变动。因此，将人力资本包含在模型中增加了物质资本积累对国民收入的影响力。此外，$\ln(n + g + \delta)$ 前的系数也较（1.20）式有所增加，人口增长率的提高将降低人均收入，因为此时物质资本和人力资本都需要分配给更多的人。

与此同时，通过将（1.27b）式和（1.28）式相结合，曼昆等得到了如下的经济增长模型：

$$\ln\left[\frac{Y(t)}{L(t)}\right] = \ln A_0 + xt + \frac{\alpha}{1-\alpha}\ln(s_k) - \frac{\alpha}{1-\alpha}\ln(n+x+\delta) + \frac{\beta}{1-\alpha}\ln(h^*)$$
(1.29)

在该模型中，人力资本采用稳态有效人均人力资本衡量，而（1.28）式使用国民收入中用于人力资本的份额进行衡量。在（1.20）式中，人力资本包含在模型误差项中。由于储蓄率与人力资本呈正向变动关系，而人口增长率与人力资本反向变动，因此遗漏人力资本变量将导致储蓄率和人口增长率的系数有偏，（1.20）式估计结果有误。

将（1.27a）、（1.27b）代入（1.25）式，我们可以得到MRW模型稳态的有效人均产出为：

$$y^* = \left(\frac{s_k^{1-\beta} s_h^{\beta}}{n+x+\delta}\right)^{\alpha/(1-\alpha-\beta)} * \left(\frac{s_k^{\alpha} s_h^{1-\alpha}}{n+x+\delta}\right)^{\beta/(1-\alpha-\beta)}$$
(1.30)

则收敛速度为：

$$\lambda = (n+x+\delta)(1-\alpha-\beta)$$
(1.31)

那么MRW的经济收敛模型为：

$$\ln\left(\frac{y(t)}{y(0)}\right) = (1-e^{-\lambda t})\ln y^* - (1-e^{-\lambda t})\ln(y(0))$$

$$= (1-e^{-\lambda t})\frac{\alpha}{1-\alpha-\beta}\ln(s_k) + (1-e^{-\lambda t})\frac{\beta}{1-\alpha-\beta}\ln(s_h) -$$

$$(1-e^{-\lambda t})\frac{\alpha+\beta}{1-\alpha-\beta}\ln(n+x+\delta) - (1-e^{-\lambda t})\ln(y(0))$$
(1.32)

Mankiw等（1992）认为，索罗模型提出的地区经济收敛并非指所有经济都将收敛于相同的稳态，而是收敛于各自不同的稳态。在影响经济增长的个体因素保持不变的情况下，各地区的经济增长表现为条件收敛，而非绝对收敛。

## 三、内生经济收敛模型

新古典经济收敛模型认为，地区的经济增长率与其初始人均产出水平负相关（Solow，1956；Cass，1965；Koopmans，1965），在技术和偏好等结构因素相似的情况下，落后地区增长将快于先进地区，地区经济在长期内将趋于收敛。该经济收敛结论的得出源于资本边际收益递减假定，由于落后地区的资本劳动比较低,资本边际产品较高,因此经济增长率较快。此外,资本和技术在全球范围内的自由流动进一步提升了落后地区的经济增长率。

然而,新古典经济收敛模型的预期与经济学家观察和总结的各种典型化经济增长事实不符。索罗模型认为由于资本边际收益递减,各国经济不会出现持续的经济增长,必将逐渐收敛于自身稳态。但数据显示,各国人均产出持续增长,并且人均收入水平和经济增长率存在广泛差异,这意味着技术进步率对经济增长的贡献是不断增加的,而非外生给定(胡怀国,2003)。与此同时,Barro(1991)研究了98个国家初始实际人均GDP与经济增长率的相关程度,结果显示,初始人均产出水平不会显著影响之后的地区经济增长率,二者的相关系数仅为0.09。正是在这种形势下,内生经济增长理论开始盛行,内生经济收敛模型应运而生。

### (一)内生经济增长模型

内生经济增长模型又被称为新经济增长模型,它的核心特征即模型的内生增长,而实现内生增长的方法无外乎两种:直接放弃新古典经济增长理论中资本边际收益递减的假设,或者在新古典经济模型中引入新的因素,抑制资本边际收益的过快减少。据此,我们可将内生经济增长模型分为三类:AK模型、外部性模型和R&D模型。

1. AK模型。

AK模型为最基本的新经济增长模型,该模型假设不变的储蓄率和技术水平,生产函数形式为:

$$Y(t) = AK(t) \tag{1.33}$$

其中,$A$代表技术水平,$K$为广义资本,包括人力资本和物质资本。实质上,当$\alpha=1$时柯布—道格拉斯生产函数就变为AK生产函数形式。因此,AK生产函数是特殊的C—D生产函数,其规模收益不变,资本边际产品等于常数$A$。此时,人均产出为人均资本的函数:

$$y(t) = Ak(t) \tag{1.34}$$

由于$A$为常数,因此技术进步率$x$等于零。令$s$为储蓄率,$\delta$为资本折旧率,则资本的增长方程与索罗模型相同:

$$\dot{K}(t) = dK(t)/dt = sY(t) - \delta K(t) \tag{1.35}$$

人均资本增长路径为:

$$\dot{k}(t) = sAk(t) - (n+\delta)k(t) \tag{1.36}$$

将（1.36）式两侧同除以 $k(t)$，可得人均资本的增长率为：

$$\gamma_k = \frac{\dot{k}(t)}{k(t)} = sA - (n+\delta) \tag{1.37}$$

$\gamma_k$ 为一常数，因此人均资本将以固定的比率增长，不会收敛于某一个稳态值。因此，人均产出不会实现收敛。

考虑到地区经济条件收敛存在的可能性，一些学者对 AK 模型进行了扩展，使其同时具有边际报酬递减和不变的特性。

$$Y(t) = AK(t) + BK^\alpha L^{1-\alpha} \tag{1.38}$$

（1.38）式为 AK 生产函数和 C—D 生产函数的综合。从中可得，人均产出方程为：

$$y(t) = Ak(t) + Bk^\alpha \tag{1.39}$$

则，人均资本增长路径为：

$$\dot{k}(t) = s(Ak(t) + Bk^\alpha) - (n+\delta)k(t) \tag{1.40}$$

人均资本增长率为：

$$\gamma_k = \frac{\dot{k}(t)}{k(t)} = s(A + Bk^{\alpha-1}) - (n+\delta)$$
$$= sBk^{\alpha-1} + [sA - (n+\delta)] \tag{1.41}$$

由上式可知，当 $k$ 较小时，扩展的 AK 模型呈现新古典经济增长模型的特征，随着 $k$ 的逐渐增大，经济增长将逐渐收敛于基本的 AK 模型。因此，扩展的 AK 模型中资本边际收益虽然递减，但存在下界，模型本身还表现为经济的内生增长。

2. 外部性模型。

外部性模型指以外部性和知识溢出为核心的内生经济增长模型，这类模型的基本特征是：个别厂商的生产函数表现为规模收益不变，但整体经济表现为规模收益递增。典型的外部性模型包括阿罗的干中学模型，卢卡斯的人力资本模型，罗默的知识溢出模型，以及研发模型等。

针对新古典经济增长模型中外生技术进步的假设，Arrow（1962）提出了干中学效应，即在生产和物质资本积累过程中由于经验的上升引起的劳动生产率提高和技术外溢。阿罗指出，工人在生产过程中会逐步积累生产经验，企业在投资过程中将不断获取管理经验，而这些经验的积累有助于工人生产效率和企业管理效率的提高。与此同时，由于一个工人的生产经验能够无偿的被其他工人学习，一个企业的管理经验能够无成本的向其他企业传播，因此整体经济将得益于这种生产管理经验的溢出，从而实现规模收益递增。据此，干中学模型认为企业的生产率是总体经济资本投资的函数。

Romer（1986）的知识溢出模型继承了阿罗的思想，该模型认为知识是公共产品，具有外溢效应。他在模型中假定知识创新的私人收益率递减，但社会收益率递增，因此知识具有正的外部性。在此基础上罗默认为知识溢出足以抵消资本边际产品递减的趋势，从而使知识投资的社会收益率保持不变或递增。Lucas（1988）在借鉴 Romer（1986）的基础上，引入了 Schultz（1961）和 Becker（1964）提出的人力资本概念，建立了人力资本积累的经济增长模型。Lucas 认为人力资本的积累是劳动生产率提高的重要途径，工人的人力资本水平不仅影响自身生产率，而且能够影响到整个社会的生产率。因此，从总体经济看，人力资本模型符合规模收益递增，实现了内生增长。

卢卡斯模型中生产函数为：

$$y = A k^{\alpha} (uh)^{1-\alpha} (h_a)^{\gamma} \tag{1.42}$$

其中，$y$ 为产出，$k$ 为固定资本，$u$ 代表用于生产的时间比率，$h$ 为代表性个体的人力资本，$h_a$ 为整体经济的平均人力资本水平。将（1.42）式两侧分别求对数，并对时间求导发现，产出增长取决于固定资本增长和人力资本积累。若 $\gamma > 0$，则人力资本存在正的外部性。进一步的，模型假设人力资本的增长比率为：

$$d\log(h)/dt = \delta(1-u) \tag{1.43}$$

其中，$1-u$ 指用于生产人力资本的时间，$\delta$ 为人力资本可达到的最大增长率。在稳态情况下，产出和人力资本将以相同比率增长，增长速度取决于 $\delta$ 和 $u$ 的水平。人力资本边际报酬不变是经济持续增长的前提条件。

研发模型是将 R&D 理论与不完全竞争整合起来的经济增长模型（Romer, 1987; Aghion and Howitt, 1991; Grossman and Helpman, 1991）。在研发模型中，技术进步是厂商旨在获得某种垄断收益的 R&D 活动的结果，而来自技术创新的垄断利润为企业进一步的研发投资提供了市场激励。研发活动的正外部性和部分排他性，促使 R&D 模型的规模报酬递增。

在 Romer（1990a）模型中，多部门经济的生产函数为：

$$Y = H_y^{\alpha} L^{\beta} \int_0^A X(i)^{1-\alpha-\beta} di \tag{1.44}$$

其中，$H_y$ 代表非 R&D 部门使用的人力资本水平，$L$ 指劳动力。固定资本被分解为几部分，由 $X(i)$ 表示，资本存量依赖于技术水平 $A$。技术进步轨迹为：

$$d\log(A)/dt = cH_A \tag{1.45}$$

其中 $H_A$ 代表 R&D 部门的人力资本。因此，研发部门使用的人力资本越多，技术进步和资本生产将越快，产出增长率将越快。在稳态时，技术进步率是两个部门总人力资本的线性方程，经济增长率将等于技术进步率。

需要指出的是，人力资本在以上两个模型中具有不同的作用。卢卡斯模型认为人力资本增长影响产出增长率，而罗默模型则指出人力资本存量影响增长率，Romer（1990b）对此进行了检验。在初始人均 GDP 和投资比率保持不变的前提下，罗默分别将 1960－1985 年间 GDP 平均增长率与 1960 年识字率、1960－1980 年期间识字率变动做回归。结果发现，影响产出增长率的因素是初始识字率水平，而不是识字率变动。与此同时，罗默指出模型中的投资可以反映技术进步速度，因此当投资保持不变时，识字率的水平值和变动值意义都将难以解释。但是，将投资比率从经济增长模型中剔除之后，识字率变动在统计上仍然不显著。

综合上文可知，内生经济增长模型与新古典经济增长模型的不同主要表现在两个方面，第一，二者对技术因素的处理方式不同。新古典经济增长模型虽然指出技术进步是促进经济发展的重要因素，但是在模型中仍把技术看作外生变量。而内生经济增长模型则认为技术由模型自身决定，因此属于内生变量。第二，二者有关规模收益的假设不同。新古典经济增长模型假定资本边际收益递减，而内生经济增长模型则认为规模收益是不变或递增的。以上差异导致两种模型在地区经济收敛与否问题上截然不同的结论。新古典经济增长模型指出，在偏好和技术相似的前提下，地区经济将趋于收敛。但内生经济增长模型认为，由于先进地区拥有高超的技术水平、人力资本水平，其经济将持续高增长，而落后地区经济将陷于停滞，因此地区间经济增长会呈现发散趋势，无法实现收敛。

**（二）内生经济收敛模型**

Benhabib 和 Spiegel（1994）采用跨国数据研究了国家间的经济趋同问

题，他们首先使用扩展的新古典经济收敛模型（MRW）展开分析，但是发现人力资本增长率对经济增长率的影响微乎其微甚至为负，并且人力资本衡量指标的变动并不显著影响这一结论。继而，Benhabib 构建了内生经济增长模型，认为人力资本通过影响全要素生产率的变动来影响经济增长，因此并不能将其单纯的看作要素投入直接放入生产函数。

Benhabib 等指出人力资本对全要素生产率的影响途径有两种，首先人力资本能够提高当地技术自主创新水平，从而促进全要素生产率的上升。第二，人力资本可以提升落后地区吸收和接纳先进地区技术外溢的能力，从而改善全要素生产率。据此，Benhabib 和 Spiegel（1994）构建了内生经济收敛模型。

模型具体推导如下：

$$Y_t = A_t(H_t) K_t^\alpha L_t^\beta \qquad (1.46)$$

假设生产函数为：

对（1.46）式两侧分别求对数并差分可得：

$$\log Y_T - \log Y_0 = [\log A_T(H_t) - \log A_0(H_t)] + \alpha(\log K_T - \log K_0)$$
$$+ \beta(\log L_T - \log L_0) + (\log \varepsilon_T - \log \varepsilon_0) \qquad (1.47)$$

此处 $Y$ 表示人均产出，$K$、$H$、$L$ 分别为固定资本、人力资本和劳动力人数。

Benhabib 指出一国的全要素生产率由下式决定：

$$[\log A_T(H_t) - \log A_0(H_t)]_i = c + gH_i + mH_i[(Y_{max} - Y_i)/Y_i]$$
$$= c + (g - m)H_i + mH_i(Y_{max}/Y_i) \qquad (1.48)$$

其中，$c$ 代表外生的技术进步率，$gH_i$ 表示该国通过自主创新产生的技术进步，即人力资本水平直接促进技术进步；$mH_i[(Y_{max} - Y_i)/Y]$ 表示该国通过吸收国外先进技术所导致的全要素生产率增长，即在人力资本水平相同的前提下，人均产出水平越低的国家，技术进步速度越快（追赶效应）。

将（1.48）式代入（1.47）式可得如下内生经济收敛模型：

$$\log Y_T - \log Y_0 = c + (g - m)H_i + mH_i(Y_{max}/Y_i) + \alpha(\log K_T - \log K_0)$$
$$+ \beta(\log L_T - \log L_0) + (\log \varepsilon_T - \log \varepsilon_0) \qquad (1.49)$$

通过将各国按照人均收入水平加以分类，Benhabib 和 Spiegel（1994）中内生经济收敛模型显示：落后国家的技术进步主要通过追赶效应实现，而发达国家则主要依靠自主创新，中等发展国家两种效应均不显著。

**四、人力资本与经济收敛的研究综述**

在新古典经济增长模型中，由于资本边际报酬递减的存在，与资本稀缺的国家相比，资本丰富国的资本边际产品较低，相应的投资量较少，人均经济增长较为缓慢。并且在自由贸易的前提下，资本将由边际报酬较低的区域流向边际报酬较高的区域，即由富国流向穷国。与此同时，由于技术具有公共产品的非竞争性和非排他性特点，落后国可通过学习和模仿领先国的先进技术发展自身经济，而模仿的成本往往低于创新成本，因此落后国具有经济上的后发优势。根据上述原因，新古典经济增长模型认为，具有相似偏好和技术水平的经济体，最终将收敛于相同的生产率和收入水平，并且向稳态收敛的途径也相同。

事实上，一些国家间的经济发展确实呈现出收敛的趋势。例如，以发达国家为样本的研究发现，这些国家的经济发展指标日趋类似，因此此类研究支持新古典经济增长模型的收敛假说（Madison，1982；Baumol，1986）。然而当研究的国家类型多元化，即不是仅限于发达国家后，各国经济也不再存在显著的收敛状况。部分发展中国家经济增长率远远低于发达国家，因此无法赶超发达国家的生产率和国民收入水平，从而导致发展中国家与发达国家间的人均收入差距持续扩大。特别的，某些发展中国家甚至出现经济的负增长，如扎伊尔、圭亚那、委内瑞拉等国的人均收入在1950－1985年期间表现为负增长（Summers－Heston，1988）。

落后国家无法赶超先进国家的经济事实表明，收敛假设并不适用于所有经济体。研究指出，人力资本、R&D溢出效应、专业化、贸易开放是决定长期经济增长的重要因素，但这些因素会引起要素边际报酬递增，因此是地区经济发散的原因所在。Becker etal（1990）假设生育率内生，并且人力资本回报率随人力资本存量的增加而增加。即当人力资本丰富的时候，人力资本投资回报率高于儿童投资回报率。相反，当人力资本稀缺时，人力资本投资回报率则低于儿童投资回报率。该研究发现，社会上将存在两种稳态：一种家庭规模大，但成员人力资本水平低；另一种家庭规模小，人力资本水平高。Tamura（2006）研究了人力资本投资与生育率之间的一般均衡模型，认为青少年死亡率的上升会引起生育率的提高，导致儿童养育成本的增加。Kalemli－Ozcan etal（2000）指出，人力资本积累能够降低青少年死亡率，抑制生育率的提高，降低人力资本投资成本，从而进一步加速人力资本积累速度。Barro（1991）对1960－1985年间98个国家的人力资本、生育率和经济增长状况的研究发现，实际人均GDP增长率与初期人力资本水平正相关，与初期人均GDP水平负相关。据此，初期人力资本水平较高的国家，生育率较低，固定资产投资占GDP的比重较高，因此能够实现对先进国家的追赶。相反，人力资本水平较低的国家经济则无法与先进国家趋同。与此同时，政府消费占GDP的比率越高，市场扭曲程度越大，经济增长率将越慢。而政治稳定程度越高，越能推动经济的持续增长。

一国的初始禀赋和发展机遇[①]等都会影响经济发展及经济收敛的实现。Faini（1996）研究了要素流动与经济增长之间的关联，发现：第一，即便在边际报酬递增的模型中，地区人均收入在长期仍趋向于收敛。第二，可再生要素边际收益递减会导致经济无法实现内生增长，但在此情况下，地区经济仍可能发散增长。总体上，规模经济程度越大，劳动力流动规模越小，地区经济收敛的可能性越高。Duleep和Regets（1999）对移民人力资本投资决策的研究显示，移民人力资本投资水平高于本国人。此外，由于原有人力资本在移入国认可程度的不同，自发达国家而来的移民人力资本投资水平低于发展中国家，其收入增长率也低于欠发达国家移民，因此，移民之间的收入差距呈不断缩小的趋势。Kourtellos（2002）认为固有因素，如文化禀赋等决定一国的制度形成，而制度作为中间变量将在很大程度上影响经济增长模型中的传统要素。Kottaridi和Stengos（2010）使用非线性分析方法考察了FDI、人力资本和经济增长之间的关系，研究发现，外商直接投资与经济增长之间存在非线性关系。在发展中国家，FDI促进经济增长，但在发达国家FDI的作用则呈现阶段性。

本章以下将分别从国外研究和国内研究角度出发，系统回顾针对经济收敛，尤其是人力资本对经济收敛的作用机制的相关研究文献。

### （一）国外研究综述

迄今为止，针对人力资本对经济的贡献研究持续了几百年，但相关论文的大量涌现则始于20世纪60年代（Machlup，1970）。近年来，有关人

---

① 初始禀赋包括：历史和文化；发展机遇包括：要素在国家间的流动和外商直接投资等。

力资本—经济增长的跨国实证研究数量仍在持续攀升（Krueger 和 Lindahl, 2001）。各种经济增长模型中人力资本扮演的角色不尽相同。新古典经济增长模型并未考虑人力资本对产出的影响（Solow, 1956），而内生经济增长模型则把人力资本放在了核心位置。Aghion 和 Howitt（1998）认为人力资本在内生经济增长模型中的作用分为两种：第一种，通过把资本广义化，将人力资本涵盖在内。这类模型中，人力资本积累是经济持续增长的根本原因（Uzama, 1965; Lucas, 1988）；第二种，将人力资本存量视为经济增长的源泉。人力资本不仅推动技术创新（Romer, 1990a），而且能够改善一国模仿和适应新型技术的能力（Nelson 和 Phelp, 1966），进而推动该国技术进步和经济持续增长。因此，那些初期人力资本存量较高的国家经济增长速度更快，追赶先进国家需要的时间更短。此外，整体经济的人力资本水平也会对个体生产率产生影响（Jacob, 1969）。Becker, Murphy 和 Tamura（1990）认为由于人力资本溢出效应的存在，个体的教育收益率将递增，并且社会人力资本水平的上升有助于推动经济的快速增长。

近年来，针对人力资本和经济增长的研究重点强调长期经济增长。虽然直觉推理和传统的内生经济增长模型都认为人力资本促进经济增长，但实证研究结果并不明朗。微观层面上，以明瑟工资方程为例，经验研究一致认为教育显著提升个体收入。但是宏观层面上，人力资本对国民收入的影响效应和途径则没有形成一致看法（Temple, 1999）。早期的实证研究，如 Mankiw etal（1992）考察了入学率和人均 GDP 增长率之间的关系，该研究认为人力资本显著推动 GDP 增长（Barro, 1991; Bils 和 Klenow, 2000）。Klenow 和 Rodriguez - Clare（1997）则质疑该结论的稳定性，他们指出 Mankiw etal（1992）采用中等教育衡量人力资本的方法过于局限，如果将其他教育水平入学率涵盖进来，或采用入学率以外的方法衡量人力资本时，人力资本变动对人均国民收入变动的解释力微乎其微。近期的一些研究也验证了以上观点，发现人力资本积累对经济增长的作用很小甚至为负（Kyriacou, 1991; Lau etal, 1991; Benhabib 和 Spiegel, 1994; Pritchett, 1996; Pritchett, 2001）。

纵观以往文献，针对人力资本—经济增长的研究可通过以下方面进行区分：回归模型的设定，包括人力资本衡量方法的不同，以及研究的时间阶段和样本类型。

在模型设定上，一些研究将人力资本作为投入要素放入生产函数，并对处于不同发展水平的国家样本进行横截面回归（Benhabib 和 Spiegel，1994；Krueger 和 Lindahl，2000；Pritchett，1996）。另一些研究则进一步将人均 GDP 增长率设定为初期人均 GDP 水平、人力资本及其他决定稳态时期人均国民收入水平因素的函数（Barro，1998；Barro 和 Salai Martin，1995；Easterly 和 Levine，1997；Islam，1995；Mankiw etal，1992 等）。此外，还有一些学者首先计算生产函数的方程残差，然后估计残差和人力资本等因素对人均 GDP 水平或增长率的贡献差异（Hall 和 Jones，1999；Klenow 和 Rodriguez – Clare，1997）。以上研究建立在严格的假设基础上，柯布—道格拉斯生产函数中的技术必须服从希克斯中性（Mamuneas，Savvides 和 Stengos，2006）。近年来，生产可能性边界方法（non – parametric multi – sector production frontier methodology）开始被用于分析地区经济收敛问题，Kumar 和 Russell（2002），Henderson 和 Russell（2005），以及 Badunenko、Henderson 和 Russell（2013）等指出该方法不仅能够规避传统方法存在的无法验证的前提假设问题，而且能够形成生产可能性边界，并对劳动力生产率进行分解。Walheer（2016）对欧盟国家 1995 – 2014 期间的研究发现，人力资本对劳动力生产率增长的贡献最大，中东欧和 EU12 国的经济呈现俱乐部收敛状况，两组国家之间的人均收入呈扩散态势（Walheer，2016）。

人力资本包括教育、培训、健康等诸多方面，鉴于数据的可得性和准确性，教育通常被用于衡量人力资本。针对教育与经济收敛关系的研究模型包括：人力资本理论、追赶模型和教育与技术交叉模型等。

1. 人力资本理论认为教育是对技能的投资，能够提高劳动力生产效率，因此产出增长率是教育水平的函数（Schultz，1960，1961，1971；Becker，1975）。早期研究显示教育水平的变动能够对经济增长产生极大影响。Griliches（1970）对 1940 – 1967 年间美国经济的研究发现，1/3 的索罗残值[①]可由劳动力受教育水平的上升解释。Denison（1979）的估计则显示，1948 – 1973 年间美国劳动力受教育水平的上升解释了 1/5 的人均劳动力收入增长。Jorgenson 和 Fraumeni（1993）指出 1948 – 1986 年间，1/4 的美国经济增长源于劳动力质量的改善。Maddison（1987）对六个 OECD 国家的经济增长研究发现，虽然在不同时期教育对经济增长的贡献不尽相

---

① 即产出增长率中不能由劳动力和资本解释的部分。

同,但是总体而言,教育在很大程度上解释了各国的生产率增长。与此同时,一些研究得出了相反的结论。Denison(1983)对美国1973-1981年间的经济增长分析发现,虽然劳动力受教育水平在此期间持续上升,但是劳动力生产率却不断下降。Maddison(1982)对1970-1979年间OECD国家的研究得出了相同的结论。

2. 追赶模型是在生产率赶超或收敛模型框架中分析教育作用的模型。追赶模型认为,后发优势是推动生产率收敛的重要原因,领先经济体对落后经济体的技术扩散促使经济逐步实现收敛(Gerschenkron,1952;Kuznets,1973)。国际经济中的竞争压力将加快先进生产技术在国家间的传播,各国可以互相学习对方的先进技术,但追随国的学习收益远大于技术创新国。因此,落后国家的生产率增长率将高于先进国家,落后国和领先国的经济发展水平最终趋于相等。

然而,经济落后并不一定具有后发优势,其他因素也会影响到经济收敛的实现,如投资水平、劳动力技能水平、研发水平、与发达国家的贸易关系成熟与否、政治结构、人口增长率水平等,Abramovitz(1986,1994)将这些因素统称为社会能力特征。教育是社会能力的指标之一,它体现了劳动力学习现有先进技术的能力。如果现有劳动力的教育水平低于先进技术所需水平,那么该经济体将无法学习和利用新兴技术或产品,不能从国际技术扩散中获益,许多欠发达国家经济增长缓慢的原因正在于此。因此,劳动力教育水平对经济增长的影响存在门槛效应,即只有在某一水平之上,劳动力才能够成功吸收和学习先进技术,教育才会推动经济持续增长。

Baumol、Blackman和Wolff(1989)使用初等、中等和高等学校入学率衡量教育水平,并研究了发展水平各异的国家在不同时段的经济增长,发现教育对经济增长的推动作用极其显著。此后,诸多研究验证了这一结论(Barro,1991;Mankiw etal,1992),这些研究通常采用中等教育入学率指标衡量教育。Barro(2001)考察了100个国家1960-1995年间经济增长的影响因素,发现这些国家的经济存在条件收敛,即保持政策、人口等其他因素不变,初期人均GDP水平越低的国家,经济增长率越高。与此同时,一国经济增长与初期男性劳动力中接受过中等和高等教育的人口平均受教育年限正相关,但与同等教育水平的女性受教育年限[①],以及男女

---

① 这表明许多国家的劳动力市场并未充分利用女性人力资本。

初级教育水平的人力资本则无显著关系。此外，该研究还采用国际通用的考试成绩衡量教育质量，结果显示，科学测试成绩与经济增长显著关联。并且在控制教育质量的前提下，教育数量仍显著促进经济增长。但是，之后的研究显示，当把投资等辅助变量加入模型之后，教育对经济增长的重要性被减弱。并且回归结果中，初等和中等教育入学率系数统计上显著为正，但是大学入学率的系数则通常不显著。此外，一些学者指出，采用入学率衡量教育并不准确，因为入学率体现的是未来劳动力群体的教育水平，而非当前劳动力群体。并且，高入学率可能是由高生产率增长引起的，即入学率和经济增长之间存在反向因果关系。有鉴于此，诸多研究在人均 GDP 增长率模型中，采用特定时点的教育水平来代替入学率，而这类教育水平对经济增长的影响效应通常小于入学率（Wolff 和 Gittleman，1993）。

3. 教育与技术交叉模型。Arrow（1962）提出了干中学概念，即在生产过程中应用特定技术或新技术的经验能够提高劳动力生产效率。因此，在边际报酬递减之前，行业的劳动力生产率会持续增加。由于高学历劳动力的学习效率高于低学历劳动力，因此其生产率增长更快。Nelson–Phelps 模型进一步指出，高学历劳动力具备较高的技术创新能力，并且适应新技术的速度更快，有助于提高企业采纳和使用新技术的效率，因此企业应当重视高学历员工。同样的，一国劳动力教育水平越高，成功引进和使用先进科技的几率越大。

Arrow 和 Nelson–Phelps 的观点意味着劳动力教育水平与技术之间存在交叉效应。Nelson 和 Phelp（1966）重点考察了技术进步、资本结构与经济增长的关系，认为教育回报率在技术进步快速的经济体更高。因此，技术进步速度在一定程度上决定了一国的最优资本结构，技术进步快速的国家应当积累更多的人力资本而非固定资本。此外，如果技术创新产生外部性，教育作为技术创新的动力源泉也会产生外部性，因此教育的个体收益率和社会收益率存在差异。Welch（1970）分析了 1959 年美国农业部门的教育回报率，发现教育回报的一部分源于高学历劳动力更好地适应新型生产技术的能力。Bartel 和 Lichtenburg（1987）考察了 1960–1980 年间美国 61 个制造行业的岗位需求状况，发现有新资本投入的行业对高学历劳动力需求较高。Mincer 和 Higuchi（1988）则通过分析美国和日本的就业数据发现，教育回报率在技术进步快速的行业更高。Gill（1989）使用美国当前人口调查数据的计算显示，高学历劳动力在技术进步快速行业的教育回报高于技术进步缓慢行业。Howell 和 Wolff（1992）和 Wolff（1994）对 43 个行业的研究发现，劳动力认知技能水平的上升与行业技术变动正相关。Bils 和 Klenow（2000）采用微观劳动经济学中常用的明瑟模型衡量各国教育回报率，并构建模型使个体人力资本随教育水平的提高而提高。该研究假定各国教育回报率呈递减趋势，即教育水平落后国家的教育回报率更高，结果发现，在考虑到人力资本对技术的正向外部性后，教育仍仅能解释小于 1/3 的经济增长率变动。Ortiguera 和 Santos（1994）分析了内生经济增长模型中收敛速度的决定，认为技术因素决定收敛速度，偏好对速度无显著影响。这一结论与单一部门新古典经济增长模型相冲突，该模型认为偏好和技术共同决定经济趋向稳态的速度。

以往研究显示，人力资本对经济增长的作用于其衡量指标密切相关。早期研究大多采用入学率和初级、中级教育等流量衡量人力资本，近期研究则更多使用人力资本存量定义，如 Barro 和 Lee（1996，2001）采用的总平均受教育年限。Kyriacou（1991）采用估计的劳动力受教育年限作为人力资本衡量指标，研究发现人力资本水平值显著推动经济增长，但人力资本增长率对经济增长无显著影响，导致该现象的原因包括人力资本的门槛效应和遗漏技术变量等。Barro 和 Salai Martin（1995）分别使用入学率和平均受教育年限衡量人力资本，结果发现，前者对经济增长无显著影响，而后者显著促进经济增长。Kalaitzidakis etal（2001）的研究认为，人力资本对经济增长的效用随人力资本衡量方法的变动而变动，并且大多情况下人力资本效用不显著。采用半参数分析方法，该研究发现人力资本与经济增长之间表现为非线性变动关系。具体的，平均受教育年限较低国家的人力资本抑制经济增长①，受教育年限居中的国家人力资本推动经济发展，而平均受教育年限较高国家的人力资本对经济增长的影响不显著。此外，该研究还进一步分析了不同性别和教育水平人力资本对经济增长的作用，结果显示，高等教育男性人力资本显著促进经济增长，而女性只在较低的教育水平对经济增长有正向推动作用，教育水平较高时反而抑制经济增长（Barro，1998；Barro 和 Salai Martin，1995）。Hanushek 和 Woessmann（2012）

---

① 导致该现象的原因是寻租行为，即个体的教育投资并非用于生产性活动中，而是藉此获取权力性职位寻租（Pritchett，1996）。如在一些欠发达国家，高等教育毕业后即可获得政府部门工作。

认为以往文献中采用受教育程度指标衡量人力资本的做法可能导致对人力资本的高估，因为该指标无法测度教育质量，以及人们通过教育获得的技术水平。该研究以拉丁美洲国家为例指出，虽然这些国家的受教育水平很高，但是经济增长却十分缓慢。Hanushek（2013）进一步强调了当前研究中存在的人力资本度量误差问题。与此相反，Mincer（1974）指出以正式的学校教育来衡量人力资本会导致人力资本的低估问题，因为个人生命周期中接受的诸多非正式教育被忽略在外。Heckman（2006）曾发现学前教育对个体人力资本形成至关重要（Doyle et al.，2009；Schnzenback，2015）。而通过干中学积累的经验，以及个体健康、人之技能和非认知技能等都是人力资本的重要组成部分，而以往人力资本中度量指标并没有包含，这必将影响到实证回归结果。Jones（2014）采用了一种更全面的人力资本度量方法，指出传统的指标存在低估问题，这是导致经验研究无法得到人力资本显著推动经济增长结论的重要原因。Manuelli 和 Seshadri（2014）基于标准的人力资本理论对人力资本存量加以度量，并且允许人力资本质量在不同国家存在差异，他们的研究发现人力资本是决定一国财富的最核心因素。

传统的经济收敛研究通常假设人力资本对经济增长的影响效应在不同国家和不同时期相同，并设定二者之间存在对数线性关系，诸多学者对此假设持保留意见。采用截面数据对各国经济增长的研究倾向于支持人力资本对经济增长的推动效应，而使用面板数据的研究则显示，随着经济增长计算区间的扩大，人力资本积累对经济增长的正向作用逐步减少（Krueger 和 Lindahl，2000；Islam，1995）。Quah（1993，1996，1997）指出劳动力生产率呈现双峰分布，据此世界各国可以划分为两种类型：富裕国家和贫穷国家，两种类型的国家之间的收敛途径是存在差异的，因此传统模型的线性设定或对数线性设定具有极大的局限性，不能用于分析经济收敛问题（Feyrer，2003；Galor，1996；Jones，1997，and Johnson，2005）。Mamuneas，Savvides 和 Stengos（2006）通过构建 TFP 指数使得资本和劳动力等传统投入要素在时间上和国家间可变，并采用半参数方法分析人力资本与经济增长的非线性关系。研究发现，包括人力资本在内的要素产出弹性在各国显著不同，因此拒绝了产出弹性固定不变的假设。Azariadis 和 Drazen（1990）认为人力资本对经济增长的影响存在门槛效应。Durlauf 和 Johnson（1995）则认为不同国家趋向稳态的运动轨迹不同，该研究根据初期人均国民收入水平和识字率将所有国家分为四个子样本，并采用回归树方法验证了四个子样本趋向稳态的运动轨迹截然不同。因此，Durlauf 和 Johnson（1995）的研究也拒绝了人力资本效应在不同国家和不同时期相同的前提假设（Durlauf etal, 2001，2005，2009）。在此基础上，Liu 和 Stengos（1999）考虑了初期 GDP 水平、中等教育入学率与经济增长间的非线性关系，发现非线性主要源于各国初期国民收入水平差异，而人力资本与经济增长的关系接近线性（Liu etal, 2000）。Kalaitzidakis etal（2001）进一步指出 Durlauf 和 Johnson（1995）的子样本中各个国家的人力资本效应也存在差异，该研究采用半参数方法的回归结果显示，经济增长和人力资本之间为非线性关系，因此线性模型无法完全解释二者关系。

在此背景下，Kumar 和 Russell（2002）采用非参数效率分析方法（nonparametric efficiency analysis）研究经济增长和收敛问题。这一方法有以下几点：第一，不需要设定任何前提假设来构建生产边界，包括技术中性、市场结构、技术进步、市场失灵等。第二，该方法可以对劳动力生产率增长进行分解，考察技术进步、技术追赶、物质资本积累对劳动力生产率增长的贡献。Kumar 和 Russell（2002）的研究发现，技术进步毋庸置疑是非中性的，固定资本投资是推动经济增长和双峰分布的主要因素，技术追赶取决于经济体在初期所处的位置与生产可能性边界之间的距离，但于初期生产率无关，因此经济收敛不会出现。Henderson 和 Russell（2005），Badunenko 等（2013）进一步扩展了 Kumar 和 Russell（2002）的模型，将人力资本包含进来，并将经济增长和劳动力生产率分解为技术进步、技术追赶、固定资本、人力资本四部分。他们的研究验证了技术非中性的结论，并且发现人力资本积累同样推动了生产率增长，但是贡献率低于固定资本存量。Badunenko et al.（2013）则发现人力资本和技术进步对人均收入分布变动有显著贡献，而固定资本积累的贡献率较低。

传统的非参数分析方法往往将解释变量与被解释变量之间的关系视为"黑匣子"，亦即对二者之间的模型形式没有任何前提假设。近期一些学者试图在这一角度进行推进，提高非参数效率分析的现实性，其中最为著名的是链接数据包络分析方法（Network Data Envelopment Analysis）（Färe 和 Grosskopf, 2000; Färe, Grosskopf 和 Whittaker, 2007），分解投入产出向量数据包络分析方法（Disaggregating output - input vector DEA）（Salerian 和 Chan, 2005），和 DEA - R 方法（Despic, Despic, Paradi, 2007）。其中

NDEA 假设投入要素可以全部分配到产出中，而其他两种方法则设定投入要素只能部分分配到产出中。在此基础上，Cherchye, De Rock, Dierynck, Roodhooft 和 Sabbe（2013）；Cherchye, De Rock 和 Walheer（2015a，2015b）对以上方法进行了整合，假设专门针对产出的生产技术推动了生产过程中多种投入要素的同时使用。Walheer（2016）进一步的将此方法进行了改进，使其能够用于多部门的实证分析。

总结以上可知，宏观层面上针对人力资本对经济增长的实证研究并没有得出一致的结论，数据和模型设定等是导致该问题的原因。国家间经济增长回归存在诸多问题（Levine 和 Renelt，1992）。首先，模型解释变量在不同国家的衡量方法不可比。在一些国家，教育能够增加劳动力的认知技能，并且市场也存在对该种技能的需求，但是劳动力最终被分配到的岗位并不能增加生产力。而在另一些国家，制度环境极差以至于掌握新技能的劳动力被用于对个人有利，而对社会无益甚至有害的生产活动中。与此同时，各国对高学历劳动力的需求增长速度不同，因此初期教育收益率相同，并且教育扩张速度持平的国家，高学历劳动力面对的教育边际报酬可能下降、不变或上升。并且，学校通常是有效传播知识和技能的单位，但在某些国家，教育不存在价值，不能培养技能（Pritchett，2001）。Behrman 和 Rosenzweig（1994）强调了各国教育衡量指标的不可比性，尤其是教育质量的度量。与入学率数据相比，拥有教育水平数据的国家更为稀缺，因此实证研究中采用的国家样本无法涵盖所有经济水平，导致回归结果出现偏差。

模型本身设定问题，如测量误差、遗漏变量和反向因果关系等也是导致教育对经济增长微弱影响的重要原因。Wolff（2000）对 24 个 OECD 国家的研究发现，虽然统计指标显示国家间经济增长收敛与教育水平的收敛保持一致，但是实证结果却表明，教育对经济增长的显著正向作用仅在少数几个国家存在。此外，教育水平、教育水平的增长、教育与 R&D 的交叉项都不能显著决定国家劳动生产率增长。Levine 和 Renelt（1992）指出外生变量的回归系数对其在模型中的形式非常敏感。Krueger 和 Lindahl（2001）分别对微观和宏观层面研究教育与经济增长的文献进行了总结，并发现对测量误差进行调整后，教育显著促进经济增长，并且超过微观层面教育对个体收入的影响效应。经济增长对教育的反向影响，教育水平的测量误差以及人力资本的外部性是导致国家间人力资本产出效应较高的原因。Bils 和 Klenow（2000）进一步构建模型考察经济对教育的反向影响效应，结果发现经济增长率显著增加教育需求，因此 Barro（1998）的研究结论更多的体现了经济增长对教育的影响，而非教育对经济的推动。

### （二）国内研究

新古典经济增长理论指出，在技术水平和偏好相同的前提下，经济体将趋向于相同的稳态，实现经济收敛。相对于不同国家之间的巨大差异，一国内部不同地区之间的技术水平和偏好相似，因此新古典经济学预期长期内地区经济将收敛于同一稳态。然而我国的实际情况却有悖于新古典理论的预期。刘夏明、魏英琪和李国平（2004）以人均 GDP 作为地区收入的近似指标，考察了 1980－2001 年间我国地区经济差距的演变趋势。基尼系数分解结果显示，我国地区经济差距在 20 世纪 80 年代有所下降，但在 20 世纪 90 年代之后却呈上升趋势。并且内陆和沿海之间的差距是引起地区总体差距主要原因，各地区内部也不存在俱乐部收敛。Yang（2002）指出我国地区差异持续上升的主要原因是城乡收入差距和沿海—内陆差距的持续存在。其他学者也针对我国不同层面经济的增长问题进行了研究，包括城市间、省份间和东中西部经济等。研究认为，引起地区差距的原因包括地区发展战略和政策、全球化和经济自由化、要素市场扭曲以及各地区的特定因素等（Chen 和 Fleisher，1996；Fleisher 和 Wang，2004；Demurger，2001；Demurger et. al，2002；刘夏明、魏英琪和李国平，2004）。

根据数据类型的不同，常用的经济收敛实证研究方法大体包括横截面回归分析法、时间序列分析法和面板分析法三类，其中，横截面回归分析法在国家间和地区经济增长研究中使用最为频繁（陈晓玲和李国平，2007）。蔡昉和都阳（2000）对我国地区经济增长的研究显示，东中西部不存在普遍趋同，但是呈现俱乐部收敛情况。人力资本禀赋稀缺、市场扭曲和开放程度不足是中西部无法追赶东部发展水平的原因。王志刚（2004）分别使用横截面数据和面板数据的研究得出了相同结论，即我国总体经济不存在收敛，但不同地区出现了不同程度的收敛现象。周业安和章泉（2008）采用分量回归方法对我国城市间经济的趋同研究则发现，增长率处于低分位点的地区存在条件收敛特点，但增长率分布处于高分位点的地区条件收敛并不显著。彭国华（2006）对我国 1952－2004 年地区经济发展的主成分分析认为，改革开放前后经济收敛表现不同，改革开放以来，中西部收敛力度缩小，而东部收敛趋势增强。进一步的，彭国华（2008）跨出东中西部的划分限制研究我国经济的俱乐部收敛性，结果显示，我国存在以上海人均收入为稳态水平的收敛俱乐部，以及向全国人均收入平均值收敛的俱乐部。产业结构差异和贸易开放度是影响经济收敛的重要因素。Sakamoto 和 Islam（2008）采用分布方法考察我国省份经济收敛状况，并使用马尔科夫转移矩阵方法分析数据的动态变动，产生相应的遍历性分布。该研究认为条件收敛在我国省级经济发展中是否存在仍不能确定。Fan 和 Sun（2008）采用最新的调查数据考察政府致力于缩小地区差异的措施成效，发现 2004 年以来，地区内和地区间发展差异均呈缩小趋势，因此省份和地区经济增长率趋于收敛。赵伟和马瑞永（2005）指出经济增长收敛的微观原因包括资本收益递减、技术扩散和生产要素重置。1978－2002 年间，我国技术收敛机制发挥了较大作用，资本收敛机制和劳动力生产率收敛机制则表现为俱乐部收敛特征。

与此同时，时间序列分析和面板数据分析也广泛用于考察不同时期、不同个体的经济增长。Zhang et. al（2001）考察了我国地区人均收入收敛问题，并分别研究了存在结构突变和不存在结构突变两种情况。研究显示，我国东部地区和西部地区在过去 40 年时间内逐步向各自不同的稳态趋近。陈安平和李国平（2004）对我国东中西部人均产出协整关系进行了研究，发现东部和西部地区内存在经济收敛，但中部地区和地区间经济增长则无收敛迹象。滕建洲和梁琪（2005）分析了我国省际和地区 1952－2003 年间的人均产出动态变化，发现东部和西部地区随机发散，东部地区收敛于补偿差异均衡水平。Fujita 和 Hu（2001）采用行业产出数据，分析了我国 1985－1994 年间的地区差异。研究认为沿海地区的产业集聚非常显著，沿海地区内部存在经济收敛，然而我国经济总体并无收敛迹象。该研究同时指出，全球化和经济自由①是引起地区差异上升的主要原因（Hu,2002）。朱发仓和苏为华（2006）依据 1985－2003 年的行业面板数据研究了区域经济的收敛性，发现除中部的工业外，其余各行业在三大地区都存在收敛性。魏后凯（1997）的研究则显示我国各省人均 GDP 大致以每年 2% 的速度收敛，并且东中西部之间有形成收敛俱乐部的趋势。李坤望和

---

① 全球化采用出口和外商直接投资衡量，经济自由化采用国有企业份额减少量和城镇企业份额增加率衡量。

陈雷（2005）对亚太经济合作组织在1950-2000年间的经济收敛性进行了经验分析，发现亚太地区存在显著的经济增长收敛现象，区域经济一体化有利于缩小国家间的收入差距。朱国忠、乔坤元和虞吉海（2014）使用空间动态面板数据对1952-2008年间我国省级层面经济收敛状况进行了分析，发现各省人均GDP总体上不存在收敛性，落后省份的增长速度并不比富裕省份的增长速度高。张晨峰（2014）对1990-2011年间省级经济收敛性的分析则发现，地区经济存在全局绝对收敛，当空间溢出效应控制之后，收敛速度更快。杨竹莘（2015）考察了1956-2013年间我国28个省市的收入差距演变，发现直辖市之间、直辖市与东部、东部与中部、中部与西部存在收敛性，但东中西内部没有收敛性，整体上也不存在收敛趋势。史学贵和施洁（2015）采用空间动态面板数据模型的研究则发现，我国地区间经济在1952-2011年、1952-1978年、1979-2011年三个时间段中呈现收敛趋势，但改革开放之后，收敛速度放缓。杨朝峰等（2015）的研究则发现，在考虑空间效应后，2001-2012年间，我国区域经济发展既存在条件收敛，也存在绝对收敛。王自然和曹薇（2016）采用1997-2014年间省级面板数据的研究发现，产业结构优化与区域经济收敛之间存在双门槛效应，随着经济开放水平的提高，产业结构对经济收敛的影响下降。

针对我国的特殊情况，一些研究考察了政府政策对经济增长的影响。沈坤荣和唐文健（2006）针对目前我国大规模劳动力转移的现状分析地区经济差异，认为我国地区经济增长将出现先发散后收敛的趋势，呈现倒U型动态变化特征。林毅夫（2002）分析了发展战略、自生能力和经济收敛之间的关系，指出发展战略是决定经济是否收敛的重要因素，只有当发展战略遵循比较优势基本准则时，经济才能实现收敛。因此，政府在制定发展战略时不能一味追求引进最先进的技术或产品，而应当从自身比较优势出发，寻找适合本地水平的技术加以引进和学习，如此才能加速本地经济增长，实现与发达地区经济的收敛（林毅夫，2003；林毅夫等，2003，2004）。林毅夫和张鹏飞（2005）通过简单的内生增长模型验证了以上观点，潘士远和林毅夫（2006）进一步指出，遵循比较优势发展战略的发展中国家知识吸收能力较高，人均收入水平将逐步趋向于发达国家。与此同时，Jean-Claud等（2000）研究认为各省的地理位置、交通基础设施和电信设施能够在很大程度上解释自身经济增长，因此针对落后地区的基础设施投资有利于减少地区差异，促进地区经济收敛。马栓友和于红霞（2003）则研究了转移支付对经济收敛的作用，发现政府转移支付并没有显著促进地区差异的缩减。范建勇和张涛（2003）通过分析美国地区收敛与结构转型之间的关系，认为促进中西部地区产业结构升级有助于消除我国地区差异。

此外，诸多文献具体研究了人力资本与我国地区经济收敛的关系。Fleisher 和 Chen（1997）研究了全要素生产率及其增长的决定因素，发现高等教育投资和外商直接投资影响沿海和内陆的 TFP 差距。基础设施投资在沿海地区的收益率更高，但人力资本投资在内陆地区的收益率高出沿海地区 20 个百分点，因此加强对内陆地区的教育投资有利于推动地区经济协调发展。Cai et. al（2002）的研究也验证了这一观点。该研究指出，我国地区经济存在条件收敛，即初期人均 GDP 水平与之后的经济增长率负相关，劳动力市场扭曲抑制地区经济趋同。与此同时，平均受教育年限增长 1% 将促使 GDP 增长率上升 4.53%，因此教育投资将推动经济增长。Demurger et. al（2002）重点关注了国际贸易参与能力和政策偏好指标对地区差异的影响，发现二者对沿海地区经济增长的影响相同，劳动力和资本受到制度障碍限制无法自由流动是地区经济差异的主要原因。因此，加强人力资本投资和制度建设是推动西部省份发展的有效措施（张胜等，2001）。陆根饶（2002）考察了我国经济高速增长中的人力资本效应，该研究采用教育水平作为人力资本的衡量指标，结果发现虽然对于东部和我国整体而言，物质资本对经济增长的贡献仍是主要的，但技术进步和人力资本的贡献已逐步成为经济增长的新兴动因。郭剑雄（2005）采用内生增长分析方法研究了人力资本、生育率和城乡收入差距之间的关系，认为农村地区的高生育率和低人力资本积累率导致农民收入增长缓慢，因此是城乡收入差距的主要原因。汪锋等（2006）在新古典经济增长理论框架下，使用面板数据研究了 1978－2003 年间我国的地区经济发展。研究表明，人力资本和企业市场化程度和对外开放程度是我国经济失衡的重要原因。加大西部地区教育投资和引入外资力度是缩小地区差异的有效途径。

一些研究验证了人力资本各个构成要素，包括教育、健康投资、劳动力流动等对经济增长的推动作用。陈亮和苏建宁（2017）基于 2000－2015 年间的数据研究了人力资本积累对京津冀协同发展的影响，研究指出，人力资本是京津冀协同发展的主导硬性因素，合理配置人力资本，完善人力资本要素市场能够推动京津冀的均衡发展。李月和邓露（2017）分析了知识、全要素生产率和中等收入陷阱之间的关系，实证结果表明，知识对经济增长的影响存在门槛效应，提升知识存量有助于经济收敛域较高水平。董亚娟（2012）对1997-2005年期间浙江省经济收敛的研究发现，教育和健康人力资本是推动经济收敛的关键因素，并指出仅以教育衡量人力资本会低估人力资本对经济增长的贡献力。牟小俐等（2013）对1998-2009年期间我国31个省市的面板数据研究发现，我国区域经济呈现条件收敛趋势，西部地区健康投资促进经济增长，而东部地区则抑制经济增长。张传勇（2016）对2000-2013年间长三角42个地级城市的研究指出，高房价抑制了劳动力的流动意愿，影响到区域经济差距缩小的速度。张学良（2013）采用非参数DEA方法对长三角地区经济收敛的分析表明，物质资本积累推动长三角地区经济差距缩小，人力资本则导致长三角经济增长趋异。张建清和张燕华（2014）对中国1990-2011年的研究指出人力资本对经济增长的作用包括产出效应、创新效应、吸收效应和互补效应，其中互补效应最大，创新效应和产出效应次之，而吸收效应为负。侯燕飞和陈仲常（2016）采用系统GMM方法对2005-2014年间我国省份面板数据进行了实证分析，结果显示，人口流动促进区域经济增长，提高人力资本水平，解决好就业市场体制问题和流动人口福利问题是推动新古典经济收敛机制发挥作用的根本途径。

与国家间的经济收敛研究一样，我国人力资本与地区经济收敛之间的研究也得出了不同的结论。Jones et. al（2003）发现我国城市间的经济差异情况比省际和地区经济差异更为严重，获得特区身份会使城市经济增长率提高5.5%。此外，该研究指出高等教育人口占总人口比率越高的城市人力资本积累速度越快，但是模型显示人力资本对经济增长无显著影响。Wei（1993）则采用劳动力中科学和技术人员的比率衡量人力资本，发现人力资本抑制经济增长。Brun et. al（2001）采用1981-1998年间省际数据，并设定经济增长区间为3年以构造面板数据。该研究指出沿海地区可通过需求、供给和贸易方面的正外部性对中西部地区产生溢出效应，然而实证结果显示，仅依靠沿海地区对中西部地区的溢出效应不能保障地区经济均衡发展，因此政府需要采取措施辅助梯度转移的开展。与此同时，Brun等采用中等和高等教育入学率衡量各省人力资本水平，发现人力资本对经济增长率的影响并不显著，数据本身误差和经济增长区间设定较短等是导致该现象的可能原因。

## 五、小结

总体上，人力资本—经济收敛理论可以分为微观层面和宏观层面两种。微观层面主要研究教育对个体收入的影响问题，这类研究一致认为教育投资将促进个体收入的上升。然而，针对国家间或地区间经济收敛的宏观层面研究结论则不尽相同。一些研究认为，初期人力资本水平显著推动经济增长。另一些研究则发现，人力资本对经济增长无显著影响，甚至抑制经济增长。数据测量误差和模型设定问题是导致该现象的可能原因，本书将尝试解决这类问题，采用多种模型分析人力资本对我国省际经济收敛的影响效应。

# 第二章　人力资本的构成及其度量

最早的人力资本思想可以追溯到古希腊思想家柏拉图的著作，他在《理想国》中阐述了教育和培训的价值。亚当·斯密是第一个将劳动力视为资本的经济学家，他认为财富的提高不仅取决于劳动者的数量，而且受到劳动力熟练程度，即质量的影响。劳动者可以通过教育提升生产率，但是教育需要付出时间成本和学费成本。亚当·斯密的观点构成了人力资本投资理论的萌芽，随后的李嘉图、穆勒、萨伊等人继承了斯密的理念并提出了新的见解。古典经济学的集大成者——马歇尔指出知识和组织是资本的重要组成部分，是最有力的生产力。在这一时期，经济学界虽然发现了人力资本的重要性，但是并没有形成系统地人力资本理论，人力资本也没有独立成为一个分支。

第一次系统地提出了人力资本理论的是诺贝尔经济学奖获得者舒尔茨，他在1960年美国经济协会年会上发表了题为《人力资本投资》的演讲，系统阐述了人力资本在经济中的关键作用。舒尔茨指出，人力资本是决定国民经济增长的主要原因，是缩小个体收入差距，推动收入分配均等化的重要因素。他明确提出：人口质量和知识投资在很大程度上决定了人类未来的前景。此前传统的经济学普遍强调固定资本的作用，认为固定资本存量及其积累速度是决定经济增长的主要因素，然而现实经济出现了很多传统经济学无法解释的现象，在此背景下，舒尔茨的人力资本理论应运而生，舒尔茨也因而被称之为人力资本之父。但是，舒尔茨的研究主要关注人力资本对宏观经济的作用，另一位诺贝尔经济学奖获得者，加里·贝克尔将人力资本理论扩展到微观经济领域，研究了人力资本与个人收入分配的关系，奠定了人力资本理论的微观经济学基础，其代表作《人力资本》系统地阐述了形成人力资本的各类投资及其收益，被认为是"经济思想中人力资本投资革命的起点"。本章将具体介绍人力资本的构成要素，并回顾人力资本的多种度量方法。

## 一、人力资本的构成

个体收入差异在国家间、家庭间、性别间普遍存在，起初经济学家将其归因于个体拥有的物质资本差异，因为富裕的家庭物质资产往往也相对丰富。然而，随着收入增长研究的逐步深入，学者们意识到，物质资本以外的因素也在很大程度上影响个体收入，人力资本作为无形资产的一种开始被用于研究收入不平等现象。人力资本指个人拥有的能够创造个人、社会和经济福祉的知识、技能、能力和素质（OECD，2001），是劳动者通过教育、培训、保健、劳动力迁移等方面投资而获得的知识、技能的总和（Becker, 1962；Schultz, 1993）。从个体角度讲，人们进行人力资本投资是为了实现更高的收入或社会地位，只有当投资的收益率大于成本支出率时，个体才会实施人力资本投资行为。与此同时，个体的人力资本投资在提升自身素质的同时，也必将改善社会整体的人力资本水平，产生正的外部性。因此，人力资本投资的个体收益率小于社会收益率，个体自发的人力资本投资将低于社会需求水平，此时需要政府公共支出的介入，才能实现社会福利的最大化。

依据人力资本的定义，可将人力资本投资分为教育、在职培训、健康和迁移等四种，其中教育和在职培训是提升个体人力资本的主要途径，健康状况影响到人力资本的产出效率，而迁移则有助于人力资本实现潜在的价值。个体或经济体将通过以上方式积累自身人力资本，最终的人力资本水平将影响个体收入或经济体的产出。

### （一）教育

学校教育是培养人力资本的主要途径，各国都建立了不同层次的教学机构传授知识，通常包括学龄前教育、初级教育、中等教育和高等教育等四个级别。在劳动力市场上，学历被视为衡量个体能力的重要指标，实证研究结果显示，受教育程度高的求职者更容易找到工作，并且工作待遇高于低教育程度求职人员。然而目前我国出现了民工用工荒和大学生就业难的矛盾局面，社会开始质疑高等教育的意义，甚至出现了读书无用论的观点。研究显示，教育质量下滑和劳动力供求结构不对称是导致上述现象的主要原因（张晓蓓和亓朋，2010）。

有收益就必然需要付出成本，否则个体对学校教育的需求将是无限的。个体接受学校教育不仅需要支付学费、生活费等直接成本，同时也存在机会成本，即不能参加工作的收入损失。在经济人假设前提下，只有当收益大于成本时，个体才会选择进行人力资本投资。结合我国的教育制度，小学和初中属于九年制义务教育覆盖的阶段，因此除去特殊情况，大多数学龄儿童都会接受这一阶段教育。个体需要作出选择的阶段为高中和大学，以大学教育为例，影响一个高中毕业生是否进入大学学习的因素包括：①个体能力，反应在高考成绩的高低上；②户籍因素，目前我国没有实行全国统一试卷，因此不同省份的高考分数线不同，考生竞争激烈程度差距悬殊。此外，受到经费来源的影响，各高校往往向所在地户籍考生倾斜，招生指标不公平分配，导致入学的户籍不平等状况仍未消除。③家庭经济收入状况，家庭收入限制了学生的大学支付能力，贫困家庭放弃入学的例子也屡见报端。④制度因素，国家对贫困大学生的助学贷款、学费减免和勤工俭学等教育救助制度是否完善也是影响到学生能否接受大学教育的重要因素。⑤其他因素，包括意外等不可预知的情形。

个体投资教育不仅能够获得收入提高、心理充实等私人收益，也会带来人口素质上升、创新加速、转型加快等社会收益，因此学校教育投资产生了正的外部性，仅由个体承担成本会导致私人教育投资水平低于社会最优教育投资水平。因此，政府需要进行干预，通过制定一系列措施和制度，降低教育的私人成本，鼓励并保障个人或家庭进行教育投资。

### （二）在职培训

在某些特定技能的培训上，学校和企业具有一定的替代关系，如一些专门教授某类技能，如美容美发、厨师、技工等的技术学校。这些知识结合实际操作能够更好地掌握，学习和工作之间也可以相互促进。与学校教育不同，在职培训特指由企业以提高员工生产率为目标的，针对具体的工作内容开展的培训活动，接受培训的工人在工作中学习新技能和完善旧技能从而提高工作熟练程度。如修理厂的新学徒将在工作过程中学习到修理技能，实习医生则通过实践巩固在学校接受的知识。因此，在职培训能够提升劳动力未来的生产率，增加企业未来产出。在职培训的成本支出包括员工为此付出的时间和努力、企业支付的培训费用、培训中使用的设备等。由于这些支出不能用于当前生产过程，因此减少了当前产出。而通过培训，员工生产率提高，未来的产出水平将上升。因此，企业在职培训决策将追求当前和未来产出水平总和的最大化。

在职培训是个体人力资本积累的又一重要环节，可分为一般培训（General Training）和特殊培训（Specific Training）两种类型。其中，员工通过一般培训获得的工作技术知识和技能在其他企业也可以使用，特殊培训指通过培训获得的技术知识和技能只能在本企业适用。因此企业对员工进行一般培训存在为他人做嫁衣裳的风险，而特殊培训则能够规避这一风险，但抑制了劳动力的自由流动，可能导致员工培训的积极性不高。通常情况下，用人单位的培训同时包含了一般培训和特殊培训的内容。

## （三）健康

身体是革命的本钱，改善劳动力的心理和生理健康状况也是一种人力资本投资方式。虽然在现代社会，收入更多地取决于知识水平而非体力，但体力仍在一定程度上影响个体的收入能力。此外，心理健康也越来越受到重视，成为决定收入水平的重要因素。健康和知识一样，能够通过许多方式逐步改善。工作年龄人口死亡率的下降将延长个体的收入年限，提高个体收入预期。良好的饮食则增强体力，提高收入能力。工作环境的改善，如工资的提高、休息时间的设定等都可能影响工作士气和生产效率。企业一般通过组织体检、提供餐饮、保护员工远离危险工作等方式对员工健康进行投资。

健康作为人力资本投资的重要构成部分毋庸置疑，然而由于没有统一的衡量指标，健康人力资本长期被忽略在外，这导致人力资本的低估，影响到实证回归结果。骆永民（2011）采用数据包络分析方法，以公共卫生支出投入产出效率衡量健康人力资本，研究结果发现，健康人力资本对本地区和相邻地区的经济增长均有显著促进作用，并且越是健康人力资本集聚地方，健康人力资本的促进作用越大。王弟海（2012）考察了健康人力资本、物质资本和长期经济增长的关系，发现食物消费和营养的健康人力资本对经济增长具有重大作用，并且福格尔型健康人力资本会导致经济中存在多重均衡。曹阳和闫岩（2017）对2003–2013年间我国省级面板数据的门限回归模型发现，健康人力资本对经济增长的影响存在门限效应。

### (四) 迁移

迁移作为人力资本投资的一种，也能够提高劳动力收入水平。正如个体可以通过了解产品在不同厂商处的销售价格信息以最低价格购买商品一样，求职者在掌握到不同企业的薪酬信息后，也可以通过迁移到工资水平最高的企业工作。迁移在很大程度上取决于个体对经济系统、政策和社会体系信息的了解程度，它必将显著影响自身收入。以工作信息投资为例，个体可以通过浏览和筛选招聘广告、求助就业中介、咨询亲朋好友等方式搜集工作信息，高收入工作将是工作信息投资的回报。在很多情况下，信息投资导致劳动力的迁移，个体通过迁移来到更为适合的工作岗位，充分利用自身人力资本，实现收入水平的提高。迁移将产生直接成本和间接成本。直接成本包括迁移的交通费用、在新工作地点的租房费用、生活费用上升等。间接成本主要指离乡背井的心理落差。个体最终是否迁移取决于迁移成本和收益的对比，如果通过迁移产生的收入上升大于成本，那么个体将从迁移中获益。但若迁移收益小于成本，个体的最优选择将是留在原工作岗位，而不是迁移。麦尔旦·吐尔孙和欧阳金琼等（2017）考察了农民夫妻联合迁移的行为决策机制，结果表明人力资本禀赋、社会资本禀赋和自然资本禀赋对农民夫妻联合或单方迁移产生显著影响，但经济资本禀赋影响并不显著。樊士德和沈坤荣（2014）研究了我国劳动力流动微观决策的动态机制，发现成本与最终效应在流动决策中起决定性作用。李永辉和李小琴（2016）利用CFPS数据的研究显示，人力资本投资是突破阶层固化，提高代际收入流动性的有效方式。

在微观个体劳动力流动决策研究的同时，一些研究针对劳动力迁移的宏观经济效应展开了分析。新古典经济增长理论预期，允许劳动力自由流动将推动要素实现最优配置，缩小地区经济差距。但是现实中劳动力由落后地区向发达地区的流动往往导致了收入差距的日益恶化。许召元和李善同（2008）利用可计算一般均衡（CGE）模型定量分析了区域间劳动力迁移的经济影响，结果显示劳动力迁移显著提高了输出的人均收入和消费水平，但并不能缩小人均GDP的地区差距。许召元和李善同（2009）进一步采用新经济地理学框架研究这一问题，指出资本追逐劳动的现象，城乡人口的技能水平差异是阻碍新古典经济增长理论机制运转的原因。孙久文和周玉龙（2015）采用系统GMM方法对2005－2011年间我国县级层面面板数据进行了实证分析，研究发现：城乡收入差距阻碍劳动力迁移和城镇化步伐的推进，金融支持有利于劳动力向非农产业转移，但对城镇化的影响不太显著。

劳动力自由流动有助于推动帕累托改进，实现资源的最优配置，然后受到制度的约束，尤其是户籍制度的长期存在导致城乡二元化结构，我国劳动力市场明修暗藏的各种壁垒，严重阻碍劳动力的自由迁移。打破户籍壁垒，推动城乡一体化成为迫切需要解决的问题，也是十三五规划的目标之一。李建平和邓翔（2012）考察了收入差距、户籍制度、地区因素和劳动力集聚外部性对劳动力迁移决策的影响，发现收入差距和户籍制度的作用非常显著。朱江丽和李子联（2016）将户籍改革的影响分为三阶段，第一阶段经济体相对分散，改革将促进大市场地区形成，第二阶段，大市场地区集聚规模进一步扩大。第三阶段，当集聚格局达到一定程度后，户籍改革会削减大市场地区及距离，促进企业扩散。

## 二、人力资本的度量

如何选择合适的人力资本衡量指标是经济收敛研究中尚未解决的问题，人力资本的特殊性使得对它的衡量至今仍是个难题。总体上，以往文献中常见的人力资本估算方法分为以下几种：指标法、Barro 和 Lee 测算法、收入法、成本法、特征法、余额法及其他。

### （一）指标法

由于迄今没有统一的人力资本衡量方法，学者们在开展研究时采用了不同的人力资本指标。早期文献广泛使用入学率等流量指标衡量人力资本水平，然而这类指标实际代表的是未来的人力资本水平，而非当前时期的人力资本水平，因而颇受争议。并且，研究中一般采用个别教育层级的入学率，如小学入学率、中等教育入学率等，它们并不能代表人口整体的人力资本水平，因此欠缺全面性。识字率指标也存在同样的问题，该指标仅仅体现了人口的脱盲水平，却不能显示具体达到的人力资本层级，因此不能作为理想的人力资本指标。

近年来，一些研究开始采用存量指标衡量人力资本。如教育年限法，该方法通过将各教育层级的人口数与对应的受教育年限相乘得到总教育年限。更多的时候，研究者们采用平均受教育年限，即令总教育年限除以总人口数而得。教育年限法所需数据容易获得，并且计算过程简单易懂，因此在文献中的使用率相对较高。但是它将不同教育层级一年的人力资本视为相同，即小学的一年和本科的一年所积累的人力资本是相同的，这一假设显然与事实相违背，必然影响到人力资本度量的准确性。

### （二）Barro 和 Lee 人力资本估算法

国外文献中采用较多的人力资本指标为 Barro 和 Lee（1993）中得出的人力资本存量数据。Barro 和 Lee（1993）采用永续盘存法首次构建了世界上 129 个国家 1960 - 1985 年期间的人口教育水平数据集，Barro 和 Lee（1996，2000）又将该数据集扩展到 1990 - 1995 年间。Barro 和 Lee 估算法所使用的数据主要来源于联合国教科文组织的人口普查和教育程度调查年鉴、联合国人口统计年鉴等，该方法以普查年限和调查年限为基点，采用入学率数据对基点人力资本存量进行调整，最终得到其他非普查年限的人力资本存量值。

Barro 和 Lee（1993）将人力资本测算对象设定为年龄在 25 岁及以上的人口。令 $P_t$ 代表 $t$ 期年龄在 25 岁及以上的人口数，$E_{st}$ 代表 25 岁及以上人口中最高受教育程度为 $s$ 的人口，其中 $s=0$ 表示从未上过学，$s=1$ 表示最高受教育程度为小学，$s=2$ 表示最高受教育程度为中学，$s=3$ 表示最高受教育程度为高等教育。那么，25 岁及以上人口中最高受教育程度为 $s$ 的人口所占比率为：

$$p_{st} = E_{st}/P_t \tag{2.1}$$

令 $PRI_t$、$SEC_t$、$HIGH_t$ 分别代表 $t$ 期小学、中学和高等教育的毛入学率，$P_{25t}$ 代表 $t$ 期 25—29 岁人口数，即刚进入 25 岁这一年龄段的人口。假如这些新进入人口的最高受教育年限为小学、中学和高等教育，那么他们接受这类教育的时间将分别为 15 年前、10 年前和 5 年前。以从未上过学的人口为例，$t$ 期 25 岁及以上人口中从未接受过教育的人数为：

$$E_{0,t} = E_{0,t-5} \cdot (1-\delta_t) + P_{25t} \cdot (1-PRI_{t-15}) \tag{2.2}$$

$$\delta_t = (P_{25t} + P_{t-5} - P_t)/P_{t-5} \tag{2.3}$$

其中，$\delta_t$ 代表死亡率，即 $t-5$ 期 25 岁及以上人口中没有存活到 $t$ 期的比率。Barro 和 Lee（1993）假设 25—29 岁人口中从未上过学的比率等于 15 年前没有进入小学程度的人口比率，即 $1-PRI_{t-15}$。将 $\delta_t$ 代入（2.2）

式可得从未上过学的人口比率为：

$$p_{0,t} = E_{0,t}/P_t = [1 - (P_{25t}/P_t)] \cdot p_{0,t-5} + (P_{25t}/P_t) \cdot (1 - PRI_{t-15}) \quad (2.4)$$

依此类推，最高受教育程度为小学的人口比率为：

$$p_{1,t} = E_{1,t}/P_t = [1 - (P_{25t}/P_t)] \cdot p_{1,t-5} + (P_{25t}/P_t) \cdot (PRI_{t-15} - SEC_{t-10}) \quad (2.5)$$

最高受教育程度为中学的人口比率为：

$$p_{0,t} = E_{2,t}/P_t = [1 - (P_{25t}/P_t)] \cdot p_{2,t-5} + (P_{25t}/P_t) \cdot (SEC_{t-10} - HIGH_{t-5}) \quad (2.6)$$

最高受教育程度为高等教育的人口比率为：

$$p_{3,t} = E_{3,t}/P_t = [1 - (P_{25t}/P_t)] \cdot p_{3,t-5} + (P_{25t}/P_t) \cdot HIGH_{t-5} \quad (2.7)$$

采用以上分教育程度的人口比率估计值，Barro 和 Lee（1993）推算出了不同国家历年的平均受教育年限数据。

Barro 和 Lee 人力资本估算法使用极为广泛，然而该方法在计算过程中包含了没有参加工作的人口，Gemmell（1996）认为只有劳动力的人力资本对经济增长有贡献作用，Barro 和 Lee 测算的结果高估了各国人力资本存量水平。针对这一问题，Gemmell（1996）构建了劳动力人口的人力资本变动指标，对 Barro 和 Lee 人力资本测算法进行了显著的调整。

$$H_t = H_{t-1} + \alpha_t N_t - \beta_t R_t \quad (2.8)$$

其中，$H_t$ 代表 $t$ 期的人力资本存量，$\alpha_t$ 代表新进入劳动力市场的人口比例，$\beta_t$ 代表退出劳动力市场的人口比率，$N_t$、$R_t$ 分别为新进入人口和退休人口的人力资本。

Gemmell 采用 1960 年的入学率作为当年劳动力中各受教育程度人口比率的代理变量，并结合 1960 年劳动力人口测算不同受教育程度的人力资本存量，最后采用上式得到历年的人力资本存量数据。

由上文可知，教育只是人力资本的一部分，健康、迁移和干中学等都是积累人力资本的重要途径，然而无论是指标法还是 Barro 和 Lee（1993）估算法，以及 Gemmell（1996）的测算方法都只针对教育因素，而忽略了其他人力资本因素的影响。因此以上人力资本指标是片面的，并没有全面综合的对人力资本进行度量。有鉴于此，结合物质资本的测算方法，产生了两种人力资本存量测算方法，即收入法和成本法。

### （三）收入法

终生收入法即以个人预期生命期的终生收入现值来衡量其人力资本存

量的测算方法,由于该方法创始人为 Jorgenson 和 Fraumeni,因此又被称为 J-F 收入法。该方法假设个体人力资本可以像物质资本一样在市场上进行交易,而人力资本的交易价格就是个体预期生命期未来终生收入的现值。与采用当前收入比较,采用终生收入考虑了未来的现金流,能够更加准确合理地反映出教育、健康等长期投资对人力资本积累的重要作用。J-F 终生收入法是国际通用的人力资本测算方法,该方法基于人力资本产生的收入流来计算人力资本,具有充分的理论依据,因此在相关领域得到了广泛的应用。美国、加拿大、新西兰、挪威、瑞典等国均采用 J-F 终生收入法测算本国的人力资本水平,并构建了人力资本账户(Jorgenson 和 Fraumeni,1989,1992a,1992b;Gu 和 Ambrose,2008;Le,Gibson 和 Oxley,2005;Greaker 和 Liu,2008;Alroth,1997;Christian,2009)。OECD 也已开始实施其人力资本度量计划,着手建立涵盖 OECD 国家的可比的人力资本指标体系,并通过该项目促进人力资本水平的国际比较(李海峥、贾娜和张晓蓓,2011)。

个体收入包括市场收入和非市场收入两部分,其中市场收入指劳动者通过市场活动来生产物品或提供服务而获得的劳动报酬,非市场收入则指个体从事家庭劳动,如洗衣、做饭、照顾老人和幼儿的方式所产生的机会成本,即相同的时间如果用于工作能够获得的潜在收入。个体的人力资本不仅通过市场活动可以得到提升,而且非市场活动也是人力资本积累的重要途径。因此准确而言,J-F 方法中的终生收入应该同时包涵市场收入和非市场收入。然而,家务劳动的价值或机会成本很难量化,因此出于可操作性的考虑,人力资本账户中通常不包括非市场收入,只用市场活动所产生的收入来估计人力资本存量。

J-F 法通过生存率、升学率和就业率来估计预期未来收入。未来的工资和收入由估计年份中年龄更大的人的有关工资和收入来决定。在估算未来的收入时,假设收入的增长率和折现率保持不变,J-F 终生收入法采用倒推的方式来计算人力资本存量。以我国国情为例,即从退休年龄 60 岁开始倒推到 59 岁、58 岁,依此类推一直到 0 岁。对于已退休人员,该方法假设其不再取得市场收入,即终身收入为 0,而对于没有参加工作的人群,该方法计算的是他们的预期终生收入。

1. 估算方法。

具体而言,J-F 法终生收入法将生命周期划分为五个阶段,每个阶段预期收入的计算也根据相应的生命周期特点使用不同的公式。

第五个阶段,也是最后一个阶段,为退休状态,即既不上学又不工作的已退休人员人力资本。根据我国相关法规,我们把男性退休年龄设定为60岁,女性设定为55岁,因此最后阶段为男性60岁及以上,女性55岁及以上:

$$mi_{y,s,a,e} = 0 \tag{2.9}$$

其中,下标 y、s、a、e 分别代表年份、性别、年龄及受教育程度,Mi 代表预期终生市场劳动收入。

第四个阶段是工作阶段,即完全工作,不再接受正式学校教育的阶段,根据我国国情,可以将这一阶段设定为男性25岁到59岁,女性25岁到54岁。

$$mi_{y,s,a,e} = ymi_{y,s,a,e} + sr_{y+1,s,a+1} \times mi_{y,s,a+1,e} \times \frac{1+G}{1+R} \tag{2.10}$$

其中 sr 代表存活率,即活到下一岁的概率,yMi 代表该群体该年的年收入。等式右边 mi 的下标为 y,而非 y+1,是因为在计算 y 年的人力资本存量时,我们假设 y 年 a 岁的人在 y+1 年(即 a+1 岁时)的人均收入等于 y 年 a+1 岁相应人群的未来终生收入乘以 (1+G),G 为实际收入增长率。在此基础上,还要采用折现率 R 对终生收入进行折现得到现值。

第三阶段是可能上学,也可能工作,设定处于这一阶段的人群年龄跨度为16—24岁,其计算公式为:

$$mi_{y,s,a,e} = ymi_{y,s,a,e} + [senr_{y+1,s,a+1,e+1} \times sr_{y+1,s,a+1} \times mi_{y,s,a+1,e}$$
$$+ (1 - senr_{y+1,s,a+1,e+1}) \times sr_{y+1,s,a+1} \times mi_{y,s,a+1,e}] \times \frac{1+G}{1+R} \tag{2.11}$$

其中 senr 是升学率,即受教育程度为 e 的人进入受教育程度 e+1 的概率。

第二阶段是上学而没有工作,年龄段设定为6—15岁,计算公式为:

$$mi_{y,s,a,e} = [senr_{y+1,s,a+1,e+1} \times sr_{y+1,s,a+1} \times mi_{y,s,a+1,e}$$
$$+ (1 - senr_{y+1,s,a+1,e+1}) \times sr_{y+1,s,a+1} \times mi_{y,s,a+1,e}] \times \frac{1+G}{1+R} \tag{2.12}$$

第一阶段是既不上学也不工作,年龄设定为0—5岁,计算公式为:

$$mi_{y,s,a,e} = sr_{y+1,s,a+1} \times mi_{y,s,a+1,e} \times \frac{1+G}{1+R} \tag{2.13}$$

最后用 $L_{y,s,a,e}$ 表示 y 年,性别为 s,年龄为 a,受教育程度为 e 的人口

数,由市场收入计算得到一个国家总人口的预期未来终生收入 MI(y),即为从收入角度出发的人力资本存量:

$$MI(y) = \sum_s \sum_a \sum_e mi_{y,s,a,e} L_{y,s,a,e} \qquad (2.14)$$

本文的计算只包括市场收入。如果加上非市场终生收入 $nmi_{y,s,a,e}$,则为:

$$MI(y) = \sum_s \sum_a \sum_e (mi_{y,s,a,e} + nmi_{y,s,a,e}) \cdot L_{y,s,a,e} \qquad (2.15)$$

2. 估算数据及处理。

根据上文可知,采用终生收入法估算人力资本所需要的数据主要包括:收入数据、人口数据、增长率和折现率数据等。

(1) 收入数据。

估算终生收入时,需要知道不同群体人均市场收入的数据,即分城乡、性别、年龄、受教育程度的收入数据。由于我国个体收入数据缺乏,本研究对 J-F 方法做了改进,使用微观调查数据将 Mincer 方程纳入 J-F 方法体系来估算相应收入。这一改进不仅弥补了我国收入数据缺乏的现状,而且使计算结果能够反映教育回报率和工作经验回报率的变化对人力资本的影响(李海峥,梁赟玲等,2010)。

本书采用 Mincer 模型估算收入数据,用于收入方程回归的数据来自于两个著名的中国住户调查数据集。一个是 1986-1997 年中国国家统计局城市社会经济调查队的"中国城镇住户调查"数据(UHS),本书采用该数据集来估算每年城市收入方程系数,并将这些参数按时间趋势作线性回归或指数回归,然后用这些回归的拟合值估算出 1985-2008 年的城镇收入方程参数。

另一个数据集是"中国健康和营养调查"数据(CHNS),调查年份是 1989 年、1991 年、1993 年、1997 年和 2000 年。CHNS 调查同时覆盖了城镇和农村,样本的收入数据包括工资收入、补贴及其他收入、农业收入三部分。其中,CHNS 提供的农业收入分为从集体取得的收入和从家庭取得的收入两类,前者可以对应到家庭中的个人,但后者以家庭为单位计算,因此需要进行分配。我们首先计算了整个家庭在该项农业活动上付出的总时间,然后将每位家庭成员付出的时间与总时间相除得到个人贡献比率,最后把家庭务农总收入乘以个体贡献比率得出每个人的务农收入。

$$\ln(inc) = \alpha + \beta Sch + \gamma Exp + \delta Exp^2 + u \qquad (2.16)$$

其中，$\ln(inc)$ 代表收入的对数，$Sch$ 指各个教育水平的教育年限，$Exp$ 和 $Exp^2$ 分别为工作经验及其平方，$u$ 为随机误差项，$\beta$ 为教育回报率，$\gamma$ 和 $\delta$ 为工作经验的回报率参数。

由于微观调查数据仅覆盖少数年份，因此需要对 Mincer 估计结果进行拟合调整。我们将截距项、$Sch$、$Exp$ 和 $Exp^2$ 前的系数分别作为因变量对时间进行回归：对于截距项和 $Sch$ 前的系数，我们使用线性模型拟合，并使用 $R^2$、AIC 值和 SC 值作为判断标准，拟合方程为：$Y = \alpha_0 + \alpha_1 \times time + \mu$；对于 $Exp$ 和 $Exp^2$ 前的系数，我们使用指数模型来拟合。

在求得个体收入后，本书使用 CHNS 数据分别估算农村和城镇的收入方程系数，以及这些年份城市参数和农村参数的比率，并对这一比率依时间趋势作指数回归，得到其他年份该比率的拟合值。然后，利用这些拟合值和估算出来的城镇收入方程参数值，求得 1985－2008 年的农村收入方程参数值。

（2）人口数据。

J－F 法计算分城乡的人力资本时，需要用到每年分城乡、年龄、性别、受教育程度的人口数。本书主要通过国家统计局公布的人口普查数据、人口抽样调查数据获得各数据年份的人口数，根据永续盘存的思想估算缺失年份的人口数。具体如下：

首先，从中国国家统计局 1987 年、1995 年、2005 年的 1% 抽样数据和 1982 年、1990 年、2000 年的全国人口普查数据中直接得到这些年份的城镇和乡村分年龄、性别、受教育程度的人口数。

然后，根据已有的这六年的数据，结合每年分年龄、性别的死亡率、出生率、城乡总人口数以及各教育水平城镇和农村的招生人数等数据来估算每年城镇和乡村的分年龄、性别、受教育程度的人口数。我们把中国的教育层次划分为：未上过学、小学、初中（包括普通初中和职业初中）、高中（包括普通高中、中等专业学校和职业高中）、大学专科及以上（这里是指普通本专科，不包括成人本专科）五个教育层级。从 2000 年以后，由于可以得到更多的统计信息，我们又将大专及以上分为大专、大学及以上两个类别。

按照永续盘存的思想来估算缺失年份的分年龄、性别、受教育程度的人口数，估算公式如下：

$$L(y,e,a,s) = L(y-1,e,a,s) \cdot (1-\delta(y,a,s)) + IF(y,e,a,s) - OF(y,$$

$e, a, s) + EX(e, a, s)$ (2.17)

式中，$L(y, e, a, s)$ 为 $y$ 年教育水平为 $e$，年龄为 $a$，性别为 $s$ 的人口数。$\delta(y, a, s)$ 为 $y$ 年年龄为 $a$，性别为 $s$ 的死亡率，$IF(y, e, a, s)$ 和 $OF(y, e, a, s)$ 分别为该组人群的流入人口数和流出人口数，比如，刚进入该教育水平的人口数计为流入数，而刚进入更高一级教育水平的人口数计为流出数。$EX(e, a, s)$ 为估算误差余额。其中，

$$IF(y,e,a,s) = \lambda(y,e,a,s) \cdot ERS(y,e,s)$$ (2.18)

$$OF(y,e,a,s) = \lambda(y,e+1,a,s) \cdot ERS(y,e+1,s)$$ (2.19)

$$\sum_a \lambda(y,e,a,s) = 1$$ (2.20)

$ERS$ 为各教育水平的入学人数，$\lambda$ 为各教育程度入学学生分性别的年龄分布比。估算年龄分布比 $\lambda$ 时，我们使用了 CHNS（China Health and Nutrition Survey）和 CHIP（Chinese Household Income Project）等微观调查数据，以及《中国教育统计年鉴2003－2007》公布的宏观层面数据。

(3) 收入增长率。

J－F 终生收入法对个体未来收入的预测需要收入增长率数据，由于城乡实际收入增长率不同，因而本书分别估计农村和城镇的收入增长率。

农村和城镇的实际收入增长率在各省统计年鉴均有数据可查，但是数据统计范围较窄，只包括在国有、城镇集体等单位工作的职工工资增长，而没有统计其他就业人员，因此不能反映整体收入的增长。而具体到农村，统计局公布的人均纯收入将家庭所有成员计算在内，包括了非劳动力，因此也不能作为农村劳动力收入的衡量标准。

我们采用 Harrod－Neutral 技术进步模型估计收入增长率估算。根据 Harrod－Neutral 技术进步模型，设定生产函数为：

$$Y = F(K, A(t) \cdot L)$$ (2.21)

其中 $A(t)$ 是技术进步变量，$Y$ 为产出，$L$ 为劳动力投入，$K$ 为资本投入。假设 $A>0$ 并且 $dA/dt>0$，$A(t)$ 的增长率为 $\theta$。通过推导可得：在均衡状态下，劳动生产率（劳动产出比率 $Y/L$）和实际工资（$w$）增长率都等于 $\theta$。

因此，本书用劳动生产率增长率替代实际收入增长率来预测人们的未来收入的增长。我们用第一产业劳动生产率增长率作为农村劳动生产率增长率，第二、三产业劳动生产率增长率作为城镇增长率。采用 Harrod－Neutral 模型计算可得，过去三十年间，我国农村和城镇的劳动生产率分别

以年均 4.11% 和 6.00% 的速度增长①。

(4) 折现率。

通过上述计算得出未来收入后，还需要对未来收入进行折现以得到终生收入的现值，因此需要确定一个折现率，用以反映收入的时间价值。然而，选择不同的折现率将导致不同的结果，甚至可能得出不同的结论。为了能够客观全面地反映折现率的影响，我们使用了四种方法估算折现率：

①以 1996 - 2007 年面向个人的 10 年期国债平均利率为估算基础，再扣除通货膨胀率，得到的折现率为 3.14%；

②长期国债的利率风险很小，因而所得折现率可能偏低。考虑到风险因素，本书以 1996 - 2008 年人民银行对商业银行及其他金融机构 5 年期以上的基准贷款利率为估算基础，扣除同期通胀率，得出的实际折现率为 5.43%；

③由于中国资本市场还不完善，上述利率可能不能准确反映市场化利率。因而，参照世界银行社会折现率的计算方法，根据 1985 - 2008 年的人均消费水平增长率，再加上假设的 1.5% 时间偏好，计算出中国的社会折现率为 8.14%；

④采用 OECD 计算中使用的折现率 4.58%，这是基于美国私人部门的长期投资回报率的估算结果（Jorgenson 和 Fraumeni, 1992），该折现率被 OECD 人力资本国际协会的 18 个国家和两个国际组织所采用②。

需要指出的是，并没有一个所谓"正确的"折现率，也没有精确的方法来决定折现率水平（Klarman, 1991）。本书中出现的计算结果均采用 4.58% 的 OECD 折现率，以便于将我们的结果进行国际比较。同时，此折现率处在我国 10 年期国债平均利率 3.14% 和人民银行基准贷款平均利率 5.43% 之间，这是较为折中的选择。

### （四）成本法

人力资本测算的成本法，顾名思义，即从人力资本投资成本角度出发

---

① 根据统计年鉴收入数据的计算结果则更高：农村实际工资增长率 6.34%，城镇 7.09%。
② 18 个国家包括 OECD 的 15 个成员国澳大利亚，加拿大，丹麦，法国，意大利，日本，韩国，墨西哥，荷兰，新西兰，挪威，波兰，西班牙，英国，美国；2 个候选国以色列，俄国；1 个非成员国罗马尼亚；2 个国际组织为欧盟统计局（Eurostat）和国际劳工组织（International Labor Organization）。

来测算人力资本存量,该方法由 Kendrick(1976)提出。Kendrick 将人力资本投资分为两类:有形人力资本投资和无形人力资本投资。其中,有形人力资本投资主要指孩子的养育费用,无形人力资本则包括教育与培训支出、劳动力流动即迁移,以及医疗、健康和安全支出等。从支出主体角度出发,无形人力资本投资主要指个人、企业与政府用于正式和非正式教育的成本。私人正式教育成本包括私人教育机构场所与设备的净租金,以及学生的开支、学生的潜在机会收入等。私人非正式教育支出包括私人部门用于广播、电视、书刊、博物馆等方面的支出。政府的正式教育成本包括政府用于正式教育的所有支出(如建筑支出等)。政府非正式教育支出包括公共财政用于图书馆、娱乐设施的费用,以及军费开支。用于培训的无形人力资本投资包括非生产性培训的时间价值、非工资成本以及显性的培训(包括一般培训和特殊培训)费用。就医疗、健康和安全支出方面的人力资本投资而言,主要是政府进行投资,分为投资性支出和维持性支出。人力资本流动投资包括居民和移民的失业成本、工作搜寻成本、雇用成本和流动成本。但数据一般很难获得。Kendrick 对流动投资的折旧,采用了相对简单的处理,即用双倍递减余额法。在计算中,流动投资的寿命也直接假定为人数百分比的倒数。

人力资本成本法采用永续盘存法来估算人力资本存量,一方面累加新生的人力资本投资,另一方面对原有的人力资本投资加以折旧。Kendrick 用成本法对美国的名义人力资本存量进行了估算,结果发现美国人力资本约为国内生产总值的 5 倍,然而这远远小于 Jorgenson 和 Fraumeni 采用终生收入法的人力资本存量估算结果。Kendrick(1976)从成本角度切入,涵盖了人力资本形成方面的所有细节,并且提供了一个非常完整的加总所有相关成本来估计人力资本价值的清单。然而,这一方法所要求的数据量巨大,比如,如果要应用到中国,我们需要用到 90 年前政府的统计数据来进行相关累计计算,但新中国才成立了仅仅 60 年。因此,Kendrick 的方法难以运用于中国,相关数据无法满足计算需要。同时,也缺乏对许多技术细节处理的指导,比如折旧率的处理以及如何把健康支出划分为投资性支出和维持性支出。

(五)特征法

收入法测算的人力资本采用货币价值进行衡量,而特征法作为收入法的衍生则以人力资本的某项特征如教育程度等,来构造人力资本指数。以下将把以教育程度为主构造的人力资本指数计算方法进行简要说明。

以 Mulligan 和 Salai Martin(1997)的研究为基础,Koman 和 Marin(1997)把该方法运用于奥地利和德国,而 Laroche 和 Mérette(2000)将其改进后用于测算加拿大人力资本存量,其主要的改进在于除了正式教育,他们也把工作经验纳入到模型中,也就是说,强调人力资本积累过程中的培训和干中学(如工作经验)的重要性。在以教育程度为主的特征法计算中,一个国家的平均人力资本存量的对数形式可以用下面的公式来计算:

$$\ln\left(\frac{H}{L}\right) = \sum_e \sum_a \omega_{e,a} \ln(\rho_{e,a}) \qquad (2.22)$$

其中,

$$\omega_{e,a} = \frac{e^{\sum_s (\beta_s Sch + \gamma_s Exp + \delta_s Exp^2) \varphi_{s,a}} L_{e,a}}{\sum_e \sum_a e^{\sum_s (\beta_s Sch + \gamma_s Exp + \delta_s Exp^2) \varphi_{s,a}} L_{e,a}} \qquad (2.23)$$

其中,$H$ 为人力资本存量,下标 $a$、$e$、$s$ 分别代表年龄、受教育程度和性别,$Sch$ 表示特定教育层级的受教育年限,$\rho_{e,a} = L_{e,a}/L$ 代表年龄为 $a$、受教育程度为 $e$ 的劳动人口占总劳动人口的比重,$\omega_{e,a}$ 等于年龄为 $a$、受教育程度为 $e$ 的劳动人口工资额占整个经济总工资额的比重,$\varphi_{s,a}$ 是年龄为 $a$ 的人群中性别为 $s$ 的人口所占比重,$Exp$ 为工作经验,$\beta$、$\gamma$ 和 $\delta$ 为 Mincer 收入方程的回归系数。

特征法估算人力资本时也需要用到分年龄、性别、受教育程度的人口数据,并且需要估算历年分性别的 Mincer 方程系数。该方法的优点表现为能够集中地反映出不同年份和区域人力资本特征的变化。但是特征法在柯布—道格拉斯生产函数框架下展开测算,假设不同教育程度的人口可以完全替代,这导致特定情况下,某个教育水平人口百分比的上升可能导致总体人力资本水平的下降。一般认为,人力资本应该是教育水平的增函数,因此特征法的结果不能保证该性质,缺乏一定的合理性。

**(六)余额法**

世界银行(2006)使用余额法对 120 个国家的人力资本进行了估算。由于数据和方法的局限,他们就未来消费流作出假设,并以这些消费流的净现值作为对各国总财富的估计。按照他们的分类,一国的总财富包括生产性资本、自然资本和无形资本。对于生产性资本存量的价值，他们采用永续盘存法进行估算。其中包括建筑物和设备。而对于自然资本，则根据资源租金的现值进行估价，包括不可再生资源、耕地、牧场、森林，以及生态保护区。总财富减去生产性资本和自然资本便是无形资本。无形资本是人力资本、国家基础设施、社会资本，以及外国净金融资产回报的总和。无形资本中之所以包括外国净金融资产，是因为利息债务会影响消费水平。在他们所分析的国家中，无形资本超过总财富一半的国家占将近85%。

由于通过净现值对总财富进行估计，他们还需要对时间跨度和贴现率进行假设。世界银行选择了25年（大致相当于一代人）的时间跨度。至于贴现率，他们没有使用私人贴现率，而是选择了社会贴现率，因为政府往往根据社会贴现率进行代际资源配置。他们设定的社会贴现率为4%，在工业化国家中处于较高的水平。为了便于国家之间的比较，世界银行对所有国家使用了相同的贴现率。

此外，他们采用柯布—道格拉斯函数，对模型中三种无形资本的边际回报和贡献进行了估计。该模型中的自变量包括劳动人口的人均受教育年限、国外人力资本，以及公共管理资本或称社会资本。国外人力资本通过在国外工作的劳动者的汇款进行衡量。公共管理资本，即社会资本，则通过法治指数予以估计。总的来说，在这三种无形资本中，人力资本的边际回报最高；但对于不同的国家，这三种资本的相对贡献呈现出明显的差异（参见世界银行，2006，第7章）。

### （七）其他

指标法、收入法、成本法和特征法是较为常见的人力资本测算方法，与此同时，一些新的人力资本估算方法也不断涌现出来。如里斯本议事会发布的欧洲人力资本指数，欧洲人力资本指数是成本法的衍生，该指数是人力资本的投入成本指数，构建了13个欧盟（EU）成员国和12个中欧和东欧国家的人力资本指数。总的欧洲人力资本指数包括人力资本禀赋、人力资本利用率、人力资本生产率、人口和就业四个部分。人力资本禀赋包括所有用于正规教育的支出，家长教育子女的机会成本，成人教育、在职学习的支出。家长教育，包括教导子女说话、诚实、有同情心、承担责任等等。人力资本利用率指数是人力资本禀赋除以总人口，人力资本生产率指数是国内生产总值（GDP）除以就业人口的人力资本禀赋。最后，人口和就业是根据经济、人口和移民的趋势来估计各国 2030 年就业人口的数量。因为该方法含有成本和指数的概念，因此它被视为成本法和指标法的融合。但由于这一方法的技术细节还没有公布，我们也没有用它来测量中国的人力资本。

### （八）小结

人力资本迄今仍没有统一的度量方法，以往文献从不同角度出发对人力资本进行了估算。从最初的入学率、识字率等易得的指标，到简便的受教育年限法，以及相对复杂的 Barro 和 Lee（1993）估算方法，虽然测算精准度在不断提升，但是研究中采用这些指标仍需谨慎：首先，不同国家的教育体制存在极大差异，尤其是发达国家和发展中国家之间，因此采用以上指标对各国进行比较研究本质上是不准确的；第二，教育只是人力资本的一部分，健康、迁移和干中学等都是积累人力资本的重要途径，而多数人力资本指标往往忽略这类因素，因此人力资本衡量结果本身即不准确。以上也是实证研究中无法得出人力资本对经济增长显著推动作用的原因之一。

研究显示，人力资本指标的选取显著影响经济收敛模型的估计结果，不同的人力资本指标甚至会得出截然相反的结论。考虑到这一问题，本书将结合我国国情，并根据数据的可得性，选取不同的人力资本度量指标测算各省人力资本水平。本书重点关注我国的省际经济收敛问题，一国内部的教育体系大体相同，虽然学校质量仍会存在差异，但是我们可以预期测量误差将小于国家间的研究。

# 第三章 人力资本与经济收敛现状分析

中国经济经历了长达三十余年的快速增长，GDP 以年均 9% 以上的速度攀升。然而与此同时，地区经济失衡也不断加剧。新古典经济增长理论所预期的落后地区向发达地区不断靠近的经济收敛并未在中国出现。与之相反，各省经济发展甚至呈现发散之势。那么导致经济收敛机制无法运行的原因是什么？作为经济增长推动力量的人力资本在其中又扮演了什么角色？本部分将通过对相关数据的统计分析，寻找可能的答案。

## 一、中国省际和地区经济发展现状

本章采用 1990 – 2009 年期间我国省级层面的经济数据展开分析[①]。为保证数据的一致性，本书将海南省和广东省相结合，视为一个省份，重庆市和四川省也作相同处理。由于数据的大量缺失，西藏自治区被相应剔除，最终本部分覆盖的省份共 28 个。考虑到各省由于生活成本不同而造成的购买力差异，本书设定北京市 1990 年为参照基期，构建了按购买力调整的生活成本指数对各省名义数据进行折算，最终得到的平减数据不仅跨年度可比，而且跨省份可比。具体方法参见 Brandt 和 Holz（2006）和 Fleisher, Li 和 Zhao（2010）。以往研究一般采用消费者物价指数、生产者物价指数或 GDP 平减指数等，由于这些指数没有包含各省生活成本差异的信息，因此平减结果只在时间上可比，在省份之间则不具有可比性，实证结果的可靠性必然受到影响。如无特殊说明，宏观篇所采用的数据均来自中国统

---

① 我们以 1990 年为起点的主要原因是，许多研究认为 1994 年是中国经济结构的转折点（如 Fleisher, Li 和 Zhao, 2010），此后的经济结构由于快速市场化的发展而与之前差别很大，因此我们以 1994 年之后的阶段作为研究范围。在下面的分析中，我们将每 5 年划为一期，这样 1994 年的基期就是 1990 年。

计年鉴、中国人口统计年鉴和中国劳动力统计年鉴。

## (一) 中国省际和地区收入水平现状

表3-1给出了1990-2009年期间三个代表性年份各省的人均GDP水平，所有数据均采用生活成本指数加以平减，以剔除物价变动和生活成本差异的影响。从表中可见，我国实际人均GDP水平在持续上升，1990年时只有1903.38元，2000年时增长到4873.2元，到2009年上升至12655.65元，整个期间增长了将近6倍。尽管如此，与发达国家相比，我国的人均GDP仍远远落后。国际货币基金组织数据显示[①]，2011年我国人均GDP达到5414美元[②]，在所有成员国中排名第89位。而同期美国排名第14位，人均GDP达到48387美元，约为我国的9倍。我们的邻国日本和韩国分别位列第18位和35位，人均GDP分别达到45920美元和22778美元。此外，香港特别行政区人均GDP也远高于内地，达到34049美元，排名第26位。台湾地区人均GDP为20101美元，排名第40位。由此可见，我国人均GDP与发达国家水平仍存在很大距离。

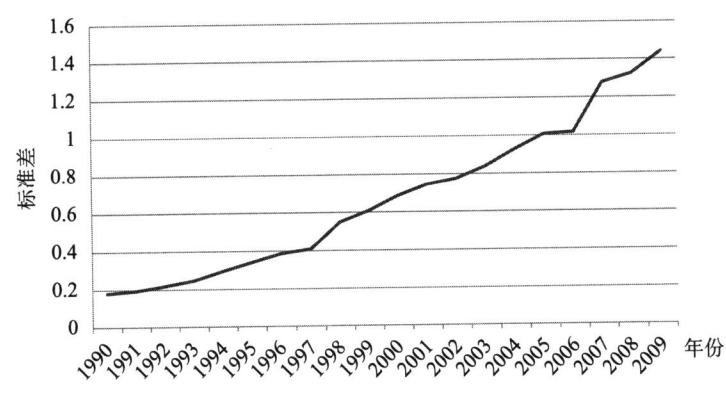

**图3-1 人均GDP标准差变动趋势图：1990-2009年**

从省级层面来看，考察期间内，各省人均GDP也保持了稳定的增长势头。其中上海市、北京市、天津市始终处于领先地位，而贵州省、甘

---

① 所有数据均采用购买力平价剔除了汇率的影响，然而各国生活成本差异并未完全考虑，因此这些数字需谨慎使用。

② 此处仅指中国大陆地区，国际货币基金组织另外列出了香港、澳门特别行政区的数据。

肃省则持续落后。具体而言，1990年上海市人均GDP为5534.81元，同期贵州省为850.34元，只达到上海的15%。到2009年，经过20年的发展，上海市的人均GDP增长为32903.54元，是1990年的5.9倍。贵州省实际人均GDP也上升为4421.29元，达到1990年的5.2倍。然而此时，贵州省与上海市的人均GDP比率却下降为13%。数据显示，1990-2009年期间，两地的人均GDP绝对差距扩大了五倍之多，差距年均增长率达到27%。

综合各省经济发展状况可以看出，近20年来，省级人均GDP差异在不断扩大。图3-1给出了1990-2009年期间人均GDP标准差的变动趋势。图形显示，人均GDP标准差持续上升，即省级层面人均GDP的分布更加发散，这表明我国省际经济发展失衡的状况在不断扩大。同时意味着，我国省际经济不存在 $\sigma$ 收敛。

按照经济发展水平的高低，本书将各省分为沿海、中部和西部三个地区[①]。其中，沿海地区涵盖了我国最为发达的省份和直辖市，而西部地区则包含我国最为贫穷的5个省份，中部地区各省的经济水平处于沿海和西部之间。表3-1列出了三个地区的实际人均GDP水平。

表3-1　　　　　各省和地区实际人均GDP水平　　　　（单位：元）

| 区域 | 省份 | 1990 | 2000 | 2009 |
|---|---|---|---|---|
| 沿海地区 | 北京 | 4611.60 | 10369.20 | 22055.41 |
| | 天津 | 3642.22 | 9570.63 | 27059.50 |
| | 河北 | 1570.06 | 4836.68 | 12106.94 |
| | 辽宁 | 2841.22 | 6620.38 | 18398.15 |
| | 上海 | 5534.81 | 14219.40 | 32903.54 |
| | 江苏 | 2176.92 | 7509.42 | 21872.29 |
| | 浙江 | 2280.15 | 8339.72 | 21395.22 |
| | 福建 | 1764.85 | 6729.96 | 17687.59 |
| | 山东 | 1917.26 | 6603.97 | 19105.45 |
| | 广东 | 2049.28 | 6545.90 | 15691.23 |

---

① 沿海省份包括：北京，天津，河北，辽宁，山东，上海，江苏，浙江，福建，广东；中部地区包括：山西，内蒙古，吉林，黑龙江，安徽，江西，河南，湖北，湖南，广西，四川，云南，陕西；西部地区包括：贵州，甘肃，青海，宁夏和新疆。

续表

| 区域 | 省份 | 1990 | 2000 | 2009 |
|---|---|---|---|---|
| 中部地区 | 山西 | 1570.30 | 3432.49 | 9082.88 |
| | 内蒙古 | 1610.84 | 3728.47 | 15728.24 |
| | 吉林 | 1808.72 | 4495.48 | 12842.95 |
| | 黑龙江 | 2160.24 | 4503.09 | 11594.75 |
| | 安徽 | 1283.04 | 3664.24 | 10080.78 |
| | 江西 | 1207.53 | 3362.97 | 8886.90 |
| | 河南 | 1170.55 | 3171.42 | 8863.49 |
| | 湖北 | 1680.78 | 4698.78 | 13293.53 |
| | 湖南 | 1310.97 | 3319.38 | 9356.63 |
| | 广西 | 1111.83 | 3239.83 | 8881.21 |
| | 四川 | 1243.19 | 2984.37 | 8863.45 |
| | 云南 | 1274.14 | 2724.78 | 6028.27 |
| | 陕西 | 1202.49 | 2662.27 | 7847.19 |
| 西部地区 | 贵州 | 850.34 | 1698.77 | 4421.29 |
| | 甘肃 | 1164.45 | 2534.77 | 6227.16 |
| | 青海 | 1706.05 | 3237.30 | 8521.30 |
| | 宁夏 | 1488.63 | 3070.18 | 7343.80 |
| | 新疆 | 1979.84 | 4196.86 | 8664.19 |
| 平均值 | 沿海 | 2838.835 | 8134.525 | 20827.53 |
| | 中部 | 1433.432 | 3537.504 | 10103.87 |
| | 西部 | 1437.862 | 2947.578 | 7035.546 |
| | 全国 | 1903.376 | 4873.202 | 12655.65 |

从表3-1可见，在1990年、2000年、2009年三个代表性年份内，沿海地区人均GDP水平始终高于中西部地区，西部地区的人均GDP只在1990年略高于中部，其他年份均被中部地区超越。与此同时，地区间的人均GDP差异在逐步扩大。1990年沿海地区人均GDP是西部地区的1.97倍，2000年时，已经达到2.76倍，到2009年进一步上升为2.96倍。中西部地区人均GDP的相对差距虽然较小，但也表现出上升趋势。2000年中部地区人均GDP达到西部地区的1.20倍，2009年时上升为1.44倍。

图3-2给出了各地区1990—2009年期间人均GDP的变动趋势。可以

看出，沿海地区的人均 GDP 不仅在绝对水平上明显高出中西部，而且相对增长速度也更快。这些数据表明，我国地区人均 GDP 水平呈现不断发散的趋势，贫困地区与富裕地区的差距在不断拉大。

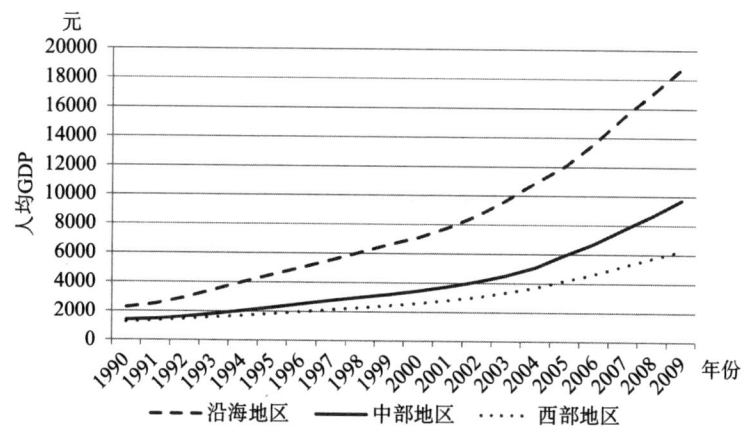

图 3-2 分地区人均 GDP 趋势图：1990-2009 年

进一步的，将各地区内部的省份按照人均 GDP 水平进行排序，结果显示，沿海地区人均 GDP 最高省份和最低省份的比率在持续下降。1990 年该地区上海市人均 GDP 水平最高，河北省最低，两地的人均 GDP 比率为 3.53。2000 年，上海市和河北省仍然保持了原有排位，二者比率下降为 2.93。2009 年该比率进一步降为 2.72。可见沿海地区内部表现出一定的人均收入趋同。但是，中部地区和西部地区则无显著现象。就中部地区而言，1990 年，人均 GDP 最高和最低省份分别为黑龙江省和广西省，二者的比率为 1.94。2000 年湖北省和陕西省分别成为人均 GDP 最高和最低省份，比率为 1.76。2009 年人均 GDP 最高和最低的内蒙古和云南比率又上升为 2.61。西部地区在三个年份内人均 GDP 最高和最低的始终是新疆和贵州省，1990 年、2000 年、2009 年三个年份两地人均 GDP 的比率分别为 2.33、2.47 和 1.96，并没有出现连续的下降。因此，单从最高和最低收入比率来看，中部和西部地区内部的人均收入水平没有显著趋同的迹象。

### （二）中国省际和地区经济增长差异

上文显示，1990-2009 年期间，我国各省和地区的人均 GDP 水平都持续上升，但是省际间和地区间人均GDP的差距也在不断扩大。虽然沿海地区内部的收入逐步趋同，但是中西部地区却没有呈现相同的趋势。根据经济收敛的定义，只有初期人均收入落后的地区未来经济增长率更快，这类地区的收入水平才能赶上先进地区，地区经济才会走向收敛。据此，本书进一步计算了各省和地区人均GDP的增长率，尝试通过对先进地区和落后地区的经济增长率的比较分析，探讨我国地区经济的发展走势，计算结果见表3-2。

表3-2　　　　各省和地区实际人均GDP增长率　　　（单位：%）

| 区域 | 省份 | 1990-1994 | 1995-1999 | 2000-2004 | 2005-2009 | 1990-2009 |
|---|---|---|---|---|---|---|
| 沿海地区 | 北京 | 10.15 | 9.14 | 9.01 | 7.75 | 8.24 |
| | 天津 | 9.02 | 10.36 | 12.39 | 10.59 | 10.55 |
| | 河北 | 12.87 | 10.16 | 9.66 | 10.28 | 10.75 |
| | 辽宁 | 9.84 | 7.68 | 10.13 | 12.46 | 9.83 |
| | 上海 | 11.63 | 9.86 | 9.91 | 8.88 | 9.38 |
| | 江苏 | 15.18 | 10.22 | 11.45 | 12.03 | 12.14 |
| | 浙江 | 17.23 | 9.53 | 11.65 | 9.82 | 11.78 |
| | 福建 | 17.34 | 11.44 | 9.28 | 12.30 | 12.13 |
| | 山东 | 15.52 | 10.01 | 11.38 | 11.87 | 12.10 |
| | 广东 | 17.06 | 8.16 | 10.39 | 10.55 | 10.71 |
| 中部地区 | 山西 | 8.16 | 7.49 | 11.79 | 9.52 | 9.24 |
| | 内蒙古 | 8.24 | 8.62 | 14.28 | 16.39 | 11.99 |
| | 吉林 | 9.76 | 8.89 | 9.55 | 13.90 | 10.32 |
| | 黑龙江 | 6.34 | 8.06 | 9.78 | 11.14 | 8.84 |
| | 安徽 | 11.92 | 9.42 | 9.09 | 12.24 | 10.85 |
| | 江西 | 11.41 | 8.70 | 9.95 | 11.48 | 10.51 |
| | 河南 | 10.71 | 8.97 | 9.56 | 11.93 | 10.66 |
| | 湖北 | 10.52 | 9.88 | 9.07 | 12.77 | 10.88 |
| | 湖南 | 9.60 | 9.15 | 8.95 | 12.65 | 10.34 |
| | 广西 | 14.38 | 7.51 | 9.00 | 11.94 | 10.94 |
| | 四川 | 10.03 | 7.72 | 9.95 | 12.47 | 10.34 |
| | 云南 | 8.09 | 7.15 | 7.59 | 10.33 | 8.18 |
| | 陕西 | 7.89 | 8.08 | 10.36 | 13.56 | 9.87 |

续表

| 区域 | 省份 | 1990-1994 | 1995-1999 | 2000-2004 | 2005-2009 | 1990-2009 |
|---|---|---|---|---|---|---|
| 西部地区 | 贵州 | 7.15 | 6.93 | 8.40 | 11.39 | 8.68 |
| | 甘肃 | 7.85 | 7.91 | 9.36 | 10.09 | 8.82 |
| | 青海 | 5.78 | 6.87 | 10.28 | 11.22 | 8.47 |
| | 宁夏 | 5.86 | 8.69 | 8.99 | 10.57 | 8.40 |
| | 新疆 | 9.85 | 5.98 | 7.87 | 8.26 | 7.77 |
| 平均值 | 沿海 | 13.58 | 9.66 | 10.52 | 10.65 | 10.76 |
| | 中部 | 9.93 | 8.47 | 9.88 | 12.23 | 10.26 |
| | 西部 | 7.76 | 7.56 | 9.30 | 11.04 | 8.90 |
| | 全国 | 10.42 | 8.56 | 9.90 | 11.31 | 9.97 |

表3-2数据显示，1990-2009年间，我国整体年均经济增长率达到9.97%。其中，沿海地区增长最快，人均GDP年均增长率达到10.76%，中部地区其次，为10.26%，而西部地区增长最慢，只有8.9%。具体到省级层面，江苏省年均经济增长率最高，达到12.14%，而新疆则增长最慢，只有7.77%，二者相差4.73个百分点。人均GDP水平最高的上海市年均经济增长率为9.38%，与全国水平持平，人均GDP水平最低的贵州省经济增长率为8.68%，低于全国平均水平。

由于我国正处于经济转型时期，不同阶段的经济增长存在显著的差异。为了分析各省和地区在不同时期的经济增长率变动，本书以5年为一期，将整个考察期间划分为四个增长区间，分别计算了各个区间的经济增长率。

观察表3-2可见，无论是沿海地区还是中西部地区，其人均GDP年均增长率在1995-1999年期间均有所下降。许多研究指出1994年是中国经济结构的转折点（如Fleisher，Li和Zhao，2010），此后的经济结构由于快速市场化的发展而与之前呈现显著差别。本书数据显示，1994年之后，各地区经济增长率持续攀升，并且中西部地区增长率变动程度超出沿海地区。与1994-1999年间相比，中部地区在2004-2009年期间的年均经济增长率加快了3.76个百分点，西部地区经济增长速度也提高了3.58个百分点，然而同期沿海地区只提高了0.99个百分点。

沿海地区的经济增长率优势一直持续到2004年，1990-1994年期间沿海地区年均经济增长率分别超出中部地区和西部地区3.65和5.82个百分点，1995－1999 年期间差距缩减为 1.19 和 2.1 个百分点，2000－2004 年期间中西部地区和沿海地区的经济增长率差距进一步下降为 0.64 和 1.22 个百分点。到 2005－2009 年期间，中西部地区年均经济增长率超过了沿海地区，分别超出 1.58 和 0.49 个百分点。可见，随着时间的递进，我国地区间人均 GDP 的增长率差距在逐步缩小，初期较为落后的中部地区和西部地区经济增长率已经赶超了较为发达的沿海地区。

从省级层面来看，考察期间内，北京和上海等发达省市的经济增长率持续下降，而贵州省和甘肃省的经济增长率则快速上升。2005－2009 年期间，北京市年均经济增长率只有 7.75%，上海市略高，达到 8.88%。同期贵州省年均经济增长率则达到 11.39%，甘肃省为 10.09%。因此，与地区层面数据一致，我国省级层面数据也显示落后省份的经济增长率已经或正在逐步超越先进省份。由此可见，我国省际经济存在走向收敛的潜力。

## 二、中国省际和地区人力资本分布现状

在相当长一段时间内，经济学家们认为一国或地区经济发展的水平和速度取决于自身要素禀赋，即劳动力数量和固定资本投资，而劳动力质量则往往被忽视。Schultz（1961）和 Becker（1964）人力资本概念的提出，以及新古典经济增长模型预测与现实情况的差异，促使经济学家开始关注人力资本在经济发展中的作用。人力资本指个人拥有的能够创造个人、社会和经济福祉的知识、技能、能力和素质（OECD，2001），它构成了一个国家（石油资源极其丰富的中东国家除外）60% 以上的财富（世界银行，1997）。人力资本的重要性不仅体现在它是技术创新和经济增长的重要源泉，是推动可持续发展的核心力量，同时它也是减少贫困和缩小地区差异的重要条件。

毋庸置疑，人力资本在中国的经济奇迹中扮演了不可或缺的角色。然而，中国整体经济在迅猛增长的同时，地区经济却呈现巨大发展差距（蔡昉，2003）。改革开放初期政府政策的倾向以及自身地理位置的优势，促使沿海地区迅速先富起来，而中西部地区发展则受到限制。近年来，政府虽然出台多项政策大力扶持落后地区发展，如西部大开发、中部崛起等计划的提出，以及对三农问题的重视等，这些政策虽然在一定程度上推动了落后地区的经济发展，但是改革初期设想的"先富带动后富，共同富裕"景象仍远未实现。地区经济失衡不仅会影响我国整体经济的长期稳定增

长，而且不利于社会稳定和国家的长治久安。

诸多文献研究证明，地区经济发展差异的扩大与人力资本不无关系。Mankiw，Romer 和 Weil（1992）指出，人力资本是经济收敛研究中不可或缺的部分，人力资本能够促进地区经济增长，因此提高落后地区的人力资本投入能够加快经济收敛进程。Benhabib 和 Spiegel（1994）指出人力资本能够通过促进技术创新、提高技术外溢的吸收效率来推动全要素生产率的变动，最终影响经济增长。郭剑雄（2005）指出，农村地区的高生育率和低人力资本积累率是农民收入增长困难的根本原因，城乡收入差距调节政策的主要着眼点应是提高农村居民的人力资本水平和降低其生育率。马斌和张富饶（2008）认为城乡人力资本差距将拉大城乡经济发展差距。可见，地区人力资本差距是引起地区收入差异、地区经济失衡的关键原因之一。那么，我国各省和地区的人力资本分布现状如何？呈现何种演变趋势？回答以上问题，将有助于我们了解地区经济差距的发展走向，提供更为有效的政策建议，促进地区经济协调发展。

上文提到，人力资本由教育、培训、健康、迁移等多种因素组成，以下将从这些构成因素出发分析我国的人力资本分布现状。

### （一）中国省际和地区人口教育现状

教育是培养人力资本的主要途径，它的成功与否显著影响一国的经济和社会发展。因此，各国政府都将发展教育作为工作的重中之重。近年来，教育支出占 GDP 的百分比成为衡量政府在教育方面努力的标准之一。根据美国中情局公布的 182 个国家数据，公共教育支出占 GDP 比率最高的国家为基里巴斯，达到 17.8%，最低的国家为库克群岛，仅为 0.2%。美国教育支出与 GDP 的比率位列第 56，英国排名第 47，德国第 81，而我国仅列第 170 位。仅就中美教育支出比较可见，我国教育投入无论在绝对量还是相对比率上都与美国存在巨大差距。1986－2008 年间，美国平均教育支出为 6246 亿美元，占 GDP 的平均比率达到 7%，而 1986－2004 年期间我国政府平均教育支出为 213 亿美元[①]，占 GDP 的比率仅为 2.4%，距离

---

① 采用的汇率为：1 美元 = 6.8323 RMB

4%的目标还相差甚远①。

科教兴国和人才强国是我国重要的人力资本发展战略,我国政府采取了一系列措施提高国民素质,如九年义务教育、高等学校扩招以及国家公派留学等。这些措施取得了一定的成效:以大学生入学率为例,1998－2007年间,大学生毛入学率从6.2%上升到22.9%,已与中等收入国家23.1%的水平基本持平。但是与此同时,各省在教育经费支出上的差异十分巨大:2009年,北京市在高等教育上的经费支出是贵州省的4倍。这一支出差异足够引起劳动力人力资本水平差异,进而导致省际经济增长的差异。

1. 省际和地区人口平均受教育年限。

平均受教育年限是衡量省际或地区人口平均素质水平的常用指标,该指标将人口按照受教育水平进行划分,然后将落入每个教育水平的人数与对应的受教育年限相乘得到总受教育年限,最后再除以总人口数得到平均受教育年限。平均受教育年限的计算方法相对简单,并且估计数据容易获得,因此在以往文献中使用率较高。表3－3给出了代表性年份我国各省和地区6岁及以上人口的平均受教育年限。

表3－3　　　　　各省和地区平均受教育年限　　　　（单位:年）

| 区域 | 省份 | 1990 | 2000 | 2009 |
|---|---|---|---|---|
| 沿海地区 | 北京 | 8.84 | 10.08 | 11.23 |
| | 天津 | 8.08 | 9.11 | 10.13 |
| | 河北 | 6.70 | 7.90 | 8.53 |
| | 辽宁 | 7.62 | 8.53 | 9.31 |
| | 上海 | 8.47 | 9.44 | 10.73 |
| | 江苏 | 6.82 | 8.03 | 8.69 |
| | 浙江 | 6.49 | 7.67 | 8.57 |
| | 福建 | 6.37 | 7.68 | 8.51 |
| | 山东 | 6.62 | 7.80 | 8.46 |
| | 广东 | 6.90 | 8.03 | 8.76 |

---

① 值得注意的是,教育经费来源包括各级政府财政性拨款和其他经费(非政府性机构捐助及家庭投入)两部分。上文数据中,我国教育支出并未包括其他经费部分,因此实际教育支出占GDP的百分比被低估,中美在此比率上的差距被高估。当我们将中美两国政府财政教育支出占GDP的比重进行比较时,两国差距有所减小,但仍然显著。1986－2006年间,美国政府平均教育支出为4317亿美元,占GDP的平均比率为5.13%,高出我国2.7个百分点。

续表

| 区域 | 省份 | 1990 | 2000 | 2009 |
|---|---|---|---|---|
| 中部地区 | 山西 | 7.20 | 8.15 | 8.96 |
| | 内蒙古 | 6.89 | 7.97 | 8.65 |
| | 吉林 | 7.42 | 8.36 | 8.99 |
| | 黑龙江 | 7.40 | 8.37 | 8.84 |
| | 安徽 | 5.89 | 7.26 | 7.87 |
| | 江西 | 6.37 | 7.71 | 8.63 |
| | 河南 | 6.69 | 7.88 | 8.52 |
| | 湖北 | 6.80 | 7.94 | 8.65 |
| | 湖南 | 6.83 | 7.92 | 8.57 |
| 西部地区 | 广西 | 6.56 | 7.69 | 8.20 |
| | 四川 | 6.40 | 7.33 | 7.93 |
| | 云南 | 5.45 | 6.68 | 7.16 |
| | 陕西 | 6.77 | 7.91 | 8.73 |
| | 贵州 | 5.48 | 6.53 | 7.32 |
| | 甘肃 | 5.78 | 6.93 | 7.59 |
| | 青海 | 5.79 | 6.66 | 7.73 |
| | 宁夏 | 6.19 | 7.38 | 8.40 |
| | 新疆 | 6.91 | 7.91 | 8.74 |
| 平均值 | 沿海 | 7.29 | 8.43 | 9.29 |
| | 中部 | 6.67 | 7.78 | 8.44 |
| | 西部 | 6.03 | 7.08 | 7.96 |
| | 全国 | 6.66 | 7.76 | 8.56 |

从全国层面来看，1990 年我国 6 岁及以上人口的平均受教育年限为 6.66 年，相当于小学毕业，2009 年上升为 8.56 年，接近初中毕业所需年限。这表明我国的九年制义务教育政策产生了一定效果。具体到地区层面，沿海地区人口的平均受教育年限始终遥遥领先，中西部地区则相对落后。1990 年沿海地区平均受教育年限达到 7.29 年，超出当年全国平均水平 0.63 年。中部地区平均受教育年限为 6.67 年，与全国平均水平持平。西部地区则只有 6.03 年，低于平均水平 0.63 年。到 2009 年，沿海地区人口平均受教育年限已经超出初中毕业水平，达到 9.29 年，而中西部地区距离初中毕业仍相差 0.56 年和 1.04 年。图 3-3 给出了各地区人口平均受教

育年限的变动趋势,由图可见,1990—2009年期间我国沿海地区人口平均受教育年限始终高于中部地区,西部地区人口受教育水平最低,这与各地区的经济发展现状相同。

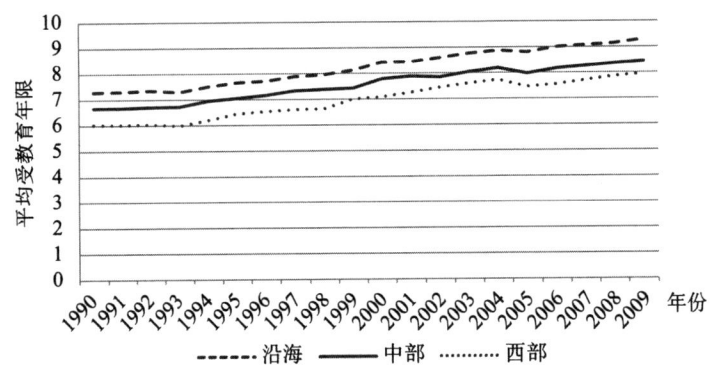

图3-3 分地区平均受教育年限变动趋势图:1990—2009年

劳动力由中西部地区向沿海地区流动是我国经济发展不可忽视的特点,大量的农村剩余劳动力涌入沿海地区寻找工作机会,以及中西部地区高水平劳动力的不断流失是重要形成原因。农村剩余劳动力通常属于流动劳动力,即哪里有工作就去哪里,但并不在工作地定居。而一般情况下,高水平劳动力转换工作就意味着迁移产生。对于沿海地区而言,一方面本地经济实力雄厚,有更多的资金用于教育投资;另一方面高新技术行业发展更为成熟,能够吸引中西部地区高水平劳动力前来就业。两方面的共同作用必然导致沿海地区人口平均受教育年限高于中西部地区。

从省级层面来看,1990—2009年期间,北京、上海、天津三个直辖市的人口平均受教育水平始终名列前茅,而贵州省、云南省和甘肃省人口的平均受教育水平在所有被考察省份中最低。以北京市和贵州省为例,1990年北京市平均受教育年限达到8.84年,而贵州省只有5.48年,二者相差3.36年。2000年北京市人口平均受教育年限已经上升为10.08年,同期贵州省仅为6.53年,二者相差3.56年。2009年北京市和贵州省人口平均受教育年限分别为11.23年和7.32年,二者的差距上升为3.91年。与1990年相比,差距增加了0.55年,大约7个月。虽然从绝对量上看,差距增加并不多,但是考虑到我国从1990—2009年二十年间整体人口的平均受教育年限也只上升了1.9年,两地的平均受教育年限差距实际上是十分巨大的。

2. 省际和地区高中教育。

按照我国的教育体制,高中是紧接初中之后的教育水平,高中及其之后的教育程度不再属于义务教育的范畴,因此此后的教育投资大体上属于自主投资。只有当个体愿意并且有能力通过相应入学考试,家庭愿意并且有能力支付学杂费用时,此类教育投资才能形成。个体选择是否接受高中及以上教育取决于其对社会经济发展的预期,归根结底就是成本和收益的对比。如果投资高中及以上教育水平预计获得的收益大于付出的有形成本和机会成本,那么理性个体将会选择继续攻读高中或以上教育层次。当然,这是一个双向选择的过程,学校也会通过各种方式对个体进行筛选,如入学考试、面试等,找出综合素质适合本教育层次的个体。

以往文献中通常采用入学率来体现各教育层次人口的比率,然而入学率作为流量变量,它体现的是未来而非当前的人力资本水平,因此将其用来分析当前的经济发展是不合理的。本书分别估算了历年高中人口、大学人口在总人口中的比率用以衡量各省和地区的人力资本水平。具体来说,高中人口比率等于高中毕业累积人数除以当年总人口,大学人口比率等于大学毕业累积人数除以当年总人口,其中毕业生累积人数以1978年为基期,根据永续盘存法估算而得。表3-4给出了我国各省和地区代表性年份的高中人口比率水平。

表3-4　　　　　　各省和地区高中人口比率　　　　　（单位:%）

| 区域 | 省份 | 1990 | 2000 | 2009 |
| --- | --- | --- | --- | --- |
| 沿海地区 | 北京 | 8.66 | 9.12 | 10.30 |
| | 天津 | 6.39 | 7.73 | 10.34 |
| | 河北 | 3.46 | 4.83 | 9.09 |
| | 辽宁 | 4.60 | 6.42 | 10.15 |
| | 上海 | 6.19 | 7.36 | 10.20 |
| | 江苏 | 3.22 | 4.96 | 9.05 |
| | 浙江 | 2.60 | 4.23 | 7.82 |
| | 福建 | 3.05 | 4.25 | 8.31 |
| | 山东 | 3.06 | 4.91 | 9.38 |
| | 广东 | 2.79 | 3.88 | 6.57 |

续表

| 区域 | 省份 | 1990 | 2000 | 2009 |
|---|---|---|---|---|
| 中部地区 | 山西 | 4.43 | 5.95 | 10.30 |
| | 内蒙古 | 4.52 | 6.43 | 11.08 |
| | 吉林 | 5.52 | 7.14 | 10.96 |
| | 黑龙江 | 4.34 | 6.05 | 9.53 |
| | 安徽 | 2.18 | 3.38 | 7.72 |
| | 江西 | 3.30 | 4.91 | 8.74 |
| | 河南 | 3.56 | 4.69 | 9.21 |
| | 湖北 | 4.03 | 5.54 | 11.09 |
| | 湖南 | 3.63 | 5.11 | 9.48 |
| | 广西 | 2.36 | 3.49 | 6.60 |
| | 四川 | 2.49 | 3.51 | 7.18 |
| | 云南 | 1.85 | 2.85 | 4.88 |
| | 陕西 | 4.58 | 6.38 | 11.65 |
| 西部地区 | 贵州 | 1.91 | 2.66 | 5.17 |
| | 甘肃 | 3.87 | 5.47 | 9.66 |
| | 青海 | 4.23 | 6.27 | 9.61 |
| | 宁夏 | 4.44 | 6.86 | 10.78 |
| | 新疆 | 5.82 | 7.75 | 10.59 |
| 平均值 | 沿海 | 4.40 | 5.77 | 9.12 |
| | 中部 | 3.60 | 5.03 | 9.11 |
| | 西部 | 4.05 | 5.80 | 9.16 |
| | 全国 | 4.02 | 5.53 | 9.13 |

整体上来看，我国接受过高中教育的人口比率在稳步上升，1990年全国高中人口比率为4.02%，2000年增长到5.53%，2009年上升为9.13%。与1999年相比翻了一番还多，年均增长率达到6.36%。然而，我国高中人口比率仍远远落后于发达国家。2000年时韩国6岁及以上人口中接受过高中教育的比率已经达到44.8%，将近我国的五倍。

表3-4显示，我国地区间高中人口比率差异较小。2000年和2009年时，西部地区高中人口比率甚至略高于沿海地区，中部地区略低于西部。从省份比较来看，1990年高中人口比率最高的为北京市，达到8.66%，云

南省比率最低，只有1.85%，二者相差7.81个百分点。2000年北京市高中人口比率达到9.12%，当年云南省高中人口比率为2.85%，二者相差6.27个百分点。2009年时，北京市和云南省高中人口比率分别上升为10.30%和4.88%，二者相差5.52个百分点。可见，各地高中人口比率差距在逐步缩小。

3. 省际和地区大学教育。

自1999年起，我国高等教育开始逐步由精英化向大众化转变，高等教育发展踏上快车道。1998年我国大学生毛入学率仅为6.2%，同期美国大学毛入学率达到77%，日本为43.9%。至2007年，我国大学入学率上升为22.9%，与中等收入国家23.1%的水平基本持平，高校扩招政策取得了明显成效。但是同期高收入国家大学入学率为67.2%，对比而言，我国高等教育距大众化仍相差一段距离。

众所周知，人力资本是推动经济社会发展的最根本源泉，而高等教育作为培养高层次人才的载体，其重要性毋庸置疑。就我国而言，经济发展方式正逐步由粗放型向集约型转变，知识和技术密集型产业的优势日益凸显。研究表明，高技术工人的边际产出远远高于低技术工人，前者不仅对新兴技术的接受能力强，而且具备技术创新能力（Fleisher et. al, 2010；刘智勇和胡永远，2009）。因此，加快发展高等教育，保障高技术人才的供给，是推动经济转型的必然需要，符合我国的基本国情。

然而，评价高等教育的发展不仅要看速度，更要看毕业生的培养质量。如果一味注重速度，在人口不断增长的前提下，大学生入学率可以持续增长。但是，若师资力量、教育经费投入以及其他与大学生培养息息相关的环节未以同等速度增长，那么高校毕业生质量将下滑。产生的直接后果表现为：与其他学历层次劳动力相比，大学毕业劳动力的优势缩减，大学毕业生就业难或低就业（潘懋文，2000；武向荣，2007；张晓蓓和亓朋，2010）。这不仅违背了我们发展高等教育的初衷，而且将抑制社会公众对高等教育的信心和投资热情，减缓高等教育大众化进程。因此，政府当局在决策时应当权衡高等教育发展速度和发展质量之间的关系，在确保质量的前提下推进速度，此为长远之道。

本书将首先从发展速度和发展质量两个角度出发，描述扩招以来我国高等教育的发展状况，而后进一步分析各省和地区大学教育人口的差异。

(1) 高等教育发展速度。

以往文献中,衡量发展速度的指标通常包括普通高等学校招生人数、在校生人数、毕业生人数、高校机构数等(陈汉聪,2007;毛勇,2005)。本书采用以上指标的年增长率,以更为清晰的体现指标变动趋势。此外,本书还计算了历年参加高考的人数增长率,从需求角度考察高等教育的发展(见表3-5)。

表3-5数据显示,扩招初期,普通高等学校招生人数、在校生人数迅猛增长,2006年之前二者的平均年增长率均达到25%。直至近年,高校招生人数和在校生人数增长趋势才有所缓和。相对应的,高校毕业生人数也在逐年增加。考虑到扩招政策对毕业生影响的滞后,我们发现,毕业生的大规模增加始于2002年,平均年增长率为27%。与此同时,普通高校机构数除2000年以外,亦保持平稳增长势头。

表3-5 高等教育发展速度指标

| 年份 | 参加高考人数增长率 | 招生人数增长率 | 在校生人数增长率 | 毕业生人数增长率 | 普通高校机构数增长率 |
| --- | --- | --- | --- | --- | --- |
| 1999 | 30% | 47% | 21% | 2% | 5% |
| 2000 | 21% | 38% | 35% | 12% | -3% |
| 2001 | 12% | 22% | 29% | 9% | 18% |
| 2002 | 20% | 19% | 26% | 29% | 14% |
| 2003 | 19% | 19% | 23% | 40% | 11% |
| 2004 | 20% | 17% | 20% | 27% | 12% |
| 2005 | 8% | 13% | 17% | 28% | 4% |
| 2006 | 6% | 8% | 11% | 23% | 4% |
| 2007 | 3% | 4% | 8% | 19% | 2% |
| 2008 | 30% | 7% | 7% | 25% | 19% |

注:1. 表中数据仅涵盖普通高等学校,即本科院校和专科院校;2. 表中增长率均指与上年相比的增长率;3. 招生人数、在校生人数以及毕业生人数增长率根据中国统计年鉴数据计算而得,参加高考人数增长率根据作者收集的数据计算而得。

从高等教育需求角度看,1999年至2008年,参加高考的人数由288万人上升到1045万人,翻了将近三番,平均年增长率达到16%。这表明公众对高等教育的需求在不断增长,也体现了我国高等教育发展的巨大潜力。用招生人数除以参加高考人数即可获得高考录取率,计算结果显示,

1999－2008年期间,平均高考录取率达到59%。

综合以上可知,1999年以来,我国高等教育飞速发展,截至2008年,招生人数已达到607.7万。然而,同期美国招生人数为1825万,是我国的三倍。考虑到中美总人口的差距,我国高等教育要实现大众化目标仍需长期努力。

（2）发展质量。

师资力量和经费投入是影响学生培养质量的主要因素,据此本书选取生师比、生均教育经费、本年图书购置金额和专用设备购置金额对高等教育发展质量加以衡量。进一步的,本书将大学毕业生就业率纳入进来,从产出方面判别高等教育发展质量的变化（见表3－6）。

表3－6　　　　　　　　高等教育发展质量指标

| 年份 | 生师比 | 生均教育经费（元） | 本年图书购置金额（千元） | 本年专用设备购置金额（千元） | 就业率 |
| --- | --- | --- | --- | --- | --- |
| 1999 | 13.37 | 15231.24 | 524296 | 4574456 | 79.3% |
| 2000 | 16.3 | 15974.32 | 814367 | 6387880 | 82% |
| 2001 | 18.22 | 15445.23 | 5685519 | 9630162 | 90% |
| 2002 | 19 | 15119.56 | 3487000 | 10515437 | 80% |
| 2003 | 17 | 12167.35 | 1703804 | 14212765 | 70% |
| 2004 | 16.22 | 14928.92 | 2358578 | 15081520 | — |
| 2005 | 16.85 | 15025.47 | 5224173 | 16039421 | — |
| 2006 | 17.93 | 15332.80 | 5236568 | 17841379 | — |
| 2007 | 17.28 | 16319.95 | — | — | |
| 2008 | 17.23 | 17972.13 | — | — | |

注：1.表中数据仅涵盖普通高等学校,即本科院校和专科院校；2.生师比数据来源于中国教育统计年鉴,其他数据来源于中国教育经费统计年鉴,或由年鉴中数据计算而得；3.就业率数据来源于：中国教育,载经济参考报,2004年1月30日。

以往文献通常将生师比看作衡量高校人力资源利用效率的指标,认为生师比的提高对降低生均成本和实现高等教育大众化具有重要意义（黑建敏,2009；杜智敏,王静和周萍,1998）。然而,这一论据需要建立在学生培养质量相同的前提下,盲目的提高生师比不仅会加大教师的工作负担,降低其工作积极性；而且意味着教师投注在单个学生身上的精力减少,授课传业的最终效果将打折扣。由表3－6数据可见,扩招以来,我国普通高等学校生师比持续上升，2006年达到17.93，而同年美国高校生师比仅为13.55。

表3-6显示，总体上，我国高校生均教育经费稳中有升，专用设备和图书购置投入也在增加。但是，就中美比较而言，2006年美国高等教育生均经费支出为167012.51元[1]，超出我国将近十倍。事实上，我国教育支出无论在绝对量还是相对比率上都与发达国家存在巨大差距。根据美国中情局公布的182个国家数据，公共教育支出占GDP比率最高的国家为基里巴斯（17.8%），美国位列第56（5.3%），英国排名第47（5.6%），德国第81（4.1%），而我国仅列第170位（1.9%），距离4%的目标还相差甚远。

作为高等教育的产品，毕业生的就业率、就业匹配度以及发展前景是衡量教育质量的最佳指标。从表3-6数据来看，随着首批扩招本、专科生的毕业，高校毕业生就业率从2001年的90%下降到80%，并进一步减少为70%。此外，面临严峻的就业形势，诸多毕业生降低求职标准，在低水平行业就业，导致过度教育现象的出现和恶化。当然，我们不能就此得出结论，认为就业率降低的原因就是毕业生培养质量的下滑，宏观经济环境等其他因素也显著影响毕业生就业。

表3-7　　　　　各省和地区大学人口比率　　　　　（单位：%）

| 区域 | 省份 | 1990 | 2000 | 2009 |
| --- | --- | --- | --- | --- |
| 沿海地区 | 北京 | 8.66 | 9.12 | 10.30 |
| | 天津 | 6.39 | 7.73 | 10.34 |
| | 河北 | 3.46 | 4.83 | 9.09 |
| | 辽宁 | 4.60 | 6.42 | 10.15 |
| | 上海 | 6.19 | 7.36 | 10.20 |
| | 江苏 | 3.22 | 4.96 | 9.05 |
| | 浙江 | 2.60 | 4.23 | 7.82 |
| | 福建 | 3.05 | 4.25 | 8.31 |
| | 山东 | 3.06 | 4.91 | 9.38 |
| | 广东 | 2.79 | 3.88 | 6.57 |

---

[1] 采用2006年12月31日中国银行美元基准汇率6.6515折算。

续表

| 区域 | 省份 | 1990 | 2000 | 2009 |
| --- | --- | --- | --- | --- |
| 中部地区 | 山西 | 4.43 | 5.95 | 10.30 |
| | 内蒙古 | 4.52 | 6.43 | 11.08 |
| | 吉林 | 5.52 | 7.14 | 10.96 |
| | 黑龙江 | 4.34 | 6.05 | 9.53 |
| | 安徽 | 2.18 | 3.38 | 7.72 |
| | 江西 | 3.30 | 4.91 | 8.74 |
| | 河南 | 3.56 | 4.69 | 9.21 |
| | 湖北 | 4.03 | 5.54 | 11.09 |
| | 湖南 | 3.63 | 5.11 | 9.48 |
| 西部地区 | 广西 | 2.36 | 3.49 | 6.60 |
| | 四川 | 2.49 | 3.51 | 7.18 |
| | 云南 | 1.85 | 2.85 | 4.88 |
| | 陕西 | 4.58 | 6.38 | 11.65 |
| | 贵州 | 1.91 | 2.66 | 5.17 |
| | 甘肃 | 3.87 | 5.47 | 9.66 |
| | 青海 | 4.23 | 6.27 | 9.61 |
| | 宁夏 | 4.44 | 6.86 | 10.78 |
| | 新疆 | 5.82 | 7.75 | 10.59 |
| 平均值 | 沿海 | 0.84 | 1.84 | 4.58 |
| | 中部 | 0.36 | 0.87 | 2.94 |
| | 西部 | 0.31 | 0.68 | 1.92 |
| | 全国 | 0.51 | 1.13 | 3.15 |

针对地区间高等教育发展差异，本书计算了各省历年的大学人口比率，表3-7列出了三个代表性年份的数据。从表中可以看出，高校扩招政策的实施显著提高了我国接受过高等教育的人口比率：2000年全国大学人口比率为1.13%，到2009年上升为3.15%，增长了2.02个百分点，而1990-2000年期间只增长了0.62个百分点。与此同时，地区间大学人口比率存在显著差异，沿海地区大学远远高于中西部地区。1990年中部地区大学人口比率为0.36%，而沿海地区达到0.84%，为中部地区的2.33倍，是同期西部地区的2.71倍。到2000年，沿海地区大学人口比率上升为1.84%，比同期中部地区高出0.97个百分点，比西部地区高出1.16个百

分点。截至2009年，沿海地区大学人口比率达到4.58%，比中部地区高出1.64个百分点，比西部地区高出2.66个百分点。

进一步分析表4.7可见，2000年前后各地区大学人口的增长速度存在差异。1990－2000年期间沿海地区大学人口比率增长了1个百分点，年均增长率为7.38%，而2000－2009年期间则增加了2.74个百分点，年均增长率达到16.55%。同样的，中部地区1990－2000年期间大学人口比率上升了0.51个百分点，年均增长率为14.17%，而2000－2009年期间则上升了2.07个百分点，年均增长率达到26.44%。西部地区1990－2000年期间大学人口比率上升了0.37个百分点，年均增长率为11.94%，而2000－2009年期间则上升了1.24个百分点，年均增长率达到12.19%。可见，高校扩招提高了各地区大学人口比率的增长速度，并且中西部地区大学人口的平均增长率高于沿海地区。

省级层面大学人口比率相对变动也表现出相同的趋势。以北京市和贵州省为例，1990年北京市大学人口比率为8.66%，同期贵州省只有1.91%，二者相差6.75个百分点。2000年时，北京市和贵州省大学人口比率分别上升为9.12%和2.66%，二者相差6.46个百分点。到2009年，北京市大学人口比率上升了1.18个百分点，达到10.30%，而贵州省大学人口比率则上升了2.51个百分点，达到5.17%，北京市和贵州省当年大学人口比率相差5.13个百分点。可见，作为发达地区代表的北京市起点高，大学人口比率在绝对水平上始终占据优势，而落后地区贵州省大学人口比率的相对增长速度则快于北京市，因此两地在大学人口比率上的差距在逐步缩小。

**（二）省际和地区人口工作培训和健康现状**

1. 省际和地区人口工作培训现状。

工作培训分为脱产培训和在职培训两种，其中脱产培训形式和学校教育相同，本部分主要探讨员工的在职培训。在职培训又称工作现场培训，是对已具有一定教育背景并已在工作岗位上从事有偿劳动的各类人员进行的再教育活动。在职培训不仅是个体人力资本积累的重要途径，也是企业、国家人力资源开发体系的重要组成部分（李湘萍，2011）。我国《劳动法》和《职业教育法》中针对在职培训具有明确的规定，要求用人单位建立职工培训制度，按照国家规定提取和使用职工培训经费，有计划地对劳动者进行培训。

在职培训针对性强,因此与其他类型培训相比,经济收益更高,投资也更为有效(朱方伟,王国红和武春友,2003)。近年来,我国在职培训的规模和经费投入不断增长,但不同特征个体的在职培训仍存在巨大差异。2004年对全国9个省(市)、不同行业企业员工的抽样调查显示,被调查员工总体的在职培训参与率为45%,其中男性的在职培训参与率达到47%,高出女性4个百分点,可见企业为男性提供更多的培训机会。与此同时年龄在26—40岁之间的青壮年在职培训参与率达到50%,高出所有其他年龄段员工。并且非正式员工的培训参与率只有24%,不足正式员工参与率的一半。

将被调查样本按照受教育程度进行划分,数据显示,大专及以上学历员工的在职培训参与率最高,达到61%,而高中、初中及以下的参与率分别只有43%和26%。就岗位性质来看,从事行政管理工作和专业技术工作的员工在职培训参与率远远高出其他类型员工,达到57%,而一线生产人员的培训参与率只有34%,一线农民参与率仅达到20%。按工作单位的所有制性质进行划分后可以发现,国有及控股企业员工的在职培训参与率最高,达到58%,民营企业其次为47%,股份制企业最低,只有34%。

此外,农村和城镇的在职培训参与率也存在较大差距,城镇参与率水平达到49%,而农村只有33%,低了16个百分点。考虑到沿海地区城市化水平远远高于中西部地区,并且企业管理理念更为先进,因此可预计沿海地区员工的在职培训参与率要高于中西部地区。

2. 省际和地区人口健康现状。

俗话说:身体是革命的本钱,没有健康,一切其他人力资本投资都成为无稽之谈。世界卫生组织把健康定义为:完好的生理心理并具有社会幸福感的状态,而并不仅仅指不虚弱和无病。作为人力资本存量极其关键的构成要素,健康决定着个体能够花费在所有市场活动和非市场活动上的全部时间(朱玲,2002)。从微观角度看,健康会影响劳动者的收入和生产效率。衍生到宏观角度,人口健康水平会影响到整体经济增长。相关研究表明,中国国民生产总值的增加,至少有20%是由于居民的健康状况改善而获得的,因此加强健康投资是保障我国经济持续稳定增长的人力资本基础(饶勋乾和成艾华,2007)。

表 3-8　　　　　　　　　各地区人口预期寿命

| 地区 | 1990 年 | | | 2000 年 | | |
|---|---|---|---|---|---|---|
| | 全部 | 男性 | 女性 | 全部 | 男性 | 女性 |
| 沿海 | 71.41 | 69.34 | 73.66 | 74.21 | 72.15 | 76.42 |
| 中部 | 67.34 | 65.85 | 69.04 | 70.78 | 69.14 | 72.58 |
| 西部 | 64.33 | 63.32 | 65.43 | 67.41 | 66.11 | 68.90 |
| 全国 | 68.55 | 66.84 | 70.47 | 71.40 | 69.63 | 73.33 |

注：全国数据直接引自中国统计年鉴 2011，地区数据为作者依据各省数据计算而得。

王弟海等（2008）运用中国跨省数据的研究显示，健康人力资本增长率总是与经济增长正相关。罗凯（2006）验证了这一观点，该研究发现，预期寿命延长 1 岁，GDP 增长率相应提高 1.06%—1.22%。预期寿命是衡量地区健康人力资本的常用指标，表 4.8 列出了我国 1990 年、2000 年各地区的人口预期寿命。从表中可见，1990-2000 年期间，我国整体人口的预期寿命延长了 2.85 年，并且女性的预期寿命始终高于男性。与此同时，沿海地区人口预期寿命也始终高于中西部地区，1990 年西部地区与沿海地区人口预期寿命相差 7.08 年，2000 年时这一差距变为 6.8 年，较之前只缩小了 0.28 年，即 3.36 个月。沿海地区更为发达的医疗卫生体系是引起该现象的根本原因。

表 3-9 给出了各地区的卫生机构数，和人均床位数、人均卫生人员数。从全国层面来看，我国医疗卫生事业在飞速发展，2000-2009 年期间全国卫生机构数几乎翻了三番，中西部地区卫生机构年均增长率达到 21%，高出沿海地区 1 个百分点。卫生机构数受到地区人口总数和地域范围的影响，不能直接用于地区间的对比。为剔除这一影响，本书将床位数总数及卫生人员总数分别与地区总人口数相除，采用人均指标展开对比。

表 3-9　　　　　　　　　地区医疗卫生指标

| 指标 | 地区 | 2000 年 | 2009 年 |
|---|---|---|---|
| 卫生机构数（个） | 全国 | 324771 | 916571 |
| | 沿海 | 120482 | 333717 |
| | 中部 | 176956 | 503537 |
| | 西部 | 26096 | 74358 |

续表

| 指标 | 地区 | 2000 年 | 2009 年 |
|---|---|---|---|
| 床位数/总人口数 | 全国 | 0.25% | 0.34% |
| | 沿海 | 0.28% | 0.35% |
| | 中部 | 0.24% | 0.33% |
| | 西部 | 0.24% | 0.34% |
| 卫生人员数/总人口数 | 全国 | 0.44% | 0.59% |
| | 沿海 | 0.49% | 0.63% |
| | 中部 | 0.41% | 0.57% |
| | 西部 | 0.40% | 0.50% |

注：数据直接引自或依据中国统计年鉴2010、2001计算而得。

表3-9数据显示，全国人均床位数持续增长，2000年100个人平均拥有0.25个床位，2009年时上升为0.34，增长了0.09个床位，年均增长率达到4%。与此同时，沿海地区人均床位数明显高于中西部地区，2000年时沿海地区人均床位数超过中部地区0.04，到2009年这一差距变为0.02，可见地区差距在不断缩小。

人均卫生人员数也表现出相同的变动趋势，2000-2009年期间全国每百人拥有的卫生人员数上升了0.15，年均增长率达到3.79%。2000年，沿海地区每百人拥有的卫生人员数为0.49，而西部地区只有0.40，二者相差0.09个百分点。2009年时，沿海地区每百人可用卫生人员数上升为0.63，同年西部地区达到0.50，二者相差0.13个百分点。与1990年相比，西部地区与其他地区的人均卫生人员差距在扩大。

### （三）省际和地区人口迁移现状

要素禀赋的不同是导致地区经济非均衡增长的重要原因，是影响地区经济收敛的直接因素。基于地理位置和政策倾向等多方面的原因，我国固定资本主要集中于东部沿海地区，而中西部地区的基础设施建设相对薄弱，对固定资本投资的吸引力也较小。因此与许多发展中国家相同，我国固定资本投资的集中度较高，那么任何导致要素边际生产率变动的政策或外部经济冲击等都将引起相对流动性较高的要素，即劳动力的大量流动。

可以说，经济增长和劳动力迁移是相辅相成、互补而生的，经济增长将引起要素边际产品的变动，进而导致劳动力由边际生产力较低的地区流向边际生产力较高的地区，形成劳动力迁移。而劳动力迁移通过实现资本与劳动的优化搭配，促进整体生产力的提高，反过来推动经济增长（Fan，2005；Taylor et al，2003；Fu 和 Stuart，2009；Lall et al，2009；Lu 和 Gao，2011；李实，1997；钟笑寒，2006）。

在开放经济的情况下，要素流动也是促进经济收敛的重要原因。随着我国劳动力市场改革的加快、农村剩余劳动力的增多，劳动力大幅度流动已经成为当前经济发展的重要现象。我国劳动力流动最显著的特征表现为农村劳动力的大量转移，劳动力流向主要是由乡村流向大中城市和沿海发达地区。国家统计局公布的农民工检测调查报告指出，2009 年我国农民工总量约 2.3 亿，其中外出农民工人数达到 1.45 亿，而 2003 年为 1.1 亿，年均增长率达到 5.3%。如此大规模的劳动力流动必将对流出地区和流入地区的经济社会等各方面产生巨大影响。事实上，农民工问题已经与农业、农村并列成为我国政府亟待解决的三农问题之一（张晓蓓和亓朋，2011）。

表 3-10　　　　　各省和地区人口净迁入率　　　　（单位：‰）

| 区域 | 省份 | 2000 年 | 2009 年 |
|---|---|---|---|
| 沿海地区 | 北京 | 8.03 | 9.05 |
| | 天津 | 2.64 | 7.16 |
| | 河北 | -0.26 | 0.21 |
| | 辽宁 | 0.80 | 0.94 |
| | 上海 | 7.47 | 7.84 |
| | 江苏 | 0.45 | 0.55 |
| | 浙江 | 0.21 | 2.51 |
| | 福建 | -1.03 | 0.42 |
| | 山东 | -0.22 | 0.03 |
| | 广东 | 0.93 | 2.53 |

续表

| 区域 | 省份 | 2000年 | 2009年 |
|---|---|---|---|
| 中部地区 | 山西 | 0.47 | -0.89 |
| | 内蒙古 | -0.55 | -0.35 |
| | 吉林 | -0.46 | -1.70 |
| | 黑龙江 | -0.13 | -1.89 |
| | 安徽 | -0.26 | -0.95 |
| | 江西 | -0.59 | -0.80 |
| | 河南 | 0.35 | -0.30 |
| | 湖北 | -0.33 | -1.79 |
| | 湖南 | -0.02 | -0.34 |
| | 广西 | -0.48 | -0.01 |
| | 四川 | -0.43 | -0.06 |
| | 云南 | -0.04 | -0.58 |
| | 陕西 | 0.44 | 0.43 |
| 西部地区 | 贵州 | -0.28 | -1.17 |
| | 甘肃 | -0.69 | -2.32 |
| | 青海 | -1.89 | 0.48 |
| | 宁夏 | -0.68 | 1.60 |
| | 新疆 | 3.71 | 1.63 |
| 平均值 | 沿海 | 1.90 | 3.12 |
| | 中部 | -0.16 | -0.71 |
| | 西部 | 0.03 | 0.04 |
| | 全国 | 0.59 | 0.82 |

注：1. 数据来源于或依据全国分县市人口统计资料计算而得；2. 净迁入率＝迁入率－迁出率。

总体而言，劳动力流动对流出省份的影响包括两方面：第一，劳动力流出导致省内可用劳动力的减少，尤其是高水平劳动力流出将意味着人才流失，流出省份的经济会受到负面影响。第二，流出劳动力通过汇款等形式带回本省的工作收入，将引起本省人均收入水平的上升，进而促进家庭消费水平的提高，推动流出省份的经济发展。显而易见，劳动力流动对流出省份的最终影响将取决于两种效应的大小对比，如果人才流失带来的损失大于迁移收入获得的弥补，那么劳动力流动对流出省份的发展是不利的。对流入省份而言，劳动力流入的效应正好相反。

表3-10列出了各省和地区人口的净迁入率。从全国层面来看，人口净迁入率为正，代表迁入率大于迁出率。并且，2000-2009年期间，全国

人口净迁入率在不断上升，由 0.59‰ 上升至 0.82‰，增长了 0.23 个千分点。具体到地区层面，沿海地区较高的报酬和就业前景吸引劳动力持续涌入，人口净入率在 2000 年时便达到 1.9‰，2009 年进一步上升为 3.12‰，增长了 1.22 个千分点。中部地区覆盖了河南省、湖南省和四川省等主要的人口输出省份，因此人口迁出大于迁入，净迁入率为负值，2000—2009 年期间人口净迁出增长了 0.55 个千分点。至于西部地区则得益于西部大开发政策的实施，2000—2009 年期间人口净迁入率上升了 0.01 个千分点。

观察省份数据可见，与 2000 年相比，2009 年沿海省份的人口净迁入率均有所上升，而同期中部地区的人口净迁入率则多数下降，西部地区除青海、宁夏外，人口净迁入率也表现为下降趋势。具体的，2000 年，沿海的天津市人口净迁入率为 2.64‰，到 2009 年时增加到 7.16‰，上升了 4.52 个千分点。中部的湖北省人口净迁入率则由 -0.33‰ 下降为 -1.79‰，意味着本省迁出人数的增长速度超过了迁入人数。同期，青海和宁夏由人口净迁出省份转变为净迁入省份。

**（四）省际和地区人力资本存量现状——基于 Jorgenson - Fraumeni 终生收入法测算结果**

以上提到的人力资本指标，无论是高中人口比率、大学人口比率还是平均受教育年限，都是从教育角度出发测算人力资本。但是，教育只是人力资本的一部分，在职培训、健康和迁移等都是人力资本积累的重要途径。上述人力资本指标忽略了这类因素，因此不能全面综合地度量人力资本。在我国，工作培训、人口健康和劳动力迁移等数据并不全面，而且即便将这类数据收集完成，彼此之间如何结合得到综合的人力资本指标仍是一大难题。Jorgenson 和 Fraumeni（1989）提出从收入角度出发，根据个体预期终生收入的现值来估算个体人力资本存量，而后通过加总得到一个省的人力资本总量[①]。J-F 终生收入法从个体收入的角度综合考虑了教育、培训、健康和迁移决策等影响人力资本的多种因素，并且巧妙地规避了分别搜集各类数据之后的整合问题。采用该方法测算的人力资本将更为全面，弥补了其他指标的缺陷。

---

① 《中国人力资本报告》发布的根据 J-F 方法估算的中国人力资本数据详见李海峥等（2010）及 Li 等（2012）。

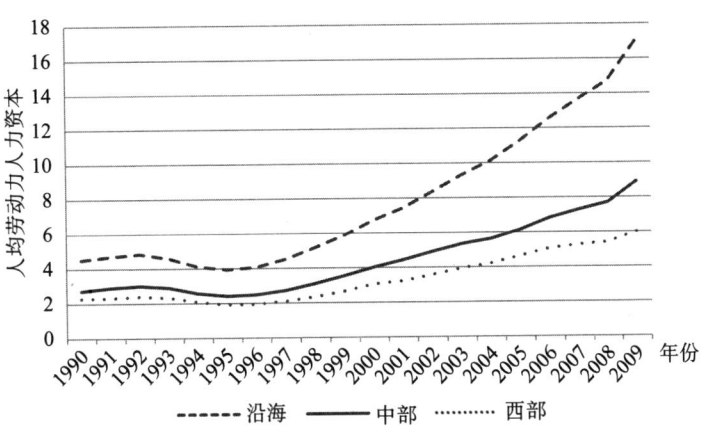

图 3-4 分地区人均劳动力人力资本变动趋势图：
1990-2009 年（单位：万元）

中央财经大学中国人力资本和劳动经济研究中心最新发布的《中国人力资本报告》中提供了采用 J-F 收入法估算的省级层面人力资本指数数据。该报告中发布了总人力资本存量、人均人力资本存量和劳动力人力资本存量等多种指标。考虑到劳动力是推动经济发展的核心力量，本书选择其中的人均劳动力人力资本作为度量指标之一，估算结果见表 3-11。

表 3-11　　　　　各省和地区人均劳动力人力资本存量　　　　（单位：元）

| 区域 | 省份 | 1990 年 | 2000 年 | 2009 年 |
| --- | --- | --- | --- | --- |
| 沿海地区 | 北京 | 75728 | 106905 | 282038 |
| | 天津 | 63025 | 87733 | 227600 |
| | 河北 | 32977 | 56244 | 110295 |
| | 辽宁 | 39924 | 56792 | 108456 |
| | 上海 | 84688 | 114764 | 266411 |
| | 江苏 | 39862 | 65904 | 137803 |
| | 浙江 | 50637 | 74814 | 150174 |
| | 福建 | 40437 | 70084 | 138776 |
| | 山东 | 39501 | 62878 | 123183 |
| | 广东 | 51039 | 87512 | 166939 |

续表

| 区域 | 省份 | 1990年 | 2000年 | 2009年 |
|---|---|---|---|---|
| 中部地区 | 山西 | 27878 | 40748 | 79946 |
| | 内蒙古 | 36440 | 56829 | 113912 |
| | 吉林 | 36562 | 57905 | 104700 |
| | 黑龙江 | 36340 | 54073 | 95218 |
| | 安徽 | 28390 | 42868 | 91058 |
| | 江西 | 30346 | 47006 | 92323 |
| | 河南 | 29420 | 52178 | 102735 |
| | 湖北 | 32954 | 49297 | 92228 |
| | 湖南 | 26105 | 36181 | 69895 |
| 西部地区 | 广西 | 29599 | 49836 | 86057 |
| | 四川 | 28299 | 40683 | 75392 |
| | 云南 | 25014 | 38511 | 67356 |
| | 陕西 | 25674 | 37935 | 78776 |
| | 贵州 | 25442 | 36457 | 62225 |
| | 甘肃 | 23938 | 33796 | 59035 |
| | 青海 | 25216 | 36439 | 57380 |
| | 宁夏 | 31407 | 48179 | 86823 |
| | 新疆 | 36563 | 48055 | 79939 |
| 平均值 | 沿海 | 51781.8 | 78363 | 171167.5 |
| | 中部 | 30232.4 | 46465.4 | 88430.5 |
| | 西部 | 26500.8 | 40585.2 | 69080.4 |
| | 全国 | 37621.6 | 56807.4 | 114524 |

表3-11显示，我国人均劳动力人力资本存量在考察期间持续上升。1990年为37621元，到2009年上升为114524，是1990年的3.04倍，年均增长率达到16.89%。与此同时，沿海地区人均劳动力人力资本存量远远高于中部地区，西部地区最低，并且地区间人力资本差异在不断扩大。1990年，西部地区人均劳动力人力资本存量是沿海地区的51.17%，到2009年时进一步降低为40.35%。1990-2009年期间，沿海地区人均劳动力人力资本存量年均增长率达到18.36%，中部地区为16.25%，而西部地区年均增长率只有14.48%。1990-2009年期间各地区人均劳动力人力资本的变动趋势（图3-4）也显示沿海地区无论在人力资本绝对水平还是相

对增长率上都高于东西部地区。

省级层面的变动也验证了这一观点。以北京市和贵州省为例,1990年北京市人均劳动力人力资本存量为75728元,同期贵州省只有25442元,占北京市的33.60%。2000年时两地人均劳动力人力资本存量都有所增长,当年贵州省是北京市的34.31%,较1990年下降了约10个百分点。到2009年期间北京市增长速度远快于贵州省,北京市人均劳动力人力资本存量达到282038元,而贵州省只有62225元,仅占北京市的22.06%,较1990年时占比降低了超过10个百分点。可见发达省份和贫穷省份的人均劳动力人力资本存量在持续扩大。

## 三、小结

本部分首先分析了我国各省和地区的经济发展现状,数据显示,1990－2009年期间,我国整体人均GDP水平持续上升,但是地区人均GDP则呈现不断发散的趋势,表现为贫困地区与富裕地区的差距在不断拉大。与此同时,近年来贫困地区经济增长速度逐渐超越发达地区,因此我国经济存在走向收敛的潜力。那么潜力是否能够成为现实呢?回答这一问题,我们需要深入考察其他影响经济增长的因素变动状况,本书重点关注人力资本。

本章从教育、工作培训、健康和迁移等角度出发,力图全面分析各省和地区的人力资本现状,分析结果与经济发展现状表现出惊人的相似。总体上,我国人力资本水平持续改善,然而发达的沿海地区几乎在所有人力资本构成要素上都占据优势,中西部地区始终处于劣势地位。具体到地区人力资本差距的变动,不同指标呈现不同趋势。考察期间内,沿海地区和中西部地区在高中人口比率、大学人口比率,以及医疗卫生指标上的差距不断缩小,而在平均受教育年限和人均劳动力人力资本存量指标上的差距持续扩大。因此,我们通过简单的统计分析无法得到统一结论,以下将采用实证方法具体分析人力资本与我国省际经济收敛的关系。

# 第四章 人力资本与经济收敛实证分析
## ——基于传统线性模型的结果

新古典经济增长理论预期，初期人均收入较低的地区经济增长速度更快，因此发达地区与欠发达地区之间的收入差距将逐步缩小。本部分将采用我国省级面板数据来考察新古典经济收敛机制在我国的运行现状，分析我国省际经济是否趋于收敛，是绝对收敛还是条件收敛，以及人力资本在其中扮演的角色。

### 一、模型构建和数据分析

依据新古典经济收敛理论文献（Barro 和 Salai martin，1992；Mankiw，Romer 和 Weil，1992），本书分别构建了绝对收敛模型（式4.1）和条件收敛模型（式4.2）用于分析我国省际经济的趋同问题。

$$\frac{1}{T}[\ln(y_T) - \ln(y_0)] = \alpha_0 + \alpha_1 \ln(y_0) + u \tag{4.1}$$

$$\frac{1}{T}[\ln(y_T) - (\ln y_0)] = \beta_0 + \beta_1 \ln(s) + \beta_2 \ln(n + x + \delta) + \beta_3 \ln(h) + \beta_4 \ln(y_0) + \varepsilon \tag{4.2}$$

模型中被解释变量是劳均GDP平均增长率[①]，以下将用 ygrow 表示。$s$ 指 0 到 T 期内的平均储蓄率，由固定资本投资占 GDP 的比率计算而得。$n$ 代表平均劳动力人口增长率，$x$ 和 $\delta$ 分别为技术进步率和折旧率。$h$ 代表各省人力资本水平，$u$ 和 $\varepsilon$ 则均为模型扰动项。

根据 Mankiw、Romer 和 Weil（1992），本书设定 $x$ 和 $\delta$ 为固定不变的

---

① 根据模型推导可知，被解释变量应为 GDP 与劳动力人数比率的增长率，而不是 GDP 与人口总数比率增长率，因此此处采用劳均 GDP 增长率。

常数，其中技术进步率 x 取值为 0.04，这是依据 Fleisher, Li 和 Zhao (2010) 文中 TFP 的估计值计算而得。而 1990 - 2009 年期间，我国资本折旧占 GDP 的比重约为 14%，资本 - 产出比为 2.6①，因此估算可得折旧率约为 0.05。

表 4 - 1a、4 - 1b、4 - 1c 分别给出了 1990 年、2000 年和 2009 年三个时间点的样本描述性统计。从表中可见，总体上，各省劳均 GDP 在此期间内持续上升，按购买力调整的实际值从 1990 年的 3900 元上升到 2000 年的 10900 元，至 2009 年达到 25100 元。与此同时，人均 GDP 的标准差也在不断增加，这意味着各省的人均 GDP 差异在扩大，即人均产出在各省的分布更加发散，并没有表现出 $\sigma$ 收敛现象。

表 4 - 1a　　　　　变量描述性统计 - 1990

| 变量 | 定义 | 平均值 | 标准差 | 最小值 | 最大值 |
| --- | --- | --- | --- | --- | --- |
| y | 劳均 GDP，万元 | 0.39 | 0.18 | 0.17 | 0.94 |
| ygrow | 劳均 GDP 增长率（1990 - 1994） | 0.099 | 0.03 | 0.05 | 0.16 |
| n | 年均劳动力人口增长率（1990 - 1994） | 0.019 | 0.013 | - 0.03 | 0.04 |
| s | 储蓄率 | 0.24 | 0.06 | 0.15 | 0.36 |
| AEDU | 6 岁及以上人口的平均受教育年限 | 6.78 | 0.81 | 5.45 | 8.84 |
| LFHC | 人均劳动力人力资本，万元 | 3.76 | 1.08 | 2.17 | 5.44 |
| HSCH | 高中人口比率，% | 3.97 | 1.53 | 1.85 | 8.66 |
| College | 大学人口比率，% | 0.53 | 0.53 | 0.18 | 2.53 |

表 4 - 1b　　　　　变量描述性统计 - 2000

| 变量 | 平均值 | 标准差 | 最小值 | 最大值 |
| --- | --- | --- | --- | --- |
| y | 1.09 | 0.69 | 0.31 | 3.47 |
| ygrow (2000 - 2004) | 0.09 | 0.02 | 0.02 | 0.14 |
| n (2000 - 2004) | 0.017 | 0.018 | - 0.002 | 0.09 |
| s | 0.29 | 0.08 | 0.17 | 0.47 |
| AEDU | 7.89 | 0.78 | 6.53 | 10.08 |

---

① 作者根据中国统计年鉴提供的历年数据估算得出以上数据。

续表

| 变量 | 平均值 | 标准差 | 最小值 | 最大值 |
|------|--------|--------|--------|--------|
| LFHC | 5.68 | 1.68 | 3.05 | 7.65 |
| HSCH | 5.43 | 1.61 | 2.66 | 9.12 |
| College | 1.18 | 1.05 | 0.41 | 5.14 |

注：变量单位与表4-1a相同。

表4-1c　　　　　　　变量描述性统计-2009

| 变量 | 平均值 | 标准差 | 最小值 | 最大值 |
|------|--------|--------|--------|--------|
| y | 2.51 | 1.44 | 0.72 | 6.80 |
| ygrow（2005-2009） | 0.098 | 0.02 | 0.03 | 0.14 |
| n（2005-2009） | 0.025 | 0.015 | 0.005 | 0.08 |
| s | 0.51 | 0.12 | 0.31 | 0.82 |
| AEDU | 8.66 | 0.89 | 7.16 | 11.23 |
| LFHC | 11.45 | 5.46 | 5.86 | 24.06 |
| HSCH | 9.12 | 1.77 | 4.88 | 11.65 |
| College | 3.34 | 1.89 | 1.37 | 9.61 |

注：变量单位与表4-1a相同。

与劳均 GDP 的变动相同，各省人力资本水平也在持续改善。1990-2009年期间，样本省份的平均受教育年限约上升2年，1990年时6岁及以上人口中绝大多数只拥有小学学历，到2009年平均受教育年限上升为8.66年，即多数人口将初中毕业，这一人口教育水平的改善主要源于我国九年制义务教育的实施。高中作为九年义务教育之后紧接的教育层次，其发展也非常迅速。高中人口占总人口的比率从1990年的仅有3.97%，到2009年达到9.12%，几乎上升了1.3倍。高校扩招政策的实施促使我国大学人口比率飞速上升。1990年全国大学人口比率为0.53%，到2009年上升为3.34%，增加了约3个百分点。与此同时，人均劳动力人力资本水平也在持续递增，在1990年时只有3.51万元，2000年上升为5.18万，到2009年已经达到12.37万，较初期增长了2.5倍之多。

在总体人力资本水平不断改善的同时，我国地区人力资本却表现出巨大的差异。图3-3显示，1990-2009年期间，各地区人口的教育水平差异明显,沿海省份平均受教育年限始终高于中西部地区,中部地区次之,而西部地区人口受教育年限最低。人均劳动力人力资本也表现出相同的趋势,图3-4显示,沿海发达省份不仅人均劳动力人力资本水平高出中西部欠发达地区,而且增长速度也远远快于这些地区,这意味着地区间的人力资本差距正在日益扩大。

在以上数据的基础上,本书将探讨省际经济收敛的存在性,并使用不同的人力资本指标进行研究,以深入考察人力资本对经济增长和收敛的作用。

## 二、回归结果及其分析

表4-2给出了绝对收敛模型(式4-1)的回归结果,回归采用稳健型标准差消除异方差问题。其中,第1列为横截面数据普通最小二乘法(OLS)回归结果,以1990-2009年期间的人均GDP年均增长率为被解释变量,1990年为初始期,因此解释变量为1990年的人均GDP。模型估计结果显示,初期人均GDP的回归系数不显著,原因之一可能是受到样本量的限制,本书的省份样本只有28个。在已有的跨国经济收敛研究中,考察的国家样本一般达到100个左右。

表4-2 绝对收敛模型回归结果

| 被解释变量:ygrow | OLS | Pooled OLS | FE |
|---|---|---|---|
| $\log(y_0)$ | 0.005 | 0.001 | -0.006 |
| | (0.007) | (0.004) | (0.006) |
| 常数项 | 0.101*** | 0.096*** | 0.094*** |
| | (0.009) | (0.003) | (0.002) |
| 观测值 | 28 | 112 | 112 |
| $R^2$ | 0.027 | 0.000 | 0.024 |

注:1. 被解释变量为对应时期人均GDP的年均增长率;2. $y_0$代表初期人均GDP水平;3. 括号内为稳健型标准误;*,** 和***分别代表在10%,5%和1%的水平下显著。

有鉴于此,本书依据Islam(1995)的做法,以五年为一期,将考察期间1990-2009年分为4个子时间段,每个时间段均以开始年份为初期,这样便构成了面板数据。面板数据在增加样本量的同时,也能够通过固定效应方法控制样本的特质因素,解决可能存在的遗漏变量造成的估计偏差,估计结果的可靠性将会提高。表4-2第2列和第3列分别给出了使用面板数据的普通最小二乘法(POLS)和固定效应(FE)回归结果。普通最小二乘法没有考虑样本的异质性问题,此时初期人均GDP的回归系数仍然为正且不显著。由于中国各省在地理位置、人文历史以及政策制度等方面各有不同,而这些省份特点可能与本省经济增长密切相关,因此忽略它们将导致估计结果存在偏差。固定效应模型则可以对省份固定特征加以控制,因而结果更加可靠。固定效应模型结果显示,初期人均GDP系数变为负值,这符合经济收敛的预期,即初期收入水平与未来经济增长反向相关,但结果并不显著。

因此,总体上,没有显著证据表明我国省际经济存在绝对收敛。这一结论与张胜等(2001)相一致,该研究发现我国省际经济在改革开放前存在绝对收敛,而改革开放后则不存在绝对收敛。事实上,鉴于近30年来不断扩大的地区经济差异,中国经济发展显然没有向收敛的方向进行。同时,表4-2的结果表明,如果不控制其他相关因素,中国省级经济发展与当地初始经济状况几乎没有关系。

那么我国省际经济是否呈现条件收敛呢?表4-3给出了以扩展的新古典经济增长理论为基础的条件收敛模型(式4-2)回归结果。新古典经济增长理论通过控制储蓄率、人口增长率和人力资本等因素来研究经济的收敛状况。表4-3的样本及估计方法与表4-2基本一致。第1列是横截面数据的OLS结果,第2列为基于5年一期的面板数据OLS估计结果。在省级数据的情况下,省级固定效应几乎一定存在,并且会与模型中的其他变量相关,因此OLS估计会造成结果偏差。

表4-3  条件收敛模型回归结果

| 被解释变量:ygrow | OLS | Pooled OLS | FE | FE $\log(s_{-1})$ | FEIV |
|---|---|---|---|---|---|
| $\log(s)$ | -0.007 (0.015) | 0.018** (0.008) | 0.040*** (0.009) | 0.009 (0.013) | 0.032 (0.038) |
| $\log(n+x+\delta)$ | -0.083*** (0.025) | -0.068*** (0.010) | -0.058*** (0.007) | -0.063*** (0.007) | -0.059*** (0.009) |
| $\log(y_0)$ | 0.020** (0.007) | 0.006* (0.003) | -0.054*** (0.010) | -0.055*** (0.010) | -0.054*** (0.008) |

续表

| 被解释变量：ygrow | OLS | Pooled OLS | FE | FE log($s_{-1}$) | FEIV |
|---|---|---|---|---|---|
| $HSCH_0$ | -0.005** | -0.004** | 0.019*** | 0.026*** | 0.020** |
|  | (0.002) | (0.002) | (0.004) | (0.004) | (0.008) |
| 常数项 | -0.062 | -0.018 | -0.106*** | -0.191*** | -0.124 |
|  | (0.053) | (0.027) | (0.030) | (0.031) | (0.094) |
| 观测值 | 28 | 112 | 112 | 112 | 112 |
| $R^2$ | 0.366 | 0.276 | 0.600 | 0.525 | — |
| Hausman test P-value | — | — | — | — | Chi2(4) = 0.04 0.9998 |

注：1. 被解释变量为对应时期人均GDP的年均增长率；2. $y_0$代表初期人均GDP水平，$HSCH_0$代表初期高中人口比率；3. 第5列采用的工具变量为log($s_{-1}$)，即滞后一期的储蓄率对数值；4. 括号内为稳健型标准误；*，**和***分别代表在10%、5%和1%的水平下显著。

表4-3第3列是固定效应模型的回归结果，结果显示，初期收入的系数在1%的水平下显著为负，中国经济表现出显著的条件收敛趋势。也就是说，在控制了人力资本等因素后，初期经济水平越低，经济增长越快。具体而言，初期经济水平下降1%，在其他因素不变的情况下，未来经济增长速度会增加0.054个百分点，因此落后地区经济可能赶超先进地区，省际经济最终将实现收敛。这一结果与Chen和Fleisher（1996）一致，他们采用部门经济数据对1978-1993年期间各省经济的研究发现中国地区经济趋于条件收敛。

表4-3固定效应结果表明，储蓄率越高，经济增长将越快，而人口增长的加速则抑制经济增长，这与Solow模型预期相符（Solow，1956）。储蓄率体现了固定资本积累对经济的影响，而人口的加速增长则可能导致人均GDP增长的减缓。具体说来，储蓄率上升1%，经济增长速度将增加0.04个百分点。这一结论低于Mankiw，Romer和Weil（1992）对国家间经济收敛的研究结论，但高出王志刚（2004）对中国省际经济的实证结果。以上结果表明，中国省级经济有趋向收敛的可能，然而其他相关因素，即储蓄率、劳动力增长率和人力资本，将共同决定省级经济发展的方向。

就劳动力而言，起初，发达省份城市化水平较高，因此人口增长缓慢，而落后省份则人口基数大且农村人口较多，因此人口增长迅速。但是近年来，随着落后地区剩余劳动力的加速转移，劳动力人口开始大规模的由落后省份向发达省份迁移，导致发达省份的劳动力增长超过落后省份。以上海市和甘肃省两个典型地区为例，1993年，上海市劳动力人口增长率为5.57%，甘肃省则达到8.22%，高出上海市2.7个百分点。而2009年时，甘肃省劳动力增长率下降为1.28%，低于同期上海约2.4个百分点。

与此同时，发达省份和落后省份储蓄率的相对变动也经历了此消彼长的过程。改革开放之初，东部地区得益于自身地理优势和政策倾向，固定资本投资和外商直接投资水平逐年上升，直接推动了地区经济的迅速增长。而中西部地区一直以来则基础设施投资薄弱，经济发展受到阻碍。近年来，随着东部资本间竞争的日益加剧，中西部广阔的发展空间开始吸引到资本的注意，而中部崛起和西部大开发战略的实施进一步促使各种投资向中西部地区转移。仍以上海市和甘肃省为例，1996年，上海市储蓄率水平达到66%，是同期甘肃的3倍，然而2009年时，甘肃省储蓄率水平上升为48%，高出上海市17个百分点。

在地区层面上，储蓄率和人口增长率也发生了相同的变动。1990年沿海地区平均储蓄率水平高出中西部地区2个百分点，到2009年时，中西部地区平均储蓄率水平反超出沿海地区14个百分点。与此同时，沿海地区人口增长率在1990年时低于中西部地区0.79个百分点，到2009年时则高出1.48个百分点。因此，整体上来看，储蓄率和人口增长率的变动正朝着有利于地区经济收敛的方向发展。

然而，众所周知，我国地区经济发展呈现发散趋势，沿海发达省份与其他地区的差距在不断加大，这与表4-3结果显示的省际经济收敛趋势相矛盾。本章发现，导致这一矛盾的直接原因在于人力资本。表4-3采用初期高中毕业的人口比率（HSCH）来度量人力资本，结果显示，人力资本显著影响经济的发展，初期人力资本越丰富，经济增长将越快。通常情况下，发达地区和省份往往拥有更先进的教育体系和更高的人力资本投资，因而依仗自身的人力资本优势，这类地区的经济增长将更为迅速，从而造成富裕省份更加富裕，贫穷省份则更为落后的局面，地区经济无法实现收敛。

根据表4-3固定效应结果，初期高中人口比率上升1个百分点，将促使经济增长率提高1.9个百分点。表1数据显示，从1990年到2000年间，高中人口占总人口的比率由3.97%上升到5.43%，共增长1.46个百分点，平均每年增长0.146个百分点。这意味着，如果其他因素不变，高中人口比率的年增长会使经济年增长加快约 0.28 个百分点。而 2000 年到 2009 年间，高中人口比率的年增长将促使年均经济增长率加快 0.78 个百分点。可见，人力资本对经济发展起着越来越重要的作用。

单就初期水平而言，上海市 1990 年高中人口比率达到 6.19%，而同期甘肃省仅有 3.87%，根据实证结果可预计，若其他因素保持不变，上海市之后的年均经济增长率将会高出甘肃省 4.41 个百分点。实际上，虽然甘肃省储蓄率水平不断提高，人口增长率总体下降，但 1990－1994 五年间上海市的年均经济增长率仍超出甘肃省 1.33 个百分点。因此，即使甘肃省初期人均收入水平远低于上海市，但是这一现状产生的后发优势并不足以推动经济走向收敛，相反，二者在人力资本上的巨大差距正导致甘肃的经济与发达省份的距离不断拉大，从而省际经济呈现日益发散的趋势。

整体上，沿海地区 1990 年高中人口比率超出中西部地区 0.68 个百分点，因此在其他因素保持不变的情况下，沿海地区年均经济增长率将超出中西部地区 1.29 个百分点。由此可见，落后地区若要赶超先进地区，就必须大力投资人力资本，改善本地劳动力素质，从而提高经济发展速度。这一结论与 Fleisher, Li 和 Zhao（2010）一致，他们对中国区域经济失衡的研究表明，加强落后地区的人力资本投资既能促进平等发展，又不失经济效益，因而是降低地区发展不平衡的有效政策。

值得注意的是，尽管采用固定效应模型，以上回归分析还存在一些技术问题。具体说来，在模型中储蓄率通过计算固定资本投资与 GDP 的比率而得，因此存在内生性问题，但这一问题在文献中往往被忽略。为了探讨这一问题的影响程度，我们首先采用滞后一期的储蓄率作为控制变量进行了回归，因为目前的经济增长应该不会影响前期的投资，因此滞后一期的储蓄率不会有内生性，结果见表 4－3 第 4 列。与采用当期储蓄率的模型结果相比，除了滞后一期的储蓄率对当前经济增长的影响并不显著，其他估计结果均与第 3 列模型基本一致。

此外，为了进一步分析储蓄率内生性的影响，我们还采用工具变量回归方法进行估算，即用固定效应加两阶段最小二乘法进行了回归（见表 4－3 第 5 列）。按照常规做法，工具变量采用滞后一期的储蓄率[①]，因为前一期的储蓄率应该不会受当期 GDP 的影响。由表可见，模型回归主要结果

---

① 第一阶段的检验结果显示，滞后一期的储蓄率能够显著解释当期储蓄率。

与固定效应模型差别不大，同时，Hausman 检验结果显示，储蓄率的内生性问题可以忽略，其对主要结论的影响相对很小[①]。因此依照文献的普遍做法，我们在以下的分析中，仍采用当期储蓄率进行回归分析[②]。

鉴于人力资本的重要作用，我们从多个角度对其进行深入分析。在上述模型中我们采用高中毕业生的比例来衡量人力资本，然而该指标只代表了人力资本的一个方面。我们也采用大学人口比率（College）进行了分析，以比较不同教育层次对经济收敛的贡献。结果显示，大学人口比率的上升同样促进经济增长的加快，在其他因素保持不变的前提下，College 上升 1 个百分点，经济增长率将提高 1.2 个百分点。但是这一作用不显著，原因可能是因为大学生在总人口中比例太低且增长较慢，从而其影响无法从统计意义上显现出来。

以往文献中普遍使用平均受教育年限（AEDU）作为人力资本的度量指标，这一指标综合了各种教育层次，因此能够较为全面地反映各省的人力资本状况。本书也采用平均受教育年限进行了分析，回归结果见表 4 - 4 第 2 列。结果显示，平均受教育年限显著促进经济增长，初期 AEDU 提高 1 年，经济增长率将上升 2.3 个百分点。具体到省份层面：1990 年上海市平均受教育年限为 8.47 年，而甘肃省只达到 5.78 年，因此在其他因素不变的情况下，上海市未来五年的经济年增长将超出甘肃省 6.19 个百分点，这一影响力度超出了高中人口比率。到 2000 年时，甘肃省 AEDU 水平上升为 6.93 年，但仍低出同期上海市 2.51 年，因此，在其他因素不变的情况下，人力资本的差距会使 2000 - 2004 年期间上海市年均经济增长率高出甘肃省 5.77 个百分点。

以上模型均采用教育指标度量人力资本，但是教育只是人力资本的一部分，人力资本还包括培训、流动、甚至健康等方面，因此以上指标并不能全面衡量人力资本。有鉴于此，我们采用最新计算的中国人力资本综合度量指标—人均劳动力人力资本（LFHC）作进一步分析。

LFHC 依据国际上通用的 Jorgenson – Fraumeni 终生收入法测算而得，涵盖了教育、工作经验、健康等多种人力资本构成要素，因此对人力资本的度量更为全面和准确。表 4 - 4 第 4 列结果表明，如果初期人均劳动力人力

---

[①] 储蓄率变得不显著的原因可能是前期储蓄率并不能完全反映当期储蓄率。

[②] 在现有的实证分析中，储蓄率的内生性问题往往被忽略，比如 Mankiw, Romer 和 Weil (1992)，王志刚（2004）等。

资本上升1%,经济增长率将提高0.04个百分点。数据显示,1990年上海市人均劳动力人力资本水平为甘肃省的2.43倍,推算可得,在其他因素保持不变的前提下,上海市年均经济增长率将超出甘肃省5.72个百分点。同期,中部省份河南省LFHC水平也高出甘肃省19%,因此其经济年增长将快于甘肃0.76个百分点。到2000年,虽然甘肃省的LFHC水平有了显著提高,但是其与上海市以及河南省的差距不减反增。当期上海市LFHC是甘肃省的2.45倍,河南省则高出甘肃36%,因此上海市和河南省的年均经济增长将分别快于甘肃省5.8个百分点和1.44个百分点。

表4-4　　　　其他人力资本指标的条件收敛模型回归结果

| 被解释变量: ygrow | College | AEDU | LFHC |
|---|---|---|---|
| log(s) | 0.067*** | 0.065*** | 0.048*** |
|  | (0.009) | (0.011) | (0.011) |
| log(n+x+δ) | -0.065*** | -0.055*** | -0.072*** |
|  | (0.008) | (0.009) | (0.011) |
| log($y_0$) | -0.037*** | -0.049*** | -0.042*** |
|  | (0.009) | (0.014) | (0.011) |
| $College_0$ | 0.012 |  |  |
|  | (0.008) |  |  |
| $AEDU_0$ |  | 0.023** |  |
|  |  | (0.010) |  |
| log($LFHC_0$) |  |  | 0.040*** |
|  |  |  | (0.011) |
| 常数项 | 0.001 | -0.145** | -0.443*** |
|  | (0.022) | (0.070) | (0.136) |
| 观测值 | 112 | 112 | 112 |
| $R^2$ | 0.530 | 0.530 | 0.648 |

注:1. 被解释变量为人均GDP的年均增长率;2. $y_0$代表初期人均GDP水平,$AEDU_0$代表初期平均受教育年限,$LFHC_0$代表初期人均劳动力人力资本水平;3. 括号内为稳健型标准误;*、**和***分别代表在10%、5%和1%的水平下显著。

整体上来看,沿海地区1990年人均劳动力人力资本超出中部地区65%,西部地区98%,因此在其他因素保持不变的情况下,沿海地区年均经济增长率将分别超出中西部地区2.6和3.92个百分点。采用相同方法推算可得，中部地区年均经济增长率将超出西部地区0.8个百分点。

我们的分析结果明显可见，不管用什么指标度量人力资本，其对经济增长的作用都非常重要。在不同人力资本度量的模型中，初期人均收入均在1%的水平下显著为负，这表明中国省级经济条件收敛的结果具有稳健性。与此同时，三种人力资本指标系数均显著为正，体现了人力资本对经济发展的促进作用。根据LFHC的模型结果，由初始经济落后的后发优势带动的经济发展趋向发达地区的动力可以完全被人力资本的劣势所抵消，因为初期经济的系数-0.042及人力资本LFHC系数0.040数值几乎相等但符号相反。

因此，虽然我国省际经济存在条件收敛的潜力，但是如果发达地区的初始人力资本高于落后地区，则经济增长也将快于落后地区，从而使经济收敛机制受到制约，区域不平衡甚至会加剧。这也许正是中国经济没有表现出绝对收敛趋势，反而变得更加不均衡的原因。

## 三、小结

本章采用传统的新古典经济收敛模型对我国的省际经济收敛问题进行了研究，并使用多种人力资本度量指标，包括高中人口比率、大学人口比率、人均受教育年限、人均劳动力人力资本指标等，深入分析了人力资本与经济增长和地区经济收敛的关系。

具体的结论如下：

第一，我国省际经济表现为条件收敛而非绝对收敛。在新古典收敛模型的基础上，实证结果显示，在控制储蓄率、人口增长率、人力资本等影响稳态收入水平的因素的条件下，落后省份的经济增长速度将快于发达省份，省际经济趋向于条件收敛。

第二，人力资本显著促进经济增长。无论采用哪种人力资本指标，这一结论都十分显著。具体而言，在其他因素保持不变的前提下，初期高中人口比率上升1个百分点，将促使经济增长率提高1.9个百分点；初期平均受教育年限提高1年，经济增长率将上升2.3个百分点。与此同时，本书进一步采用人均劳动力人力资本，即根据J-F终生收入法对省级人力资本的综合度量指标进行模型估计。结果显示，初期人均劳动力人力资本上升1%，经济增长率将提高0.04个百分点。

第三，人力资本是决定我国省际经济能否收敛的主要因素。由于发达地区往往人力资本水平更高，因此增长更快，引起省际经济走向发散。结果显示，落后地区较低的初期收入所产生的后发优势几乎可以完全被人力资本的相对落后程度所抵消。

# 第五章 人力资本与经济收敛的非线性探讨

经济收敛问题是宏观经济学自诞生以来就致力于回答的问题，然而迄今为止仍未得出统一的结论。新古典经济增长理论假设资本边际收益递减，因此先进地区的资本边际报酬将低于落后地区，进而落后地区经济增长速度快于先进地区，地区经济发展水平最终将趋于收敛（Solow，1956；Swan，1956）。然而内生经济增长理论通过将技术因素内生化，指出要素边际报酬不变甚至递增，因此富裕地区将更加富裕，贫穷地区将更加贫穷，地区经济最终走向发散而不是收敛（Romer，1987；Lucas，1988）。相关实证研究也得出了不同的结论，一些研究发现了显著的国家或地区经济收敛迹象（Barro 和 Salai Martin，1992，1993；Mankiw，Romer 和 Weil，1992；蔡昉和都阳，2000），另一些研究则指出没有显著证据表明地区经济正趋于收敛（Benhabib 和 Spiegel，1994；王志刚，2004）。

无论是新古典经济增长理论还是内生经济增长理论，二者均认为人力资本对经济发展起着重要的作用，是推动经济长期增长的重要源泉。但是关于人力资本与经济收敛的关系，学者们得出的结论也不一样。Mankiw，Romer 和 Weil（1992）通过将人力资本纳入新古典生产函数构建了扩展的经济收敛模型（以下简称 MRW 模型），该研究发现人力资本显著推动经济增长，并且在其他条件不变的情况下，人力资本的加入提高了国家间经济收敛的速度。Klenow 和 Rodriguez - Clare（1997）则认为这一结论受到文中人力资本指标的限制，MRW 模型采用中等教育入学率衡量人力资本，当纳入其他教育层次或者采用其他衡量指标时，人力资本对经济增长的解释力度就会缩小。Benhabib 和 Spiegel（1994）采用相同模型的研究则发现，人力资本对经济增长的影响并不显著，甚至抑制经济增长，Pritchett（1996）也得出了相同的结论。

以上文献无一例外均采用线性模型研究经济收敛问题，以及人力资本与经济收敛的关系。由于线性模型只能给出解释变量对被解释变量的平均影响，因此也就潜在的假定各地区在不同时期的经济发展路径相同，并且人力资本对经济的影响在不同地区和不同时期也完全相同，这一假定具有极大的局限性，其合理性受到质疑。近期诸多研究显示，地区间经济发展轨迹存在显著差异（Quah，1996），人力资本与经济增长之间为非线性变动关系（Kalaitzidakis 等，2001），因此依据线性回归模型得出的结论可能是不准确的。

有鉴于此，本章进一步将整体样本按照地区或增长时期进行分组，而后针对各组样本进行回归，并对比分析不同组别回归结果的差异性，探讨我国经济收敛的非线性状况。

## 一、数据分析

表 5 -1c 分别给出了 1990 年、2000 年、2009 年 MRW 条件收敛模型中各变量在不同地区的统计数据。数据显示，1990 - 2009 年期间各地区劳均 GDP 持续上升，其中沿海地区劳均 GDP 由 5300 元上升为 37900 元，增长了约 6.15 倍。同期，中部地区由 3100 元增长到 19400 元，提高了 5.26 倍。西部地区则从 3100 元上升为 14400 元，仅上升了 3.65 倍。因此地区间劳均 GDP 的差距在不断扩大。与此同时，本书考察期间内，各地区内部的劳均 GDP 标准差越来越大，这意味着地区内部劳均 GDP 水平也越来越发散。具体而言，沿海地区 1990 年省份间劳均 GDP 标准差为 0.21，到 2000 年时增长为 0.74，2009 年则进一步扩大为 1.59。1990 到 2009 期间，中部地区各省份劳均 GDP 标准差由 0.09 增长到 0.70，西部地区则由 0.13 变动为 0.57。可见，沿海地区内部的劳均 GDP 标准差远大于中西部地区。

表 5 -1a　　　　　　　变量描述性统计 - 1990

| 变量 | 沿海地区 | | 中部地区 | | 西部地区 | |
| --- | --- | --- | --- | --- | --- | --- |
| | 平均值 | 标准差 | 平均值 | 标准差 | 平均值 | 标准差 |
| y | 0.53 | 0.21 | 0.31 | 0.09 | 0.31 | 0.13 |
| ygrow<br>（1990 - 1994） | 0.13 | 0.03 | 0.09 | 0.02 | 0.08 | 0.03 |

续表

| 变量 | 沿海地区 | | 中部地区 | | 西部地区 | |
| --- | --- | --- | --- | --- | --- | --- |
| | 平均值 | 标准差 | 平均值 | 标准差 | 平均值 | 标准差 |
| n<br>（1990－1994） | 0.02 | 0.01 | 0.02 | 0.005 | 0.01 | 0.02 |
| s | 0.25 | 0.05 | 0.20 | 0.04 | 0.28 | 0.06 |
| AEDU | 7.29 | 0.89 | 6.67 | 0.56 | 6.03 | 0.55 |
| LFHC | 5.18 | 0.70 | 3.02 | 0.20 | 2.65 | 0.15 |
| HSCH | 4.40 | 2.03 | 3.60 | 1.11 | 4.05 | 1.41 |
| College | 0.84 | 0.81 | 0.36 | 0.14 | 0.31 | 0.07 |

注：变量单位与表4－1a相同。

表5－1显示，与人均GDP变动相同，最初沿海地区劳均GDP的增长率远远高于中西部地区，而近年来中西部地区增长率逐渐超越了沿海地区。具体的，1990－1994年期间，沿海地区劳均GDP的年均增长率达到13%，而中部地区和西部地区分别为9%、8%，比沿海地区慢了4—5个百分点。2000－2004年期间，沿海地区劳均GDP增长率下降为9%，中部地区超过沿海地区达到10%，西部地区仍然增长最慢，年均增长率只有8%。2005－2009年期间，中部地区劳均GDP增长率达到11%，西部地区也加快为10%，沿海地区则进一步下降，年均经济增长率只有8%。由此可见，虽然中西部地区在劳均GDP水平上与沿海地区仍存在巨大差距，但是劳均GDP的增长率已经超越了沿海地区，因此可以预期，未来地区间劳均GDP水平差异存在缩小的可能。

表5－1b　　　　　　　变量描述性统计－2000

| 变量 | 沿海地区 | | 中部地区 | | 西部地区 | |
| --- | --- | --- | --- | --- | --- | --- |
| | 平均值 | 标准差 | 平均值 | 标准差 | 平均值 | 标准差 |
| y | 1.75 | 0.74 | 0.75 | 0.22 | 0.67 | 0.31 |
| ygrow<br>（2000－2004） | 0.09 | 0.03 | 0.10 | 0.02 | 0.08 | 0.01 |
| n<br>（2000－2004） | 0.03 | 0.03 | 0.01 | 0.005 | 0.02 | 0.01 |
| s | 0.31 | 0.07 | 0.25 | 0.05 | 0.37 | 0.08 |
| AEDU | 8.43 | 0.84 | 7.78 | 0.47 | 7.08 | 0.57 |

续表

| 变量 | 沿海地区 | | 中部地区 | | 西部地区 | |
|---|---|---|---|---|---|---|
| | 平均值 | 标准差 | 平均值 | 标准差 | 平均值 | 标准差 |
| LFHC | 7.84 | 0.95 | 4.65 | 0.36 | 4.06 | 0.01 |
| HSCH | 5.77 | 1.78 | 5.03 | 1.38 | 5.80 | 1.94 |
| College | 1.84 | 1.54 | 0.87 | 0.34 | 0.68 | 0.16 |

注：变量单位与表4-1a相同。

表5-1c  变量描述性统计-2009

| 变量 | 沿海地区 | | 中部地区 | | 西部地区 | |
|---|---|---|---|---|---|---|
| | 平均值 | 标准差 | 平均值 | 标准差 | 平均值 | 标准差 |
| y | 3.79 | 1.59 | 1.94 | 0.70 | 1.44 | 0.57 |
| ygrow (2005-2009) | 0.08 | 0.02 | 0.11 | 0.02 | 0.10 | 0.01 |
| n (2005-2009) | 0.04 | 0.02 | 0.02 | 0.01 | 0.02 | 0.005 |
| s | 0.42 | 0.08 | 0.56 | 0.11 | 0.57 | 0.14 |
| AEDU | 9.29 | 1.03 | 8.44 | 0.52 | 7.96 | 0.59 |
| LFHC | 17.12 | 4.42 | 8.84 | 0.68 | 6.91 | 0.20 |
| HSCH | 9.12 | 1.25 | 9.11 | 2.03 | 9.16 | 2.29 |
| College | 4.58 | 2.51 | 2.94 | 0.97 | 1.92 | 0.39 |

注：变量单位与表4-1a相同。

上文分析显示，各省和地区人力资本水平存在显著差异，沿海地区人力资本水平在总体上高于中西部地区。与此同时，高中人口比率、大学人口比率的差距在不断缩小，而平均受教育年限和人均劳动力人力资本的差异则逐步扩大，表5-1数据进一步显示，各地区内部省份的人力资本水平也存在较大差异。以高中人口比率为例，1990年沿海地区高中人口比率标准差为2.03，2000年时下降为1.78，2009年进一步减少为1.25。而中西部地区高中人口比率标准差则在上升，1990-2009年期间，中部地区标准差由1.11上升到2.03。西部地区则由1.41上升为2.29。

为了更好地显示考察期间各地区人力资本的变动趋势，本章进一步计算了各种人力资本指标的变异系数（标准差/均值），变异系数的上升意味着人力资本地区差异的恶化。图5-1-5-4分别给出了高中人口比率、大学人口比率、平均受教育年限和人均劳动力人力资本等指标的变异系数趋势图。

从图5-1中可见，各地区高中人口比率的变异系数都在下降，这意味着地区内部各省间高中人口比率的差异在持续缩小。其中，沿海地区差异缩减最为迅速，直接带动了全国总体上高中人口比率变异系数的下降，中西部地区则变动比较缓慢。大学人口比率的变异系数也表现出相同变动趋势，沿海地区内部各省的大学人口比率水平差异最大，但是该状况在考察期间内不断改善，而中西部地区内部的大学人口比率差异较小，并且基本保持不变（见图5-2）。

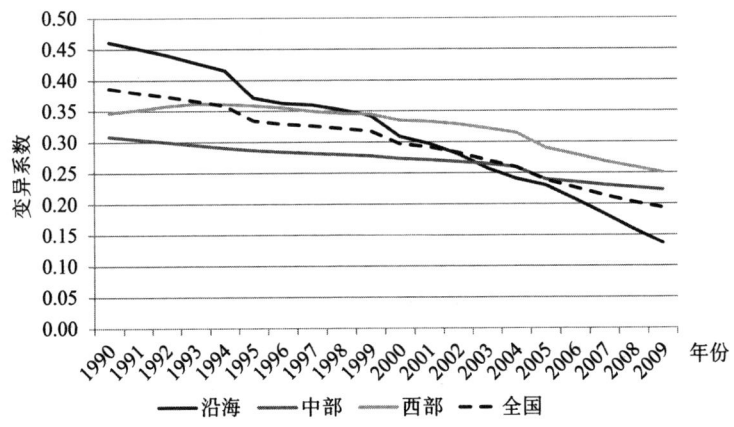

**图5-1 高中人口比率变异系数趋势图：1990－2009**

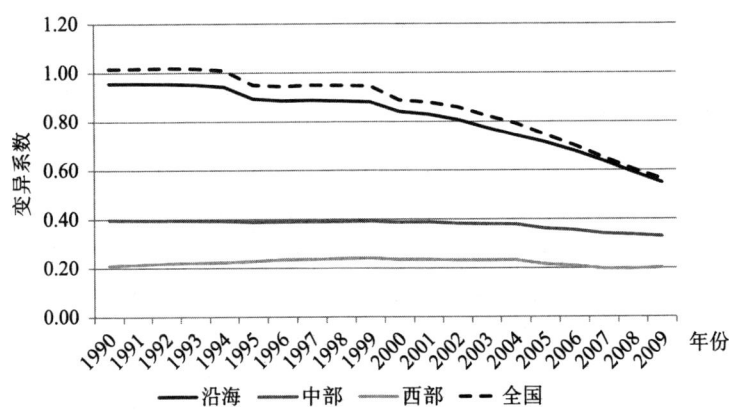

**图5-2 大学人口比率变异系数趋势图：1990－2009**

图5-3显示，无论是沿海还是中西部地区，平均受教育年限的变异系

数波动虽然频率，但是波幅很小，因此考察期间内各地区内部平均受教育年限的差异并无明显下降。与此不同，图5-4显示全国和沿海地区人均劳动力人力资本的变异系数显著上升，这意味着沿海地区各省人均劳动力人力资本存量的差异正在扩大，并带动了全国整体范围差异的上升。1990-2009年期间，中部地区人均劳动力人力资本存量变异系数基本保持不变，西部地区则表现为先上升后下降的趋势。人均劳动力人力资本与其他指标不同的变动趋势源于其计算方法的特殊性，它涵盖了所有影响收入的因素，而不仅仅是教育。因此，如果劳动力的健康状况、技术水平，或者劳动力市场体制在各省存在差异，并且这一差异在考察期间不断上升的话，那么就可能出现人均劳动力人力资本的变异系数上升，而其他教育类人力资本指标的变异系数下降的情况。实际上，我国各省的劳动力市场处于不同的发展阶段，沿海地区倾向于市场导向，而国有企业在中西部地区仍占据主导地位。

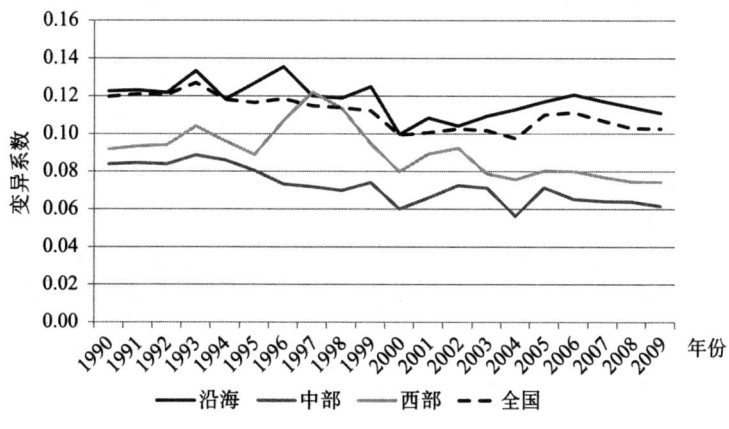

图5-3 平均受教育年限变异系数趋势图：1990-2009

## 二、回归结果及分析

数据分析显示，无论是在经济发展水平还是人力资本方面，各地区均呈现不同的变动轨迹。并且在不同的增长区间，模型变量的变动也存在较大差异。为了探讨我国经济收敛过程中的非线性变动状况，本章将整体样本分别按照地区和增长区间进行划分，通过分组回归对比考察不同样本群

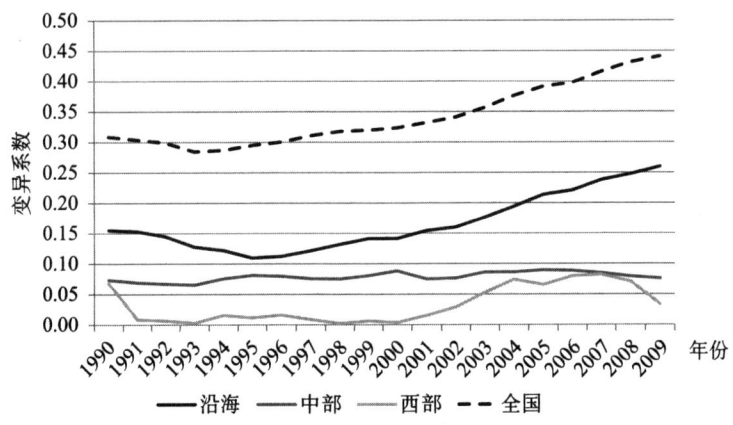

图5-4 人均劳动力人力资本变异系数趋势图：1990-2009

组间的差异性。回归模型沿用 MRW 条件收敛模型，面板数据构造和模型变量处理方法仍与上文相同。

（一）分地区回归分析

表5-2列出了分地区条件收敛模型的回归结果，其中人力资本变量采用高中人口比率指标。表5-2第1到3列分别为沿海地区、中部地区和西部地区的回归结果。从表中可见，储蓄率和人口增长率的作用与预期相符，即储蓄率增长会推动经济增长率加快，而人口增长加快则抑制经济增长。进一步的，这两个变量对沿海地区的影响要小于中西部地区。储蓄率上升10%，沿海地区经济增长会加快0.09个百分点，而中部地区则加快0.32个百分点，西部地区加快0.73个百分点，是沿海地区的8倍。因此加大中西部地区固定资本投资能够极大的推动当地经济增长，而固定资本投资在沿海地区的收益则相对有限。此外，人口增长率上升1%，沿海地区经济增长率将下降0.044个百分点，而中部地区则下降0.072，西部地区下降0.046，可见人口变动对中西部地区经济发展的影响效应要强于沿海地区。

经过改革开放20余年的发展，沿海地区积累了大量的固定资本投资，已经开始由依靠物质资本向依靠知识和人力资本发展经济的转变，而中西部地区受到地理位置、政策等各方面的限制仍缺乏固定资本投资，当地经济对物质资本的需求远远没有得到满足。而且中西部地区多是人口大省，劳动力增长率较小的变动就会引起整体劳动力人口很大的增减，进而导致经济的较大波动。相反，沿海地区已经发展成为相对成熟的经济体，覆盖的省份城市化水平较高，并且人口基数远低于中西部各省，因此劳动力增长率对经济的影响较小。

表5-2　　　　　　　分地区条件收敛模型回归结果—HSCH

| 被解释变量：ygrow | 沿海 | 中部 | 西部 | 中西部 |
|---|---|---|---|---|
| log（s） | 0.009 | 0.032* | 0.073* | 0.041*** |
|  | (0.012) | (0.015) | (0.032) | (0.011) |
| log（n+x+δ） | -0.044*** | -0.072*** | -0.046 | -0.071*** |
|  | (0.010) | (0.012) | (0.034) | (0.008) |
| log（$y_0$） | -0.054*** | -0.052*** | -0.062 | -0.048*** |
|  | (0.014) | (0.014) | (0.032) | (0.011) |
| $HSCH_0$ | 0.017*** | 0.022*** | 0.016** | 0.018*** |
|  | (0.005) | (0.006) | (0.004) | (0.004) |
| 常数项 | -0.074** | -0.169*** | -0.076 | -0.142*** |
|  | (0.028) | (0.041) | (0.067) | (0.031) |
| 观测值 | 40 | 52 | 20 | 72 |
| $R^2$ | 0.699 | 0.569 | 0.778 | 0.604 |

根据初期劳均收入的系数估计我们发现，沿海地区内部和中部地区内部表现出显著的条件收敛现象，西部地区各省劳均收入虽然也逐步趋同，但是该现象并不显著①。初期收入降低1%，沿海地区未来经济增长率将加快0.054个百分点，而中部地区则加快0.052个百分点，西部地区加快0.062个百分点。当将中部地区和西部地区合并为一组之后，表5-2第4列回归结果显示，中西部地区整体上表现出显著的条件收敛。初期收入降低1%，经济增长率将加快0.048个百分点。

与此同时，高中人口比率显著促进各个地区的经济增长，初期高中人口比率上升1个百分点，将促进沿海地区经济增长率提高1.7个百分点，中部地区加快2.2个百分点，西部地区提高1.6个百分点。表5-1显示，1990-2009期间，沿海地区高中人口比率上升了4.72个百分点，平均每年增长0.236个百分点，因此在其他因素保持不变的情况下，高中人口比率的年增长会使当地经济年增长加快约0.40个百分点。同期中部地区高中

---

① 由于西部地区只包含五个省份，因此回归样本只有20个，回归结果的稳健性将受到影响。

人口比率上升了5.51个百分点，西部地区上升了5.11个百分点，这意味着其他因素保持不变，高中人口比率年增长会促使中部地区经济年增长加快约0.61个百分点，西部地区则加快约0.41个百分点。

综合以上结论可见，我国各地区经济发展路径并不相同，尤其是沿海地区和其他地区存在显著差异，因此线性收敛模型的前提假设是错误的，根据该模型得出的结论准确性无法保证。但是，相关研究指出，模型中人力资本指标的变换会导致回归结果的巨大差异，因此不能仅根据一种人力资本指标的结果盲目下结论。为了避免这一问题，本章进一步采用其他人力资本指标展开回归，以考察结论的稳健性。

表6-3给出了采用大学人口比率的回归结果，可见储蓄率和人口增长率对沿海地区的影响仍然小于中西部地区，并且沿海地区、中部地区、中西部地区表现出显著的俱乐部收敛迹象，而单独的西部地区俱乐部收敛并不显著。与高中人口比率结果不同的是，除中部地区之外，大学人口比率对其他地区经济发展的影响都不显著，这与Barro（2001）的研究结论相同。初期大学人口比率上升1个百分点，沿海地区未来经济增长率提高1个百分点，中部地区提高3.4个百分点，西部地区则提高3.2个百分点。

表5-3　　　　　分地区条件收敛模型回归结果—College

| 被解释变量：ygrow | 沿海 | 中部 | 西部 | 中西部 |
|---|---|---|---|---|
| log（s） | 0.038** | 0.045*** | 0.068 | 0.049*** |
|  | (0.013) | (0.014) | (0.044) | (0.011) |
| log（n+x+δ） | -0.049*** | -0.077*** | -0.064 | -0.074*** |
|  | (0.009) | (0.008) | (0.040) | (0.007) |
| log（$y_0$） | -0.041*** | -0.037** | -0.039 | -0.034** |
|  | (0.010) | (0.015) | (0.050) | (0.012) |
| College$_0$ | 0.010 | 0.034** | 0.032 | 0.030** |
|  | (0.008) | (0.014) | (0.031) | (0.011) |
| 常数项 | 0.024 | -0.073** | -0.041 | -0.062*** |
|  | (0.032) | (0.031) | (0.084) | (0.021) |
| 观测值 | 40 | 52 | 20 | 72 |
| $R^2$ | 0.680 | 0.518 | 0.733 | 0.558 |

表5-4列出了采用平均受教育年限的回归结果。结果显示，储蓄率和人口增长率对沿海地区经济发展的影响小于西部地区，但是只有沿海地区

表5-4 分地区条件收敛模型回归结果—AEDU

| 被解释变量：ygrow | 沿海 | 中部 | 西部 | 中西部 |
|---|---|---|---|---|
| log（s） | 0.038** | 0.054** | 0.056 | 0.057*** |
|  | (0.017) | (0.018) | (0.035) | (0.013) |
| log（n+x+$\delta$） | -0.041*** | -0.059*** | -0.072* | -0.063*** |
|  | (0.012) | (0.012) | (0.031) | (0.011) |
| log（$y_0$） | -0.042* | -0.030 | -0.035 | -0.032* |
|  | (0.022) | (0.021) | (0.047) | (0.016) |
| $AEDU_0$ | 0.013 | 0.016 | 0.020 | 0.017* |
|  | (0.016) | (0.013) | (0.026) | (0.009) |
| 常数项 | -0.043 | -0.109 | -0.186 | -0.126* |
|  | (0.122) | (0.094) | (0.178) | (0.063) |
| 观测值 | 40 | 52 | 20 | 72 |
| $R^2$ | 0.647 | 0.412 | 0.728 | 0.497 |

和中西部地区存在俱乐部收敛现象，并且只在10%的水平上显著，而中部地区、西部地区各自并无显著收敛趋势。与此同时，平均受教育年限虽然推动经济增长，但是这一作用在所有地区都不显著，这与整体样本（表5-4）得出的结果有明显差异。样本数量的减少可能是导致平均受教育年限不再显著的原因之一。

当采用人均劳动力人力资本指标时，表5-5数据表明，中西部地区经济发展受物质资本和人口增长的影响远大于沿海地区，并且西部地区仍不存在俱乐部收敛现象。人均劳动力人力资本上升1%，沿海地区经济增长将加快0.038个百分点，中部地区加快0.048个百分点，西部地区只增加0.011个百分点。

表5-5 分地区条件收敛模型回归结果—LFHC

| 被解释变量：ygrow | 沿海 | 中部 | 西部 | 中西部 |
|---|---|---|---|---|
| log（s） | 0.038* | 0.041** | 0.013 | 0.041** |
|  | (0.018) | (0.015) | (0.038) | (0.013) |
| log（n+x+$\delta$） | -0.067*** | -0.086*** | -0.100 | -0.069*** |
|  | (0.010) | (0.020) | (0.029) | (0.015) |

续表

| 被解释变量：ygrow | 沿海 | 中部 | 西部 | 中西部 |
|---|---|---|---|---|
| $\log(y_0)$ | -0.044** | -0.040* | 0.009 | -0.031* |
|  | (0.015) | (0.017) | (0.019) | (0.014) |
| $\log(LFHC_0)$ | 0.038** | 0.048** | 0.011 | 0.036** |
|  | (0.013) | (0.015) | (0.023) | (0.012) |
| 常数项 | -0.416** | -0.571** | -0.227 | -0.404** |
|  | (0.158) | (0.184) | (0.333) | (0.137) |
| 观测值 | 40 | 52 | 20 | 72 |
| $R^2$ | 0.693 | 0.540 | 0.939 | 0.602 |

### （二）分增长区间回归分析

上文分析显示，我国不同地区的经济收敛存在差异性，因此传统模型中有关所有地区遵循相同经济发展轨迹的假设是不合理的。那么我国各省的经济收敛性在时间上是否存在差异呢？为了回答这一问题，本部分以1999年为界将整个考察区间分为两部分：1990－1999年、2000－2009年。表5－6给出了两个增长区间的MRW条件收敛模型结果，人力资本变量采用高中人口比率衡量。

从表5－6可见，1999年前后，储蓄率和人口增长率对经济增长的影响大体一致。1990－1999年期间，储蓄率上升1%，经济增长率将提高0.043个百分点，而2000－2009年期间，储蓄率的相同变动会引起经济增长加快0.048个百分点。劳动力人口增长加快1%，1990－1999年期间经济增长会降低0.101个百分点，而2000－2009年期间会降低0.100个百分点。

与此同时，表6.6中初期劳均GDP系数显示，两个增长区间均表现出经济收敛的趋势，但是1990－1999年期间在1%的水平下显著条件收敛，而2000－2009年间则并不显著。并且前期经济收敛速度要快于后期。1999年之前，初期收入减少1%，未来经济增长率将提高0.108个百分点，而1999年之后经济增长率仅提高0.042个百分点。这意味着，我国省际经济收敛的速度在降低，地区差异在短期内很难消除。

同样的，高中人口比率的上升将促进未来经济增长，并且这一作用在

1990－1999 年期间十分显著。回归结果显示，高中人口比率提高 1 个百分点，1990－1999 年期间的年均经济增长速度将加快 3.2 个百分点，而 2000－2009 年期间则只加快 1.1 个百分点。具体而言，1990－1999 年间，我国高中人口比率上升了 1.35 个百分点，平均每年上升 0.135 个百分点，因此在其他因素保持不变的前提下，当期的经济年均增长将加快 0.43 个百分点。而 2000－2009 年间我国高中人口比率上升了 3.69 个百分点，这意味着在此区间内年均经济增长速度将提高 0.41 个百分点。

表 5－6　　　　　　　分时期条件收敛模型回归结果—HSCH

| 被解释变量：ygrow | 1990－1999 | 2000－2009 |
| --- | --- | --- |
| log（s） | 0.043 *** | 0.048 *** |
|  | (0.015) | (0.010) |
| log（n＋x＋δ） | －0.101 *** | －0.100 *** |
|  | (0.027) | (0.016) |
| log（$y_0$） | －0.108 *** | －0.042 |
|  | (0.022) | (0.027) |
| $HSCH_0$ | 0.032 *** | 0.011 |
|  | (0.010) | (0.006) |
| 常数项 | －0.304 *** | －0.140 *** |
|  | (0.079) | (0.032) |
| 观测值 | 56 | 56 |
| $R^2$ | 0.704 | 0.656 |

由以上分析可见，1999 年前后我国经济收敛速度存在差异，并且人力资本对经济增长的影响效应也显著不同。为验证以上结论的稳健性，本书进一步采用其他人力资本指标进行实证分析。表 5－7 到 5－9 分别给出了采用大学人口比率、平均受教育年限和人均劳动力人力资本的分期回归结果。

当采用大学人口比率衡量人力资本时，表 6.7 结果显示，固定资本投资和劳动力人口增长在近期的影响大于往期。具体的，储蓄率上升 1%，会推动 1990－1999 年期间的年经济增长率提高 0.005 个百分点，而 2000－2009 年的年均经济增长将加快 0.053 个百分点，是前期增长量的 10 倍多。劳动力人口增长 1%，1990－1999 年和 2000－2009 年期间的年均经济增长将分别下降 0.065 和 0.105 个百分点，后者比前者高出 0.04 个百分点。

表5-7　　　　　　分时期条件收敛模型回归结果—College

| 被解释变量：ygrow | 1990-1999年 | 2000-2009年 |
| --- | --- | --- |
| log（s） | 0.005 | 0.053*** |
|  | (0.023) | (0.009) |
| log（n+x+δ） | -0.065*** | -0.105*** |
|  | (0.023) | (0.016) |
| log（$y_0$） | -0.070*** | -0.016 |
|  | (0.014) | (0.015) |
| $College_0$ | 0.045** | 0.005 |
|  | (0.019) | (0.004) |
| 常数项 | -0.132*** | -0.091*** |
|  | (0.047) | (0.033) |
| 观测值 | 56 | 56 |
| $R^2$ | 0.615 | 0.634 |

与高中人口比率结果相同，1990-1999年期间各省经济表现出显著的条件收敛倾向，初期劳均GDP降低1%，未来经济增长率会加快0.07个百分点。而2000-2009年期间条件收敛并不显著，初期收入的相同变动只会引起未来经济增长加快0.016个百分点。大学人口比率的改善显著促进1990-1999年期间经济增长，对2000-2009年期间的影响并不显著。大学人口比率上升1个百分点会使1990-1999年期间经济增长速度提高4.5个百分点，相同变动仅使2000-2009年的经济增长加快0.5个百分点。联系实际情况，1990-1999年间，我国大学人口比率年均增加0.061个百分点，而得益于高校扩招政策的实施，2000-2009年期间大学人口比率年均增长0.22个百分点。因此在其他情况保持不变的前提下，大学人口比率的实际上升将促使1990-1999年和2000-2009年期间经济年均增长分别加快0.27和0.11个百分点。

表5-8　　　　　　分时期条件收敛模型回归结果—AEDU

| 被解释变量：ygrow | 1990-1999年 | 2000-2009年 |
| --- | --- | --- |
| log（s） | 0.036* | 0.049*** |
|  | (0.018) | (0.012) |
| log（n+x+δ） | -0.087*** | -0.110*** |
|  | (0.026) | (0.016) |

续表

| 被解释变量：ygrow | 1990 – 1999 年 | 2000 – 2009 年 |
| --- | --- | --- |
| $\log(y_0)$ | -0.104*** | -0.002 |
|  | (0.019) | (0.017) |
| $AEDU_0$ | 0.066*** | -0.002 |
|  | (0.016) | (0.010) |
| 常数项 | -0.597*** | -0.084 |
|  | (0.119) | (0.069) |
| 观测值 | 56 | 56 |
| $R^2$ | 0.688 | 0.617 |

表 5 – 8 和表 5 – 9 列出了采用平均受教育年限和人均劳动力人力资本的各期回归结果，结果显示固定资本和劳动力人口变动对 1999 年之后的经济增长影响大于 1999 年之前，这与采用大学人口比率的结果相同。出现显著条件收敛的仍是 1990 – 1999 年区间，并且该区间经济收敛速度大于 2000 – 2009 年期间。此外，平均受教育年限对不同区间的影响存在明显差异，AEDU 的上升将显著推动 1990 – 1999 年期间的经济增长，但是对 2000 – 2009 年的经济增长则产生了抑制作用，不过这一结果并不显著。表 5 – 9 结果中，人均劳动力人力资本虽然也促进经济增长，但是它在各期的影响均不显著。

**表 5 – 9　　　　分时期条件收敛模型回归结果—LFHC**

| 被解释变量：ygrow | 1990 – 1999 年 | 2000 – 2009 年 |
| --- | --- | --- |
| $\log(s)$ | 0.027 | 0.045*** |
|  | (0.030) | (0.012) |
| $\log(n+x+\delta)$ | -0.079** | -0.109*** |
|  | (0.028) | (0.028) |
| $\log(y_0)$ | -0.088*** | 0.009 |
|  | (0.019) | (0.027) |
| $\log(LFHC_0)$ | 0.026 | 0.006 |
|  | (0.070) | (0.017) |
| 常数项 | 1.191 | -0.035 |
|  | (0.724) | (0.128) |
| 观测值 | 34 | 34 |
| $R^2$ | 0.651 | 0.736 |

## 三、小结

本章通过把整体样本按照地区或增长区间进行划分展开分组研究，探讨我国经济收敛中的非线性特质。得出的主要结论如下：

第一，分地区回归结果表明，我国各地区经济增长轨迹存在显著差异。一方面，固定资本投资和劳动力人口变动等因素对中西部地区的影响程度远超沿海地区。另一方面，沿海地区和中部地区表现出显著的俱乐部收敛状况，而西部地区该现象并不显著。

第二，分增长区间回归结果显示，我国经济收敛在不同时期内也表现出不同的特性，并且人力资本在各增长区间的影响存在差异。首先，采用不同人力资本指标的结果均表明，1990－1999 年期间我国经济存在显著条件收敛趋势，而 2000－2009 年期间该现象不显著。其次，除高中人口比率结果之外，其他人力资本指标结果显示，储蓄率和人口增长率在 2000－2009 年期间对经济的影响要大于 1990－1999 年间。最后，所有人力资本指标都对经济增长有促进作用，但是该作用在 1990－1999 年间更为显著。

综上可见，人力资本与经济收敛之间存在非线性关系，并且经济收敛本身也并没有遵循线性趋势，因此传统模型的前提假设是不合理的。本书宏观篇以下部分将就非线性问题展开深入探讨，首先采用门槛效应模型考察在经济收敛过程中人力资本的门槛效应，也就是说人力资本水平不同的省份，经济收敛速度存在何种差异。继而参照非参数分析方法了解我国省级层面人均收入分布的动态变动，研究人力资本对经济增长速度的非线性作用机制。考虑到非参数回归的维度灾难问题，我们还将引入半参数模型展开分析。

# 第六章　人力资本在经济收敛过程中的门槛效应分析

近期研究显示，人力资本的作用往往存在门槛效应，在门槛值前后，人力资本对经济的影响有显著差异。Azariadis 和 Drazen（1990）对门槛效应外部性的研究指出，人力资本是经济增长的必要非充分条件，即经济增长快的国家人力资本水平必然较高，而人力资本水平高的国家经济增长速度不一定快。该研究采用识字率水平衡量人力资本，发现中低收入国家经济增长受到自身识字率水平的显著影响，而高收入国家经济发展则不受影响，究其原因可能是高收入国家识字率已然超出 95% 的缘故。在此基础上，Durlauf 和 Johnson（1995）采用回归树方法将 96 个国家样本划分为高收入国家、中等收入国家和低收入国家，其中中等收入国家又根据识字率水平划分为低人力资本国家和高人力资本国家两类。依据 MRW 模型，Durlauf 和 Johnson（1995）分别对以上四组国家样本进行了回归，结果显示不同组别的国家经济收敛速度存在显著差异，并且人力资本显著影响低人力资本国家和高收入国家的经济增长，对高收入国家和高人力资本国家的影响则可以忽略不计。

国内有关人力资本门槛效应的讨论大多针对 FDI、创新、全要素生产率等，而对于经济收敛中人力资本门槛效应的研究很少。刘厚俊和刘正良（2006）采用中国地区数据实证检验了人力资本门槛对 FDI 效应吸收的影响，结果发现，我国存在吸收 FDI 的最低人力资本门槛，高于这个门槛的地区才能吸收到 FDI 效应。在低人力资本水平地区，中等人才对 FDI 效应的吸收比较有利，而在高人力资本水平地区，高层次人才的影响更大。薄文广（2007）利用 1995 - 2004 年省级层面面板数据研究了外商直接投资对中国技术创新的影响，结果指出要使 FDI 对我国的发明专利申请量产生促进作用，人力资本必须跨越一定的门槛。东部地区省份人力资本已经超过了门槛值,而一些中西部地区还没有达到人力资本门槛,因此 FDI 在这类地区的作用受到限制。孙建和齐建国(2009)构建了跨期世代交叠模型分析我国区域创新的收敛性,研究认为我国区域创新过程中存在着以研发人力资本为门槛的区域创新收敛。魏下海和张建武(2010)考察了人力资本和全要素生产率增长的关系,结果显示中国人力资本对全要素生产率增长存在明显的门槛特征,当门槛变量跨越相应的水平时,人力资本的影响系数较大。吴宇川(2010)分析了教育经费投入、人力资本水平和区域经济收敛的关系,结果表明人力资本门槛确实存在,只有当人力资本超越门槛值时,政府的教育经费投入才能促进经济增长,否则教育经费投入的上升只能导致飞地效应,即欠发达地区的人才不断流向发达地区。罗军和陈建国(2014)分析了外商直接投资通过人力资本门槛效应影响劳动力就业的作用机制,研究发现,FDI 对劳动力就业的影响存在显著的人力资本门槛效应,当人力资本水平较低时,FDI 会同时对低技能劳动力和高技能劳动力的就业产生消极影响,人力资本水平中等是,FDI 对高技能劳动力就业的影响不显著,但抑制低技能劳动力就业,当人力资本水平较高时,FDI 能够显著推动高技能劳动力的就业,但抑制低技能劳动力就业。徐婧和孟娟(2015)考察了贸易开放、经济增长及人力资本的作用关系,发现人力资本较低时,贸易开放抑制经济增长,而人力资本水平较高时,贸易开放则促进经济增长,可见人力资本是决定贸易开放效果的关键因素。李朝和韩瑞(2017)针对农业经济增长中人力资本的作用展开分析,发现平均受教育年限对农业经济增长存在双门槛效应,在中等人力资本区间时,人力资本对农业经济的影响最大。健康水平存在单门槛效应,家庭健康支出占总支出比例较高的地区,人力资本对农业经济增长影响最大。王永水和朱平芳(2016)采用中国 1996－2012 年省级面板数据研究了我国经济增长中的人力资本门槛效应,结果发现当人力资本超过门槛值后,物质资本和外商直接投资的回报率都得到明显上升。

  总结以往研究可见,人力资本门槛效应在多种领域普遍存在,尤其是经济增长方面,因此以往采用线性模型研究人力资本与经济收敛关系得出的结论值得商榷。本书将采用 Hansen(1999)中的门槛回归模型实证研究我国经济收敛中的人力资本门槛效应,探讨人力资本对经济收敛速度的影响,这在以往文献中还没有发现。本章选取了不同的人力资本指标展开分析,如平均受教育年限、高中人口比率等,这将有助于检验实证结果的稳健性,并得出具体的政策建议。

本章的结构安排如下:第二部分介绍门槛效应模型及其检验方法,并构建经济收敛中的人力资本门槛效应模型;第三部分介绍数据及其处理方法,第四部分汇报实证结果并加以分析,最后总结全文并给出政策建议。

## 一、模型构建与检验

### (一) 简单的门槛模型

Mankiw,Romer 和 Weil (1992) 通过将人力资本纳入传统的生产函数,构建了扩展的新古典经济条件收敛模型(MRW 模型),即

$$\frac{1}{T}[\ln(y_T) - (\ln y_0)] = \alpha_0 + \alpha_1 \ln(s) + \alpha_2 \ln(n + x + \delta) + \alpha_3 \ln(h) + \alpha_4 \ln(y_0) + u \tag{6.1}$$

其中,$y$ 代表人均收入水平,因此被解释变量为 $0-T$ 期人均收入的年均增长率(以下将用 ygrow 表示)。$s$ 代表储蓄率,$h$ 代表人力资本水平,$n$、$x$ 和 $\delta$ 分别代表人口增长率、技术进步率和资本折旧率,$u$ 为模型扰动项。

MRW 模型通过结果中初期收入水平系数的正负来判定经济收敛的存在与否,当 $\alpha_4 < 0$ 时,意味着初期收入水平 ($y_0$) 越低的国家,未来经济增长率越高,因此落后国家将逐渐赶上先进国家,各国经济趋于收敛。采用 98 个国家 1960 – 1985 年期间的经济数据,Mankiw,Romer 和 Weil (1992) 的研究发现,在控制了储蓄率、人口增长率、人力资本等影响稳态经济水平的因素之后,各国经济呈现收敛趋势,即条件收敛。与此同时,模型结果显示,人力资本显著推动经济增长,因此提高落后国家的人力资本水平有助于加快经济收敛速度。

MRW 模型的不足之处表现在,它将经济增长设定为初期人均收入的对数线性函数,认为初期人均收入的影响在不同时期和地区都是相同的,忽略了可能存在的非线性关系。例如,对于初期人均收入水平落后的地区而言,如果人力资本水平也相对较低,那么当地吸收外来技术外溢的能力就受到限制,人均收入水平的后发优势无法转化为生产力,因此也就不能实现对先进地区的赶超。相反,如果当地人力资本水平较高,人均收入的后发优势将得到完全运用,那么现在的落后将带来未来的快速经济增长,

整体经济会走向收敛。

为了测算我国经济收敛过程中是否存在人力资本的门槛效应,本书参照 Borensztein 等(1998)构建了以下模型:

$$\frac{1}{T}[\ln(y_T) - (\ln y_0)] = \beta_0 + \beta_1 \ln(s) + \beta_2 \ln(n+x+\delta) + \beta_3 \ln(y_0) + \beta_4 \ln(y_0) \times h_0 + \beta_5 h_0 + v \tag{6.2}$$

为方便计算人力资本门槛值,本书将式(6.2)中人力资本的形式设定为原值。模型(6.2)与模型(6.1)式的区别主要表现在,经济收敛不再单一的取决于初期收入水平的系数,初期人力资本水平也对收敛速度产生影响,即

$$\frac{\partial ygrow}{\partial \ln y_0} = \beta_3 + \beta_4 h_0 \tag{6.3}$$

因此,要使地区经济条件收敛,初期人力资本水平必须满足以下条件:

$$\begin{cases} h_0 > -\beta_3/\beta_4 & if\ \beta_4 < 0 \\ h_0 < -\beta_3/\beta_4 & if\ \beta_4 > 0 \end{cases} \tag{6.4}$$

可见,模型(6.2)考虑到了人力资本对经济收敛的非线性影响。为确保经济趋于收敛,人力资本必须满足相应的门槛条件。但是,模型(6.2)只设定了单一的人力资本门槛,考虑到我国省份经济的复杂性和差异性,人力资本对经济收敛的影响可能存在多个门槛值。有鉴于此,本书进一步依据 Hansen(1999)构建了多门槛效应模型。

## (二)Hansen(1999)门槛效应模型

1. 模型构建。

以下将以双门槛为例介绍 Hansen(1999)门槛效应模型的构建和检验方法,大于两个门槛的模型检验方法与双门槛模型并无本质区别,可在此基础上相应得出。

假设 $q$ 为门槛变量,$\gamma_1$ 和 $\gamma_2$ 为门槛值,并且 $\gamma_1 < \gamma_2$,则双门槛模型为:

$$y_{it} = \eta_{0i} + \eta_1 x_{it} I(q_{it} \leq \gamma_1) + \eta_2 x_{it} I(\gamma_1 < q_{it} \leq \gamma_2) + \eta_3 x_{it} I(q_{it} > \gamma_2) + \varepsilon_{it} \tag{6.5}$$

其中下标 i、t 特指个体和时间,如省份和年份,$\eta_{0i}$ 反映了个体未观测到的不随时间变动的特征。$I(q_{it} \leq \gamma_1)$、$I(\gamma_1 < q_{it} \leq \gamma_2)$、$I(q_{it} > \gamma_2)$ 为示性

函数,当括号内的条件成立时,函数等于 1,否则等于 0。$\gamma_1 = \gamma_2$ 时,(6.5) 式变为单门槛模型。

(6.5) 式可转化为以下矩阵形式:
$$y_{it} = \eta_{0i} + \eta' X_{it}(\gamma) + e_{it} \tag{6.6}$$

其中,$X(\gamma) = \begin{pmatrix} x_{it} I(q_{it} \leq \gamma_1) \\ x_{it} I(\gamma_1 < q_{it} \leq \gamma_2) \\ x_{it} I(q_{it} > \gamma_2) \end{pmatrix}$, $\eta = \begin{pmatrix} \eta_1 \\ \eta_2 \\ \eta_3 \end{pmatrix}$, $\gamma = \begin{pmatrix} \gamma_1 \\ \gamma_2 \end{pmatrix}$。

双门槛模型根据门槛变量与两个阈值之间的大小关系将整体样本分割成三个部分,不同部分中变量 $x_{it}$ 对 $y_{it}$ 的影响分别由 $\eta_1$、$\eta_2$ 和 $\eta_3$ 体现。为保证 $\eta_1$、$\eta_2$ 和 $\eta_3$ 可以同时识别,$x_{it}$ 必须是随时间变动的变量。Hansen (1999) 同时假设门槛变量 $q_{it}$ 也随时间变动,并且模型扰动项 $e_{it}$ 独立同分布,即不存在异方差和序列相关问题。

Hansen (1999) 门槛模型估计的第一步是要消除不随时间变动的个体效应,即 $\eta_{0i}$。采用的方法与固定效应转化相同,即首先对 (6.6) 式两侧在时间上进行平均:
$$\bar{y}_{it} = \eta_i + \eta' \bar{X}_i(\gamma) + \bar{e}_i \tag{6.7}$$

其中,$\bar{y}_i = T^{-1} \sum_{t=1}^{T} y_{it}$, $\bar{e}_i = T^{-1} \sum_{t=1}^{T} e_{it}$,

$\bar{X}_i(\gamma) = T^{-1} \sum_{t=1}^{T} X_{it}(\gamma) = \begin{pmatrix} T^{-1} \sum_{t=1}^{T} x_{it} I(q_{it} \leq \gamma_1) \\ T^{-1} \sum_{t=1}^{T} x_{it} I(\gamma_1 < q_{it} \leq \gamma_2) \\ T^{-1} \sum_{t=1}^{T} x_{it} I(q_{it} > \gamma_2) \end{pmatrix}$

而后将 (6.6) 式减去 (6.7) 式便消除了 $\eta_{0i}$,得到下式:
$$y_{it}^* = \eta' X_{it}^*(\gamma) + e_{it}^* \tag{6.8}$$

其中,$y_{it}^* = y_{it} - \bar{y}_i$, $X_{it}^*(\gamma) = X_{it}(\gamma) - \bar{X}_i(\gamma)$, $e_{it}^* = e_{it} - \bar{e}_i$。

令 $y_i^* = \begin{pmatrix} y_{i2}^* \\ \vdots \\ y_{iT}^* \end{pmatrix}$, $X_i^*(\gamma) = \begin{pmatrix} X_{i2}^*(\gamma)' \\ \vdots \\ X_{iT}^*(\gamma)' \end{pmatrix}$, $e_i^* = \begin{pmatrix} e_{i2}^* \\ \vdots \\ e_{iT}^* \end{pmatrix}$ 代表个体 i 去除一期的

模型数据,$Y^* = \begin{pmatrix} y_1^* \\ \vdots \\ y_i^* \\ \vdots \\ y_n^* \end{pmatrix}$, $X^*(\gamma) = \begin{pmatrix} X_1^*(\gamma) \\ \vdots \\ X_i^*(\gamma) \\ \vdots \\ X_n^*(\gamma) \end{pmatrix}$, $e^* = \begin{pmatrix} e_1^* \\ \vdots \\ e_i^* \\ \vdots \\ e_n^* \end{pmatrix}$ 代表所有个体各期

的综合数据，则（6.8）式可变为：

$$Y^* = X^*(\gamma)\eta + e^* \qquad (6.9)$$

对于给定的门槛值 $\gamma_1$ 和 $\gamma_2$，可以求出 $\eta$ 的普通最小二乘法估计值为：

$$\hat{\eta}(\gamma) = (X^*(\gamma)'X^*(\gamma))^{-1}X^*(\gamma)'Y^* \qquad (6.10)$$

模型误差项估计值为：

$$\hat{e}^*(\gamma) = Y^* - X^*(\gamma)\hat{\eta}(\gamma) \qquad (6.11)$$

据此，模型的残差平方和为：

$$S(\gamma) = \hat{e}^*(\gamma)'\hat{e}^*(\gamma)$$
$$= Y^{*'}(I - X^*(\gamma)'(X^*(\gamma)X^*(\gamma))-1X^*(\gamma)')Y^* \qquad (6.12)$$

能够使模型残差平方和最小的 $\gamma_1$ 和 $\gamma_2$ 即为门槛估计值，Chan（1993）和 Hansen（1999）采用最小二乘法进行估算：

$$\hat{\gamma} = \underset{\gamma}{\arg\min} S(\gamma) \qquad (6.13)$$

对于单门槛模型而言，只需将样本数据中门槛变量的各个取值分别代入 $S(\gamma)$，找出使 $S(\gamma)$ 计算结果最小化的那个取值便是门槛值，因此单门槛模型最多需要计算 nT 次。然而，双门槛模型由于存在两个阀值，计算过程非常繁琐，如果依照同样方法寻找门槛值的话，大约需要尝试（nT）2 次。Chong（1994）的研究指出在多转折点模型中，依次对各点进行估计的结果具有一致性（Bai, 1997；Bai 和 Perron, 1998）。Hansen（1999）据此给出了双门槛模型估算方法：

第一步，令 $S_1(\gamma_1)$ 为单门槛模型的残差平方和，$\hat{\gamma}_1$ 为最小化 $S_1(\gamma_1)$ 的门槛估计值，那么 $\hat{\gamma}_1$ 将是 $\gamma_1$ 或 $\gamma_2$ 的一致估计量。

$$S_1(\gamma_1) = Y^{*'}(I - X^*(\gamma_1)'(X^*(\gamma_1)X^*(\gamma_1))^{-1}X^*(\gamma_1)')Y^*$$

第二步，$S_2^\gamma(\gamma_2) = \begin{cases} S(\hat{\gamma}_1, \gamma_2) \text{ if } \hat{\gamma}_1 < \gamma_2 \\ S(\gamma_2, \hat{\gamma}_1) \text{ if } \gamma_2 < \hat{\gamma}_1 \end{cases}$，因此第二个门槛估计值为：

$$\hat{\gamma}_2^\gamma = \underset{\gamma_2}{\arg\min} S_2^\gamma(\gamma_2)$$

Bai（1997）指出 $\hat{\gamma}_2^\gamma$ 是渐近有效估计值，但是 $\hat{\gamma}_1$ 不具有有效性，因为估算时忽略了另一个门槛值信息。为了改善 $\hat{\gamma}_1$ 的有效性需要进行第三步估算。

第三步，$S_1^\gamma(\gamma_1) = \begin{cases} S(\gamma_1, \hat{\gamma}_2^\gamma) \text{ if } \gamma_1 < \hat{\gamma}_2^\gamma \\ S(\hat{\gamma}_2^\gamma, \gamma_1) \text{ if } \hat{\gamma}_2^\gamma < \gamma_1 \end{cases}$，可得有效门槛估计值 $\hat{\gamma}_1^\gamma$：

$$\hat{\gamma}_1^\gamma = \underset{\gamma_1}{\mathrm{argmin}} S_1^\gamma(\gamma_1)$$

双门槛模型估计时需要将门槛值搜索限制在一定范围内,以保证每个部分的样本量不至于太少。

2. 模型检验。

Hansen 门槛效应模型的另一个优点体现在严谨的检验方法,包括两种:检验是否存在门槛、检验门槛的数目。

(1) 门槛效应检验。

门槛模型估计之后,首先需要检验门槛效应的必要性,也就是回归结果中门槛效应是否显著。原假设为不存在门槛效应,即

$H_0: \eta_1 = \eta_2 = \eta_3$

原假设成立时,传统的检验统计量均不服从正态分布,Hansen (1996) 提出采用自抽样法 (bootstrap) 构造似然比检验。

在原假设情况下,模型 (6.5) 变为:$y_{it} = \eta_{0i} + \eta_1 x_{it} + e_{it}$。在其两侧分别减去均值可变换为:$y_{it}^* = \eta_1 x_{it}^* + e_{it}^*$。而后可以采用普通最小二乘法求得 $\eta_1$ 的估计值 $\tilde{\eta}_1$,残差估计值 $\tilde{e}_{it}^*$ 和残差平方和 $S_0 = \tilde{e}_{it}^{*\prime} \tilde{e}_{it}^*$,并在此基础上构建似然比检验统计量:

$$F_1 = (S_0 - S_1^\gamma(\hat{\gamma}_1^\gamma))/\hat{\sigma}^2$$

其中,$\hat{\sigma}^2 = \dfrac{1}{n(T-1)} S_1^\gamma(\hat{\gamma}_1^\gamma)$,为模型 (5) 残差方差估计值。

$F_1$ 渐近服从 $\chi_k^2$,但由于取决于样本矩,因此无法求出临界值。Hansen (1996) 研究认为通过自抽样可以得到一阶渐近分布,因此自抽样产生的 p 值是渐近有效的。将 p 值和设定的置信水平进行对比即可以得出检验结果。

(2) 门槛数量检验。

若 $F_1$ 得出的 p 值结果拒绝了原假设,那么就确定了门槛效应存在的必要性。接下来需要进一步检验到底存在几个门槛。以下将以模型 (6.5) 为例,给出单一门槛和双门槛之间的检验。

$H_0: \gamma_1 = \gamma_2$

上文中,门槛估计第二步的残差平方和估计值为 $S_2^\gamma(\hat{\gamma}_2^\gamma)$,对应的方差为 $\hat{\sigma}^2 = S_2^\gamma(\hat{\gamma}_2^\gamma)/n(T-1)$。因此单门槛与双门槛的似然比检验统计量为:

$$F_2 = (S_1(\hat{\gamma}_1) - S_2^\gamma(\hat{\gamma}_2^\gamma))/\hat{\sigma}^2$$

当 $F_2$ 足够大时,单门槛的原假设将被拒绝,这意味着模型存在双门槛。

令 $LR_2^\gamma(\gamma) = (S_2^\gamma(\gamma) - S_2^\gamma(\hat{\gamma}_2))/\hat{\sigma}^2$,$LR_1^\gamma(\gamma) = (S_1^\gamma(\gamma) - S_1^\gamma(\hat{\gamma}_1))/\hat{\sigma}^2$,那么门槛值 $\gamma_2$ 和 $\gamma_1$ 在 $(1-\alpha)\%$ 水平的置信区间为使得 $LR_2^\gamma(\gamma) \leq c(\alpha)$ 或 $LR_1^\gamma(\gamma) \leq c(\alpha)$ 的所有 $\gamma$。其中,$c(\alpha) = -2\log(1 - \sqrt{1-\alpha})$。

依据以上模型分析,本书设定初期人力资本水平为门槛变量,初期人均收入对数值为门槛影响变量,构造了如下门槛效应模型,用以考察经济收敛过程中人力资本的门槛效应:

$$\frac{1}{T}[\ln(y_T) - (\ln y_0)] = \theta_0 + \theta_1\ln(s) + \theta_2\ln(n+x+\delta) + \theta_3\ln(y_0)I(h_0 \leq \gamma_1) + \theta_4\ln(y_0)I(\gamma_1 < h_0 \leq \gamma_2) + \theta_5\ln(y_0)I(h_0 > \gamma_2) + \theta_6 h_0 + v \quad (6.14)$$

**(三) 变量选取及数据分析**

本书采用 1990—2009 年期间的省级宏观数据研究我国经济收敛中的人力资本门槛效应问题。为保持数据口径的一致性,本书将海南省和广东省合并为一个省份,四川省和重庆市合并为一个省份,并且剔除了数据缺失严重的西藏自治区,因此最终考察的样本省份共 28 个。与此同时,本书依据 Islam (1995) 设定五年为一个增长期间,将考察年份分为四期,构建了省级面板数据用于实证分析。

1. 变量选取。

本书的实证研究将围绕模型 (6.2) 和模型 (6.14) 展开。其中,人均收入采用人均 GDP 水平进行衡量,考虑到历年的物价波动和各省在生活成本方面的差异,本书以北京市 1990 年为基期,构建了省级生活成本指数对人均 GDP 水平加以平减,平减后的结果不仅跨年可比而且跨省可比。以往研究一般采用消费者物价指数、生产者物价指数或 GDP 平减指数等,由于这些指数没有包含各省生活成本差异的信息,因此平减结果只在时间上可比,在省份之间则不具有可比性,实证结果的可靠性必然受到影响。

实证模型中的 s 和 n 均为增长期间内的年均值,储蓄率通过计算固定资本投资占 GDP 的比率而得。由于本书是在新古典框架内进行分析,因此技术进步是外生变量,依据 Mankiw,Romer 和 Weil (1992) 的计算方法,本书估算得到技术进步率 x 为 0.04,资本折旧率 $\delta$ 为 0.05。如无特殊说明,本书采用的数据均来自中国统计年鉴、中国人口统计年鉴和中国劳动力统计年鉴。

人力资本指标的选择是经济收敛研究中的难点，以往研究指出，人力资本指标的变动会导致模型回归结果的较大变化，有时甚至会得出截然相反的结论（kalaitzidakis 等，2001）。因此单就一种人力资本指标得出的结果并不具有普遍性，本书将采用多种人力资本指标展开对比分析，检验模型结论的稳健性。

为方便与以往文献比较，并且考虑到数据的可得性，本书选取了以下人力资本衡量指标：高中人口比率、大学人口比率、平均受教育年限[①]。具体而言，高中人口比率等于高中毕业累积人数除以当年总人口，其中毕业生累积人数以1978年为基期，根据永续盘存法估算而得。大学人口比率也采用相同方法进行估算。平均受教育年限则等于各教育层级的人口数乘以对应的受教育年限然后除以总人口数，本书选择6岁及以上人口作为考察群体，并设定小学、初中、高中、大专及以上的受教育年限分别为6年、9年、12年和16年。平均受教育年限由于计算方法简单，所需数据容易获得，因此在文献中的使用率相对较高[②]。

2. 数据分析。

表6-1a至6-1d分别给出了四个增长区间内各变量的描述性统计，所有货币化变量均是采用生活成本指数调整后的实际值。从表中可见，整体上，初期人均GDP水平持续上升，由1990年的3890元增长到2005年的17140元，增加了3.4倍。并且，各个时段的经济增长速度也相对稳定，年均经济增长率都达到9%以上。考察期间内，平均储蓄率表现出平稳增长势头，而劳动力人口增长率则基本维持在2%的水平。与此同时，本书选取的多种人力资本指标也都呈现稳定上升趋势，1990-2005年期间，6岁及以上人口的平均受教育年限上升了1.4年，其中2005年高中人口比率是1990年的1.8倍，而大学人口比率则达到1990年的3.7倍，这是推动人口平均教育程度上升的主要原因。此外，人均劳动力人力资本也翻了一番还多，从1990年的3.5万元增长到了2005年的8.4万元。

---

[①] 以上指标都是采用教育来衡量人力资本水平，然而教育只是人力资本的一部分，人力资本还可以通过健康、迁移和干中学等方式进行积累，因此上述人力资本指标并不能全面综合地度量人力资本。

[②] 平均受教育年限潜在的设定不同教育层级一年的人力资本相同，因此估算结果欠缺准确性。

表 6–1a  变量描述性统计 –（1990–1994）

| 变量 | 定义 | 平均值 | 标准差 | 最小值 | 最大值 |
| --- | --- | --- | --- | --- | --- |
| $y_0$ | 1990年劳均GDP，千元 | 3.89 | 1.82 | 1.68 | 9.39 |
| ygrow | 劳均GDP增长率 | 0.10 | 0.03 | 0.05 | 0.17 |
| n | 年均劳动力人口增长率 | 0.02 | 0.01 | -0.03 | 0.04 |
| s | 年均储蓄率 | 0.26 | 0.06 | 0.18 | 0.38 |
| $AEDU_0$ | 1990年平均受教育年限 | 6.78 | 0.81 | 5.45 | 8.84 |
| $HSCH_0$ | 1990年高中人口比率，% | 3.97 | 1.53 | 1.85 | 8.66 |

表 6–1b  变量描述性统计 –（1995–1999）

| 变量 | 定义 | 平均值 | 标准差 | 最小值 | 最大值 |
| --- | --- | --- | --- | --- | --- |
| $y_0$ | 1995年劳均GDP，万元 | 6.53 | 3.40 | 2.27 | 17.75 |
| ygrow | 劳均GDP增长率 | 0.10 | 0.02 | 0.07 | 0.15 |
| n | 年均劳动力人口增长率 | 0.001 | 0.02 | -0.04 | 0.03 |
| s | 年均储蓄率 | 0.29 | 0.09 | 0.17 | 0.58 |
| $AEDU_0$ | 1995年平均受教育年限 | 7.16 | 0.83 | 5.87 | 9.39 |
| $HSCH_0$ | 1995年高中人口比率，% | 4.70 | 1.57 | 2.30 | 8.53 |

表 6–1c  变量描述性统计 –（2000–2004）

| 变量 | 定义 | 平均值 | 标准差 | 最小值 | 最大值 |
| --- | --- | --- | --- | --- | --- |
| $y_0$ | 2000年劳均GDP，万元 | 10.92 | 6.86 | 3.12 | 34.66 |
| ygrow | 劳均GDP增长率 | 0.09 | 0.02 | 0.02 | 0.14 |
| n | 年均劳动力人口增长率 | 0.02 | 0.02 | -0.002 | 0.09 |
| s | 年均储蓄率 | 0.33 | 0.09 | 0.20 | 0.53 |
| $AEDU_0$ | 2000年平均受教育年限 | 7.89 | 0.78 | 6.53 | 10.08 |
| $HSCH_0$ | 2000年高中人口比率，% | 5.43 | 1.61 | 2.66 | 9.12 |

表 6–1d  变量描述性统计 –（2005–2009）

| 变量 | 定义 | 平均值 | 标准差 | 最小值 | 最大值 |
| --- | --- | --- | --- | --- | --- |
| $y_0$ | 2005年劳均GDP，万元 | 17.14 | 10.07 | 4.727 | 47.92 |
| ygrow | 劳均GDP增长率 | 0.10 | 0.02 | 0.03 | 0.14 |
| n | 年均劳动力人口增长率 | 0.02 | 0.02 | 0.00 | 0.08 |
| s | 年均储蓄率 | 0.46 | 0.10 | 0.35 | 0.77 |
| $AEDU_0$ | 2005年平均受教育年限 | 8.18 | 0.90 | 6.74 | 10.76 |
| $HSCH_0$ | 2005年高中人口比率，% | 7.08 | 1.69 | 3.63 | 9.88 |

为了对我国省际经济收敛现状有个初步了解，图6-1绘制了初期人均GDP对数水平和年均GDP增长率的散点图。图中并未发现二者之间具有任何显著的变动关系，因此可以认为我国省际经济不存在绝对收敛，即不受任何因素制约，落后地区就会赶上先进地区的现象不会出现。接下来，依据MRW模型，本书首先控制了储蓄率和人口增长率，得出了剔除这些因素之后初期人均收入与增长率之间的关系图（见图6-2）。图6-2显示，在控制了这些影响稳态经济水平的因素后，初期人均收入和未来经济增长率表现出反向变动关系，即初期人均收入落后的地区，经济增长速度将更快。而后，本书进一步控制了人力资本因素，由图6-3可以看出，剔除人力资本影响后，条件收敛的趋势更加明显。由此可见，人力资本在经济收敛过程中发挥了极其重要的作用。

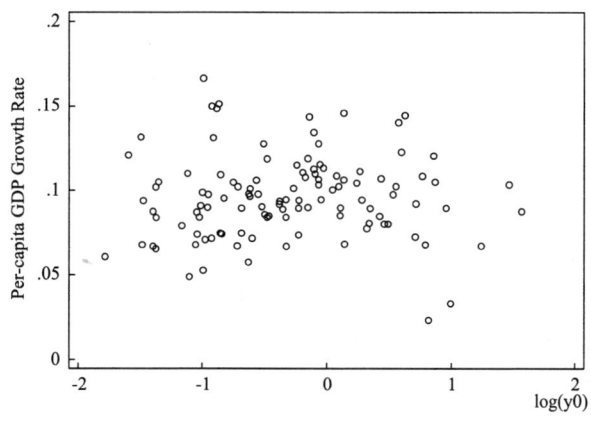

图6-1 绝对收敛散点图

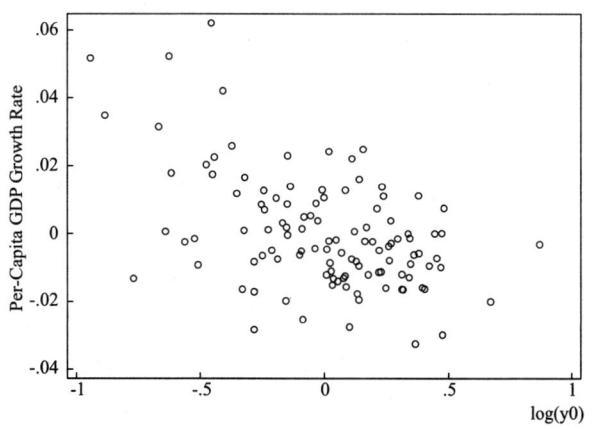

图6-2 条件收敛散点图_控制储蓄率和人口增长率

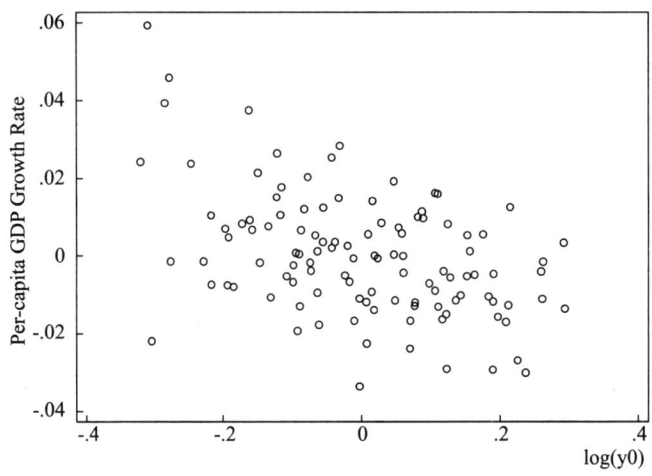

图6-3 条件收敛散点图_控制储蓄率、人口增长率和人力资本

总体上,人力资本对经济增长存在直接影响和间接影响两种,直接影响指人力资本作为要素投入的一种直接推动产出增加,间接影响指人力资本通过影响地区技术创新和吸收能力促进经济增长。那么是不是任何水平的人力资本都能够推动地区经济收敛呢?不同的人力资本存量对经济收敛产生的影响相同吗?

从经济收敛角度来看,先进经济体的技术外溢和技术模仿的低成本是导致落后经济体后发优势的两个主要原因(Veblen,1915;Mansfield,Schwartz和Wagner,1981)。为保持经济的领先地位,先进地区会投入大量费用进行技术创新,而新技术创新过程中难免会有错误出现,产生相应成本。落后地区则能够避免这类成本,通过模仿先进地区成熟的技术促进地区经济发展。但是,落后地区必须有相应的人力资本来学习和吸收新型技术,如果当地人力资本水平与新技术所需水平不相匹配的话,落后地区就无法接纳先进地区的技术外溢,后发优势也不能转化为生产力,更谈不上经济增长速度快于先进地区了。可见,人力资本是实现经济收敛的必要条件,它与经济收敛之间为非线性变动关系。

我国目前正处于经济转型时期,各地区的产业结构升级也位于不同的阶段,因此人力资本在地区经济收敛过程中的作用非常复杂。本书将采用门槛效应模型深入研究经济收敛过程中的人力资本门槛效应,采用实证方法估计不同人力资本指标的门槛值,为政府的人力资本政策提供建议。具体而言,本书将首先采用传统的门槛效应模型(模型(6.2))展开分析,即通过在经济收敛模型中加入初期收入与人力资本的交互项来初步研究人力资本对经济收敛的非线性影响。而后采用 Hansen 门槛效应模型（模型(6.14)）进一步考察人力资本的门槛效应，包括检测门槛的数量以及估计门槛值等。

## 二、实证结果及分析

本书采用 1990—2009 年间省级面板数据研究我国经济收敛过程中的人力资本门槛效应问题。以下所有实证分析均采用固定效应模型剔除了各省不随时间变动的个体特征因素，如地理位置、人文风俗等，并且采用稳健型标准误消除可能存在的异方差问题。

### （一）简单门槛效应模型结果

表 6-2 给出了模型（6.2）的回归结果，第 1—3 列采用了不同的人力资本指标，分别为平均受教育年限、高中人口比率、大学人口比率。各列中储蓄率系数估计值均在 1% 的显著性水平上显著为正，而人口增长率的系数则显著为负。这与 Mankiw，Romer 和 Weil（1992）的研究结论相同，表明储蓄率的增加能够推动经济增长加快，而人口的攀升则抑制经济增长。

表 6-2　　　　简单门槛效应模型（6-2）回归结果

| 被解释变量：ygrow | AEDU | HSCH |
|---|---|---|
| $\log(s)$ | 0.078*** | 0.049*** |
|  | (0.011) | (0.009) |
| $\log(n+x+\delta)$ | -0.070*** | -0.069*** |
|  | (0.010) | (0.009) |
| $\log(y_0)$ | -0.116*** | -0.067*** |
|  | (0.040) | (0.010) |
| $\log(y_0)*AEDU_0$ | 0.008* |  |
|  | (0.004) |  |
| $AEDU_0$ | 0.031** |  |
|  | (0.012) |  |
| $\log(y_0)*HSCH_0$ |  | 0.003** |
|  |  | (0.002) |

续表

| 被解释变量：ygrow | AEDU | HSCH |
|---|---|---|
| $HSCH_0$ | | 0.016*** |
| | | (0.004) |
| $\log(y_0) * College_0$ | | |
| $College_0$ | | |
| $\log(y_0) * \log(LFHC_0)$ | | |
| $\log(LFHC_0)$ | | |
| 常数项 | -0.226** | -0.107*** |
| | (0.100) | (0.033) |
| 观测值 | 112 | 112 |
| $R^2$ | 0.575 | 0.625 |
| 人力资本门槛 | $AEDU_0 < 14.5$ | $HSCH_0 < 22.33\%$ |

注：1. 被解释变量为人均 GDP 的年均增长率；2. 括号内为稳健型标准误，*，** 和 *** 分别代表在 10%，5% 和 1% 的水平下显著。

表 6-2 第 1 列和第 2 列中，初期平均受教育年限和初期高中人口比率的系数都显著为正，初期人力资本指标与初期人均收入的交叉项系数也是正值，因此总体上人力资本对经济增长有显著的推动作用。据此，在其他因素不变的情况下，提高落后地区的人力资本水平将促进整体经济收敛速度的加快。

与此同时，初期人均收入的系数估计值则显著为负，由于模型 (6.2) 中初期人均收入对经济增长的边际作用受到人力资本的影响，因此仅凭初期人均收入的系数正负还无法判定条件收敛的存在与否。根据式 (6.4)，本书分别求出了为保证省际经济收敛所必须达到的人力资本门槛值。其中平均受教育年限需要低于 14.5 年，高中人口比率则需低于 22.33%。2009 年，本书考察样本中平均受教育年限最高的地区为北京市，AEDU 只达到 11.23 年，远低于 14.5 年的门槛值。而当年陕西省的高中人口比率最高，达到 11.65%，也低于相应的门槛值。可见，本书所有的样本省份均满足了人力资本的门槛要求,也就是说达到了推动省际经济收敛所需的水平,因此我国省际经济将趋于条件收敛,这与前文数据分析的结论相同。

## (二) Hansen 门槛模型回归结果

模型(6.2)通过加入人力资本和初期收入的交互项来考察人力资本的门槛效应,这一做法具有较大的局限性。当人力资本存在多个门槛时,简单门槛模型虽然可以通过提高交叉项中人力资本的次方数来估计多重门槛值,但是无法对估计结果进行检验,也无法得出不同取值范围内,人力资本对经济收敛的具体影响变动。上文提到,Hansen(1999)提出的门槛模型能够弥补简单门槛效应模型的缺陷,本书据此构建了模型(6.14)用于分析经济收敛过程中的人力资本门槛效应。

本书首先设定平均受教育年限为门槛变量展开分析。数据显示,整体上,我国6岁及以上人口的平均受教育年限在不断上升,由1990年的6.78年增长到2009年的8.66年,上升了约2年。然而,不同地区人口的平均受教育年限水平则存在显著差异。1990年时,东部地区AEDU为7.29年,中部地区略低,达到6.67年,西部地区则最低,仅有6.03年。因此,西部地区与东部地区的人口平均受教育年限相差1.26年。到2009年,各地区AEDU水平都有了不同程度的增长,东部地区上升为9.29年,中部地区为8.44年,西部地区仍然最低,只有7.96年。因此,东西部之间AEDU差距上升为1.33年,增长了5.56%。考虑到经过1990-2009年整整二十年的发展,我国平均受教育年限才上升了2年,可见,地区间的AEDU差异是极其巨大的。人力资本的地区差异必然使经济收敛问题更为复杂,人力资本对经济收敛的影响将表现出非线性的特征。

依据前文介绍的检验方法,表6-3给出了门槛数量的检验结果。由表6-2可见,对于不存在门槛效应的假设,自抽样产生的p值在1%的水平下显著拒绝了原假设,这意味着模型中至少存在一个人力资本门槛。而只存在一个门槛的原假设,自抽样p值为0.025,也在5%的水平下被显著拒绝,最后,对于只存在两个门槛的假设,自抽样p值为0.089,只在10%的水平下才能被拒绝。由此可见,在经济收敛模型中存在双重人力资本门槛,表6-3给出了门槛的估计值。

表 6-3　　　　　　　　　门槛效应检验

| 单一门槛检验 | |
| --- | --- |
| $F_1$ 值 | 17.33 |
| P 值 | 0.000 |
| (10%，5%，1% 临界值) | (2.75，3.88，7.08) |
| 双重门槛检验 | |
| $F_2$ 值 | 4.81 |
| P 值 | 0.025 |
| (10%，5%，1%% 临界值) | (2.62，3.79，6.74) |
| 三重门槛检验 | |
| $F_3$ 值 | 2.94 |
| P 值 | 0.089 |
| (10%，5%，1% 临界值) | (2.17，3.81，6.54) |

表 6-4 显示，两个人力资本门槛分别为 6.76 年和 9 年，其中前者 95% 的置信区间为 (6.6522，7.1856)，体现了这个门槛值估计的准确性。而第二个门槛值的置信区间为 (5.8700，9.3900)，区间范围较宽，因此门槛估计值的不确定性较大。平均受教育年限的两个门槛值与我国九年义务教育水平不谋而合，6.76 年相当于小学毕业，9 年则对应于初中毕业，这表明基础教育对经济发展具有不可忽视的重要作用。

表 6-4　　　　　　　　　人力资本门槛估计值

| 门槛 | 估计值 | 95%置信区间 |
| --- | --- | --- |
| $\gamma_1$ | 6.76 年 | (6.6522，7.1856) |
| $\gamma_2$ | 9.00 年 | (5.8700，9.3900) |

韩国经济腾飞的经验也证明了这一结论。1953 年韩国开始实施 6 年制义务教育，到 1975 年时政策效果开始体现，人口平均受教育年限达到 6.6 年，此后韩国经济飞速发展，与香港、新加坡、台湾一起被称为"亚洲四小龙"。1985 年韩国人口平均受教育程度上升为 8.6 年，此时韩国进入了经济调整和稳步发展时期。韩国由贫穷到经济腾飞到经济稳定增长的转折分别对应于小学和初中小学和初中两个基础教育门槛，这与本书人力资本

门槛效应的估计出乎一致的吻合。

按照人力资本门槛值本书将样本省份划分为人力资本较低、人力资本适中和人力资本较高三种，表6-5列出了四个增长区间期初和期末各类别省份的数量。1990年人力资本偏低省份共有14个，占整体样本的一半。而同期平均受教育年限最高的地区为北京市，只达到8.84年，低于第二个门槛水平，因此当年没有一个省份达到人力资本较高的组别。至2009年，所有样本省份的人口平均教育年限均超过了6.76年，因此人力资本较低省份已经消失，而人力资本较高省份正逐渐出现，当年AEDU水平超出9年的仅有4个。多数样本为人力资本适中省份，AEDU水平介于两个门槛值之间。这与我国目前的人口教育结构相同，数据显示，2009年我国初中及以下水平人口占到总人口的85%左右。

表6-5　　　　　　按照人力资本水平划分的省份分布

| 人力资本区间 | 1990 | 1994 | 1995 | 1999 | 2000 | 2004 | 2005 | 2009 |
| --- | --- | --- | --- | --- | --- | --- | --- | --- |
| $AEDU \leq 6.76$ | 14 | 11 | 9 | 3 | 3 | 0 | 1 | 0 |
| $6.76 < AEDU \leq 9.00$ | 14 | 16 | 18 | 23 | 22 | 25 | 24 | 24 |
| $AEDU > 9.00$ | 0 | 1 | 1 | 2 | 3 | 3 | 3 | 4 |

表6-6　　　　　　Hansen模型回归结果——AEDU

| 变量 | 系数估计值 | OLS标准差 | 稳健型标准差 |
| --- | --- | --- | --- |
| $\log(s)$ | 0.0857*** | 0.01 | 0.0088 |
| $\log(n+x+\delta)$ | -0.0732*** | 0.0098 | 0.0087 |
| $AEDU_0$ | 0.0297*** | 0.0083 | 0.0079 |
| $\log(y_0)I(AEDU_0 \leq 6.76)$ | -0.0755*** | 0.011 | 0.0118 |
| $\log(y_0)I(6.76 < AEDU_0 \leq 9.00)$ | -0.0555*** | 0.0098 | 0.0101 |
| $\log(y_0)I(AEDU_0 > 9.00)$ | -0.0342*** | 0.0118 | 0.0106 |

表6-6给出了模型（6.14）的回归结果。从估计结果看，OLS普通标准差和稳健型标准差没有明显差别，表明模型不存在异方差问题。与此同时，所有变量系数估计值均在1%的水平上显著，储蓄率上升1%会推动经济增长率加快0.086个百分点，而人口增长率上升1%则导致经济增长速度减缓7.32%。

初期人力资本对经济增长也表现出显著的推动作用，但是不同人力资本水平对经济收敛的影响存在差异。模型结果显示，人力资本较低省份初期人均收入的系数绝对值最大,达到 0.0755,人力资本适中省份其次为 0.0555,人力资本较高省份则最小,只有 0.0342。因此,在三种省份中,人力资本较低省份经济收敛速度最快,这类省份初期人均收入降低 1%,未来经济增长率将上升 0.076 个百分点。人力资本适中省份初期人均收入降低 1%,未来经济增长率增加 0.056 个百分点。而人力资本较高省份的经济收敛速度则最慢,初期人均收入降低 1%,未来经济增长率只上升 0.056 个百分点。

表 6-6 实际上验证了我国省际经济俱乐部收敛的事实,即人力资本水平类似的地区内部经济逐步趋同的现象。与以往文献不同之处在于,本书的俱乐部划分标准完全产生于模型本身,首先通过采用门槛模型回归得到门槛估计值,而后确定将样本分为几个部分,如何进行划分。以往文献则通常根据地理位置上的东中西部划分,或者人为的设定某些收入水平进行划分(沈坤荣和马俊,2002;彭国华,2008 等;Tsung-Wu,2000),因此回归结果的客观性受到影响。

为了进一步验证本书结果是否具有普遍性,本书进一步采用高中人口比率作为门槛变量对模型(6.14)进行了回归。模型检验结果无法拒绝只有一个门槛值的原假设,因此本书采用单门槛模型分析高中人口比率对经济收敛的门槛效应。HSCH 的门槛估计值为 7.14%,1990 年高出这一门槛值的省份只有 1 个,而到 2009 年只有 4 个省份的高中人口比率低于该阀值。

表 6-7　　　　　　　Hansen 模型回归结果——HSCH

| 变量 | 系数估计值 | OLS 标准差 | 稳健型标准差 |
| --- | --- | --- | --- |
| $\log(s)$ | 0.0476*** | 0.0098 | 0.0068 |
| $\log(n+x+\delta)$ | -0.0737*** | 0.0095 | 0.0077 |
| $HSCH_0$ | 0.0186*** | 0.0038 | 0.0031 |
| $\log(y_0)I(Senior_0 \leq 7.14\%)$ | -0.0614*** | 0.0076 | 0.0074 |
| $\log(y_0)I(Senior_0 > 7.14\%)$ | -0.0353*** | 0.0092 | 0.0079 |

表 6-7 估计结果显示,高中人口比率较低的省份初期人均收入下降 1%,未来经济增长率将加快 0.06 个百分点,而高中人口比率较高的省份初期人均收入相同变动只会引起未来经济增长率加快 0.035 个百分点。这一结果验证了采用平均受教育年限作为门槛变量时得出的结论,即人力资

本较低省份和人力资本较高省份的经济呈现俱乐部收敛迹象,并且前者的经济收敛速度快于后者。表6-7其他变量的回归结果与表6-2第2列相类似。

### 三、小结

本章采用1990—2009年期间省级面板数据研究了我国经济收敛过程中人力资本的门槛效应问题。本书首先构建了简单的门槛效应模型考察人力资本门槛是否存在,而后根据Hansen(1999)构建了人力资本多重门槛模型,并分别设定平均受教育年限和高中人口比率为门槛变量展开对比分析,检验回归结果的稳健性。

本章的主要结论如下:

第一,我国省际经济不存在绝对收敛,但是当控制了储蓄率、人口增长率、人力资本等因素后,整体经济表现出条件收敛趋势,即落后省份的经济将逐步赶超先进省份。

第二,人力资本与经济收敛之间为非线性变动关系。传统模型假设人力资本与经济收敛为线性关系,即不同水平人力资本对经济带来的影响是相同的,因此得出的结论存在偏差。本书简单门槛效应模型和Hansen门槛效应模型结果都显示,我国经济收敛过程中存在人力资本门槛,在门槛值前后,人力资本对经济的影响具有显著差异。

第三,模型估计结果显示,平均受教育年限存在两个门槛:6.76年和9年,分别于小学毕业和初中毕业水平相照应,体现了基础教育的必要性及其对经济收敛的重要影响。高中人口比率存在单一门槛7.14%,当前我国多数省份都已超越该门槛。

第四,按照人力资本门槛估计值对样本省份进行分组,结果显示:人力资本较低省份的经济收敛速度快于人力资本较高省份,并且各组省份内部呈现俱乐部收敛迹象。本章分别采用平均受教育年限和高中人口比率进行实证分析,二者的回归结果得出了相同的结论。

# 第七章 人力资本与经济收敛实证分析
## ——基于非参数和半参数模型的结果

上文研究显示，我国各省或地区的经济收敛轨迹存在显著差异，并且人力资本对经济收敛表现为非线性影响，即门槛效应。因此，传统参数收敛模型中的线性设定是不合理的。上文新古典经济收敛模型设定参数为固定不变的常数，即模型变量之间的经济关系保持不变，并且回归结果只给出了样本区间内被解释变量对解释变量变动的平均影响，因此不能反映变量之间的动态变动关系（金玉国和张娟，2009）。与此同时，传统模型参数估计量的统计性质严重依赖于模型假定的合理与否，如果模型假定出现错误，估计结果将存在误差，研究结论的准确性将受到质疑。根据计量经济学的观点，对模型形式的错误设定往往导致有偏的和无效的参数估计结果。为了解决这一问题，本章将采用非参数和半参数模型来考察我国省际经济的收敛问题。

非参数估计通过充分利用数据本身所包含的信息来建立模型，因而更具有灵活性和稳健性。非参数估计结果不必依赖于样本所从属的总体的分布形式，模型适用面更广（张守一等，1997）。而参数估计能否实现无偏性、一致性和有效性，则完全取决于样本总体的分布是否满足模型假设。并且，非参数估计不存在模型误设的问题，这也是参数模型所不具备的优势。然而非参数模型要求的数据量较大，没有明确的待估系数，估计值很难做经济上的解释，而且无法做样本之外的预测。尤其是在多维非参数估计中，维度问题将严重影响结果的稳定性，限制了非参数模型在实证研究中的运用。

在此基础上，半参数模型巧妙地将非参数和参数估计方法相融合，一方面通过非参数部分减少模型设定误差，增强回归结果的稳健性。另一方面加入参数部分削弱模型回归对样本规模的要求，并有效地解决了非参数估计中的维度危机问题。

Acconcia 等（2003）采用非参数和半参数分析方法研究了欧盟预算体制与经济收敛的关系，研究显示，研发资金支出与经济增长之间为非线性变动关系，研发资金支出的上升显著推动地区经济增长的加快，欧盟内部研发资金主要投向富裕地区的举措加深了地区经济差异的恶化。Azomahou 等（2011）采用半参数估计方法对欧盟的经济收敛现状的研究进一步表明：低收入地区，尤其是新加入国家的经济增长趋于发散，中等收入国家则走向收敛，而高收入国家没有显著收敛迹象。Dobson 等（2003）考察了国家间的经济收敛现象，半参数模型结果表明，经济收敛只存在于高收入群体和低收入群体，即跨国经济收敛呈现俱乐部收敛现状。Li 和 Zhou（2011）对 164 个国家 1970 – 2006 年间经济趋同的研究发现，模型设定检验倾向于非参数和半参数模型，回归结果表明，条件收敛假设适用于所有考察国家样本，而只有欠发达国家之间趋于绝对收敛。

只有少数文献采用非参数或半参数模型研究了我国地区或省际经济发展问题。李建平和邓翔（2012）运用非参数分析方法，采用 AK 模型和几何布朗运动对我国 1978 年以来省级经济收敛进行了分析。结果发现，我国各省的经济增长路径不存在收敛迹象，地区内的产出差距甚至在增加，并且各省区市间也不存在俱乐部趋同现状。段景辉和陈建保（2011）利用 1987 – 2008 年数据构建了非参数面板数据模型，并采用非参数逐点回归估计方法估计了教育投入、城市化程度等因素对城乡收入差距的影响，结果显示以往线性模型的结果存在局限性，各影响因素与城乡收入差距之间为非线性变动关系。潘越和杜小敏（2010）利用非参数可加模型研究劳动力跨区域流动对我国地区工业化进程和经济增长的影响。结果发现，劳动力流动显著促进东部地区的工业化进程和经济增长，而在中西部地区的影响则表现为倒 U 型非线性关系。因此劳动力的不均衡流动扩大了我国区域经济发展的不平衡程度。魏下海（2009）采用 Malnquist 指数估算我国 1981 – 2006 年间的全要素生产率变动情况，并建立 VAR 模型分析人力资本、贸易开放对全要素生产率的影响。研究表明，贸易开放对全要素生产率增长表现为长期趋势过程，人力资本积累同时促进全要素生产率增长和贸易开放度的提高。周亚虹等（2009）采用半参数变系数面板数据模型对我国 1978 – 2006 年间各省的经济增长收敛速度进行了估算。研究发现，我国经济处于加速增长的发散状态,其中富裕地区的经济增长向收敛状态过渡,而落后地区的发散现象则更为明显,并且存在落后地区追赶富裕地区的趋势。徐大丰(2009)采用线性加法模型检验了我国城市经济增长趋势,发现城市间存在俱乐部收敛,但不存在绝对趋同,因此经典的趋同检验方法对我国城市经济增长趋同问题产生了误导。张学良(2010,2013)运用非参数 DEA 分析方法考察了长三角经济增长与物质资本积累、效率改善、技术进步和人力资本投入之间的收敛效应,结果发现,物质资本的贡献仍占主导,推动长三角经济走向收敛,但人力资本、效率改善与技术进步等因素使得长三角经济增长趋异。袁家健(2014)对我国东部国有企事业单位专业技术人员的实证分析表明,企事业单位专技人员与经济增长之间总体表现为倒 U 型关系,指出调整人才政策是当务之急。苏妍和陈阳等(2015)考察了山东半岛蓝色经济区人力资本的经济增长效应,该研究将人力资本分为五个角度:创新能力、教育规模、文化环境、生活质量和医疗保健,半参数可加模型的结果显示,除创新能力和医疗保健影响为线性外,其他三个解释变量与经济增长都呈现显著的非线性关系。逯进和苏妍(2017)采用半参数可加模型分析了我国人力资本与区域经济增长之前的非线性关系,结果发现身体素质对经济增长呈倒 U 型影响特征,脑力素质对经济增长的影响则高于身体素质。毛伟和李超等(2014)考察了教育对农村贫困的作用机制,结果表明,教育质量的影响不显著,教育数量则显著恶化了贫困状态,因此经济增长是农村主要的减贫手段。

以上研究虽然意识到我国地区经济发展的非线性轨迹,但是并未对各因素与经济收敛的细部影响特征进行深入研究,尤其是没有具体探讨人力资本对经济收敛的影响。诸多研究指出人力资本与经济收敛存在非线性关系。Kalaitzidakis 等(2001)采用半参数模型的研究发现,不同人力资本水平对经济收敛的影响存在差异,人力资本水平较低时会抑制经济增长,人力资本水平中等则促进经济增长,而较高的人力资本水平对经济增长影响并不显著。Ketteni 等(2007)对 OECD 国家 1980 - 2004 年期间经济增长的研究验证了这一结论,再次确认了人力资本与经济增长之间的非线性变动关系。

本章将分别采用非参数模型和半参数模型分析我国 1990 - 2009 年期间省级经济的收敛过程,并重点考察人力资本对经济增长的非线性影响。

## 一、模型构建和回归方法

### (一) 非参数模型构建

非参数估计方法大约产生于20世纪60年代，它打破了传统计量经济模型将变量之间设定为线性关系或可线性化的非线性关系的局限，开辟了现代经济学分析的新方向。非参数模型的估计分为两部分：非参数核密度估计和非参数回归估计。

1. 非参数核密度估计。

传统的经济收敛模型假设初期收入与经济增长率之间为对数线性关系，然后通过初期收入系数的正负来判别经济收敛的存在与否。Quah（1993）指出该方法得出的结论具有误导性，因为系数估计值可能只是简单地向均值回归的产物。意识到这一问题，Quah（1996）另辟蹊径，通过分析各国人均收入的分布，即核密度估计方法来研究国家间经济收敛问题，研究结果显示人均收入的分布正向两极化发展，即穷国更穷，富国更富，而中等富裕国家正在逐渐消失（Quah, 1997）。Aziz和Duenwald（2001）采用相同方法对中国省际经济收敛的研究发现，各省人均收入密度分布已逐步呈现双中心现象，沿海省份集中于一个中心附近，中西部省份位于另一中心周围，经济结构和政府政策在增长动态变动中发挥了主要作用。

经济收敛研究重点针对人均收入水平的分布进行非参数核密度估计，即根据现有收入数据估计各省收入总体的分布（Silver, 1986）。令 $y_t$ 表示各省在 t 期的人均 GDP 水平，将其看做连续的随机变量，并设 $F(y_t)$、$f(y_t)$ 分别为其分布函数和概率密度函数。根据 Aziz 和 Duenwald（2001）可知，

$$f(y) = \frac{1}{nh}\sum_{i=1}^{n} K\left(\frac{y-y_i}{h}\right) \tag{7.1}$$

其中，n 表示样本数，i 代表省份下标。h 为窗宽。$K(\cdot)$ 为核函数或权函数，具有多种选择，如 Uniform 核、Triangle 核、Epanechnikov 核、Quartic 核、Triweight 核、Gaussian 核和 Cosine 核等。为了便于与以往文献的比较，本书选择其中的 Gaussian 核，因此：

$$K(u) = \frac{1}{\sqrt{2\pi}}\exp\left(-\frac{1}{2}u^2\right) \tag{7.2}$$

在非参数估计中,窗宽的选择十分重要,它显著影响密度函数与样本数据的拟合效果。当 h 较大时,密度函数十分光滑,与样本拟合度较差。而 h 较小时,与样本拟合较好,但不光滑。一般而言,窗宽的选择以最小化渐近的均方标准误(AMISE)为标准。窗宽的估计方法有多种,其中 Silverman 的经验法则(Rule of Thumbs)估计公式为:

$$\hat{h}_{rot} = \left( \frac{8\pi^{1/2} \int_R K^2(u) du}{3n \left( \int_R uK(u) du \right)^2} \right)^{1/5} \hat{\sigma} = 1.06\hat{\sigma} n^{-1/5} \quad (7.3)$$

当随机变量呈单中心分布,即与正态分布没有明显差别时,根据经验法则得出的窗宽估计结果比较合理。但是如果随机变量的分布表现为多中心,那么采用经验法则估计的窗宽将得到错误的结论。

另一种窗宽估计方法为交错鉴定法(Cross Validation),该方法无需对随机变量的分布做任何假设,因此估计结果更加准确,但估计方法也更为复杂。

$$CV(h) = \frac{1}{n^2 h} \sum_i \sum_j K * K\left( \frac{y_j - y_i}{h} \right) - \frac{2}{n(n-1)} \sum_i \sum_{j \neq i} K_h(y_i - y_j) \quad (7.4)$$

2. 非参数回归估计。

经济学研究的目的通常是为了揭示不同因素之间的相关关系,具体到经济收敛研究,我们关注的是初期人均收入与后期经济增长率的关系。与传统参数模型回归仅汇报一个不变的系数估计值不同,非参数模型对被解释变量和解释变量之间的关系没有固定的设定,它允许二者之间非线性关系的存在,得出的结论更为详细全面(Hardel, 1992; Hardel et. al, 2004)。

(1)单变量非参数回归。

考虑以下单变量非参数模型:

$$y_i = m(x_i) + e_i \quad (7.5)$$

模型(7.5)设定 $Y$ 为 $X$ 的函数,但是对于函数具体形式并没有任何限制,完全由数据本身决定。实际上,$m(x)$ 可视为 $Y$ 在给定了 $X = x$ 之后的条件期望:

$$m(x) = E(Y | X = x) = \int y f(y | x) dy = \int y \frac{f(x,y)}{f_X(x)} dy \quad (7.6)$$

其中,$f(x,y)$ 为 $X$ 和 $Y$ 的联合密度函数,$f(y|x)$ 为给定 $X = x$ 之后 $Y$

的条件概率密度函数，$f_X(x)$ 为 $X$ 的边际密度函数。

非参数模型可采用核估计方法得到 $m(x)$，其中 Nadaraya – Watson 估计公式为：

$$\hat{m}_h(x) = \frac{n^{-1}\sum_{i=1}^{n}K_h(x-X_i)Y_i}{n^{-1}\sum_{j=1}^{n}K_h(x-X_j)} \qquad (7.7)$$

以上 Nadaraya – Watson 估计值实际上与局部加权平均方法相似，通过将其变形可由下式看出：

$$\hat{m}_h(x) = \frac{1}{n}\left(\sum_{i=1}^{n}\frac{K_h(x-X_i)}{n^{-1}\sum_{j=1}^{n}K_h(x-X_j)}\right)Y_i = \frac{1}{n}\sum_{i=1}^{n}W_{h_i}(x_i)Y_i \qquad (7.8)$$

式中 $W(x)$ 是权函数，Gasser 和 Muller (1984) 指出：$W_{h_i}(x) = n\int_{s_{i-1}}^{s_i}K_h(x-u)du$，其中 $s_i = (x_i + x_{i+1})/2$。可见，确定核函数后就能够估计得出 $m(x)$。由于非参数回归不能得到单一的回归系数，因此只给出自变量和因变量的回归关系图。

（2）多变量非参数回归。

在模型推导上，单变量非参数回归方法能够便捷的扩展到多变量的情况。然而在实际应用中，多变量非参数估计的难度很大。随着变量数目的增加，对数据的要求越来越高，面临的维度危机问题也愈发严重，这也是现有文献大多使用单变量回归模型的原因。

设定以下非参数模型：

$$Y = m(Z) + \varepsilon \qquad (7.9)$$

其中 $Y = (y_1, y_2, \cdots y_n)'$，$\varepsilon = (\varepsilon_1, \varepsilon_2, \cdots \varepsilon_n)'$。$Z$ 为一向量，包括 s 个不同的变量，即 $Z = (z_1, z_2, \cdots z_s)$，其中 $z_i = (z_{i1}, z_{i2}, \cdots z_{in})'$。

为了适当减少维度危机问题，我们假设不同变量的非参数部分具有可加性，因此上式可变为：

$$Y = m_1(Z_1) + m_1(Z_2) + \cdots + m_1(Z_s) + \varepsilon \qquad (7.10)$$

可加性假设显著降低了模型估计的维度，使得双变量以上的非参数回归成为现实。本书将采用多变量平滑线性加权平均方法（Running Line Smooth）展开回归分析。该方法首先在样本数据两端分别选取 k 个相连的点进行线性估计，然后根据估计结果预测相关变量的平滑值。多变量 RLS 方法不仅对每个自变量与因变量的非线性关系进行了估计，而且估计过程中也针对各个自变量之间的关系进行了相互调整，因此估计结果更加客观合理。

## (二) 半参数模型构建

半参数模型由 Engle 等（1986）在研究天气变化与供电需求之间的关系时引入，是 20 世纪 80 年代以来发展起来的一种重要的统计模型。半参数模型是解决维度危机的另一个重要方法，当某些自变量与因变量之间的关系相对明确，而另一些变量与自变量的关系未知而又不能归入模型扰动项时，研究者们可以选择采用半参数模型来展开分析。

假设 $X$ 与 $Y$ 的关系在经验研究中已取得共识，而 $Z$ 与 $Y$ 的关系则存在异议，那么可构造以下半参数模型：

$$Y = X\beta + g(Z) + u \tag{7.11}$$

其中 $X\beta$ 为模型的线性分量，$g(Z)$ 为模型非参数分量，$Z$ 可以包括多个变量。模型（ ）通过将参数回归和非参数估计相结合，得到的估计结果将更加客观稳健。

1. Robinson 回归法。

针对模型（7.11）中的未知参数 $\beta$ 和函数 $g(Z)$，学者们提出了多种估计方法（Chen，1988；Speckman，1988；Liang 和 Cheng，1993 等），其中较为简单直观的估计方法由 Peter Robinson 于 1988 年提出（Robinson，1988a，1988b），步骤如下：

在（7.11）式两侧取条件期望可得：

$$E(Y|Z) = E(X|Z)\beta + g(Z) \tag{7.12}$$

首先采用非参数核估计得到 $\hat{E}(Y|Z)$ 和 $\hat{E}(X|Z)$，然后令（7.11）式减去（7.12）式可得：

$$Y - \hat{E}(Y|Z) = (X - \hat{E}(X|Z))\beta + u \tag{7.13}$$

据此采用参数估计方法，如普通最小二乘法或固定效应方法可计算出参数 $\beta$ 的估计值：

$$\hat{\beta} = [(X - \hat{E}(X|Z))'(X - \hat{E}(X|Z))]^{-1}(X - \hat{E}(X|Z))'(Y - \hat{E}(Y|Z)) \tag{7.14}$$

最后将（7.14）式代入（7.11）式，可得非参数分量的估计结果为：

$$\hat{g}(Z) = Y - X\hat{\beta} \tag{7.15}$$

2. 边缘积分法（Marginal Integration）。

当研究者关注的重点仅为参数 $\beta$ 的时候，Robinson 回归法具有无可替代的优势，然而该方法掩盖了非参数分量 $g(Z)$ 在模型中的作用，尤其是当 $Z$ 由多个变量组成时，Robinson 回归方法无法给出每个变量的估计结果。针对这一问题，Linton 和 Nielsen（1995）采用边缘积分方法来估计模型（7.11）的非参数分量（Fan, Hardle 和 Mammen, 1996; Fan 和 Li, 1996a）。

假设 $Z$ 包含两个变量 $Z_1$ 和 $Z_2$，边缘积分法设定二者之间具有可加性，即加入常数项 $\alpha$ 后模型（7.11）可变为：

$$Y = \alpha + X\beta + \sum_{i=1}^{2} g_i(Z_i) + u \tag{7.16}$$

采用 Robinson（1988）的方法，我们可以估算得出 $\beta$ 的一致估计量 $\hat{\beta}$。上式可变为：

$$Y - X\hat{\beta} = \alpha + \sum_{i=1}^{2} g_i(Z_i) + u + X(\beta - \hat{\beta}) \tag{7.17}$$

此时，$u + X(\beta - \hat{\beta})$ 成为新的模型扰动项。令 $\tilde{Y} = Y - X\hat{\beta}$，$\tilde{u} = u + X(\beta - \hat{\beta})$，式（7.17）可简化为：

$$\tilde{Y} = \alpha + \sum_{i=1}^{2} g_i(Z_i) + \tilde{u} \tag{7.18}$$

假设 $\tilde{Y}$、$Z$ 是独立同分布的，并且 $E(g_1(Z_1)) = E(g_2(Z_2)) = 0$，$E(u \mid Z_1, Z_2) = 0$，Stone（1985, 1986）指出可加的非参数部分可以采用单变量非参数估计方法测算得出，并且估计结果具有一致性。

具体估计方法如下：

令 $E(\tilde{Y} \mid Z_1 = z_1, Z_2 = z_2) = \alpha(z_1, z_2)$，我们可以采用非参数局部平滑方法估计出 $\alpha(z_1, z_2)$。设 $\{g_1(z_1) + \alpha\}$ 的估计值为 $\tilde{m}_1(z_1)$，通过对 $\alpha(z_1, z_2)$ 在 $z_2$ 范围内求积分可得：

$$\tilde{m}_1(z_1) = n^{-1} \sum_{j=1}^{n} \hat{\alpha}(z_1, Z_{2j}) \tag{7.19}$$

由于 $E(g_1(Z_1)) = 0$，令 $\tilde{m}_1(z_1)$ 减去其样本平均值可得 $g_1(z_1)$ 的估计值：

$$\hat{g}_1(z_1) = \tilde{m}_1(z_1) - n^{-1} \sum_{i=1}^{n} \tilde{m}_1(z_{1i}) \tag{7.20}$$

采用同样的方法可以求出 $\hat{g}_2(z_2)$。

边缘积分方法指出 $g(Z)$ 的特性与一维非参数回归时完全相同，不仅对模型的非参数分量进行了具体估算，而且避免了非参数和半参数回归中常见的维数危机问题，因此模型拟合效果更佳。

3. 差分法（Difference-based Algorithm）。

假设模型（7.11）非参数部分 $Z$ 只包括一个变量，根据 Yatchew（1997，1998，2003），我们首先将数据按照 $Z$ 的大小进行排序，使 $Z_1 < Z_2 < \cdots < Z_N$，其中 N 代表样本数量。而后对模型（7.11）进行一阶差分，得到：

$$y_i - y_{i-1} = (x_i - x_{i-1})\beta + (g(z_i) - g(z_{i-1})) + u_i - u_{i-1}, \quad i = 2, \cdots, N \quad (7.21)$$

随着样本数量的增多，$(g(z_i) - g(z_{i-1})) \to 0$①。模型（7.23）可以采用普通最小二乘法进行估计，参数估计值将符合以下正态分布：

$$\hat{\beta}_{diff} \to N\left(\beta, \frac{1}{N} \frac{1.5\sigma_u^2}{\sigma_{X|Z}^2}\right) \quad (7.22)$$

其中，$\sigma_u^2$ 代表样本残差项的方差，$\sigma_{X|Z}^2$ 代表给定 $Z$ 后 $X$ 的条件方差。由于模型（7.21）的扰动项表现出一阶移动平均的特征，普通最小二乘法估计值将缺乏有效性，我们可以通过采用更高阶的差分方法来加以改善。

模型（7.21）的 $m$ 阶差分公式为：

$$\sum_{j=1}^{m} d_j y_{i-j} = \beta(\sum_{j=1}^{m} d_j x_{i-j}) + \sum_{j=1}^{m} d_j g(z_{i-j}) + \sum_{j=1}^{m} d_j u_{i-j} \quad (7.23)$$

其中 $d_0, \cdots, d_m$ 为差分权重，满足以下条件：

$$\sum_{j=1}^{m} d_j = 0 \quad (7.24a)$$

$$\sum_{j=1}^{m} d_j^2 = 1 \quad (7.24b)$$

条件（7.24a）可以确保通过差分将模型中的非参数部分剔除，条件（7.24b）则意味着模型（7.23）的扰动项偏差方差仍为 $\sigma_u^2$。通过选择最优的权重，模型（7.23）可以采用 OLS 进行估计。当 $m$ 足够大时，参数估计值渐近有效。

令 $\Delta Y = (\Delta y_1, \Delta y_2, \cdots, \Delta y_{N-m})'$，其中 $\Delta y_i = \sum_{j=1}^{m} d_j y_{i-j}$。相应的，令 $\Delta X$ 为 $(N-m) \times p$ 的矩阵，$\Delta x_i = \sum_{j=1}^{m} d_j x_{i-j}$，那么

---

① 假设 $g(Z)$ 是有界的，那么 $g(Z)$ 的导数也是有界的。

$$\hat{\beta}_{diff} = (\Delta x'\Delta x)^{-1}\Delta x'\Delta y \to N\left\{\beta, \frac{1}{N}\left(1+\frac{1}{2m}\right)\sigma_u^2 \sum_{x|z}^{-1}\right\} \quad (7.25)$$

$$s_{diff}^2 = \frac{1}{N}(\Delta y - \Delta \hat{x}\beta_{diff})'(\Delta y - \Delta \hat{x}\beta_{diff}) \to \sigma_u^2$$

$$\hat{\sum}_{x|z} = (\Delta x'\Delta x) \to \sum_{x|z}$$

和 Robinson 回归法相同,当通过差分法求出 $\hat{\beta}_{diff}$ 之后,可以将其代回模型(7.11),而后采用非参数方法估计 $g(Z)$。

在初始模型两侧分别减去线性部分可得:

$$Y - X\hat{\beta}_{diff} = X(\beta - \hat{\beta}_{diff}) + g(Z) + u \cong g(Z) + u \quad (7.26)$$

由于 $\hat{\beta}_{diff}$ 快速收敛于真值 $\beta$,因此 $g(Z)$ 估计量是一致的,采用标准的平滑估计方法构建的置信空间也是有效的。

通过使用 $\hat{\beta}_{diff}$,我们也可以对 $g(Z)$ 的形式进行检验。假设 $f(Z,\pi)$ 为 $Z$ 的函数,函数形式已知,如二次方程,但其中参数 $\pi$ 未知。我们可以构建以下假设检验,原假设为 $Y = f(Z,\pi) + X\beta_p$,备择假设为 $Y = g(Z) + X\beta$。参数 $\pi$ 和 $\beta_p$ 以及均方残差 $s_{res}^2$ 可以通过 $Y$ 对 $X$ 和 $Z$ 的线性估计求得。可得检验统计量为:

$$V = \sqrt{mN}(s_{res}^2 - s_{diff}^2)/s_{diff}^2 \to N(0,1) \quad (7.27)$$

根据统计量计算结果与正态分布临界值的对比,可以判断 $g(Z)$ 的具体函数形式。

## 二、回归结果及分析

考虑到我国不同地区经济收敛路径的差异,并且有鉴于人力资本与经济收敛之间的非线性关系,本部分将采用非参数方法对我国省际经济收敛状况进行研究。具体而言,本书首先采用非参数核回归方法分析我国人均 GDP 分布的动态变动,考察地区经济发展是否存在收敛趋势,继而采用非参数平滑回归方法研究不同因素对地区经济收敛的影响作用。进一步的,在非参数回归分析的基础上,本书纳入传统参数分析方法,构造半参数模型深入考察人力资本对经济收敛的影响,以克服多变量非参数回归存在的维度危机问题(Horowitz 和 Markatou,1996)。

## （一）非参数经济收敛模型回归结果

1. 非参数经济收敛核密度估计结果及分析。

本书首先采用单变量核密度估计方法对比分析我国1990—2009年期间人均收入分布的变动。单变量核密度估计方法与频率分布直方图类似，都是通过将总体样本分组，并且根据落在不同组别的数据频数来计算频率，最终绘制成图。二者的区别体现在，频率分布直方图将数据分成非重叠的组群，各组频数简单的根据数据个数来统计。而核密度估计则允许各组数据相互重叠，并且根据数据与各组中位数的距离来分配权重进而加权得出该组频数。决定数据权重的方程即为核函数，而组距就是窗宽。如无特殊说明，本书使用Gaussian核函数，窗宽的选择以Silverman（1986）的标准为依据。

图7-1给出了1990年我国劳均GDP的一维核密度估计结果，从中可以发现当年各省劳均GDP水平总体上呈单峰分布，多数省份的劳均GDP水平集中在2500元到3750元之间，劳均GDP达到5000元的省份不足1%。以往文献显示，窗宽的选择对核密度估计有显著影响，考虑到这一问题，本书分别采用Haerdle的Gaussian核窗宽和Scott的过度平滑Gaussian核窗宽估计1990年各省的劳均GDP分布，见图7-2。由图可见，随着窗宽的增大，核密度分布图形越来越平滑，但不同窗宽的估计结果与图7-1大体相同。

为了分析我国劳均GDP分布的变动趋势，图7-3进一步给出了1995年、2000年、2005年和2009年四个代表性年份各省劳均GDP的核密度估计结果。结合图7-1可见，我国劳均GDP水平在持续上升，但是劳均GDP的分布也日益扩散，并逐渐呈现出双峰特征。具体而言，1995年各省劳均GDP多数集中在5000元附近，对应的概率达到1.5%。而2000年出现概率最高的劳均GDP水平略低于1万元，此时在3万—4万区间隐约形成一个收入俱乐部，但是仍不明显。到2005年，该俱乐部的劳均GDP区间上升为3.5万到6万之间，其中概率密度最高的劳均GDP水平达到约4.5万元。2009年时，劳均GDP水平两极分化现象越发明朗，整体上可划分为低收入群体和高收入群体两部分，其中低收入群体的劳均GDP水平集中于1.8万元左右，而高收入群体的劳均GDP集中在6.5万左右。图7-4中采用Epanechnikov核函数的估计结果也验证了这一结论。

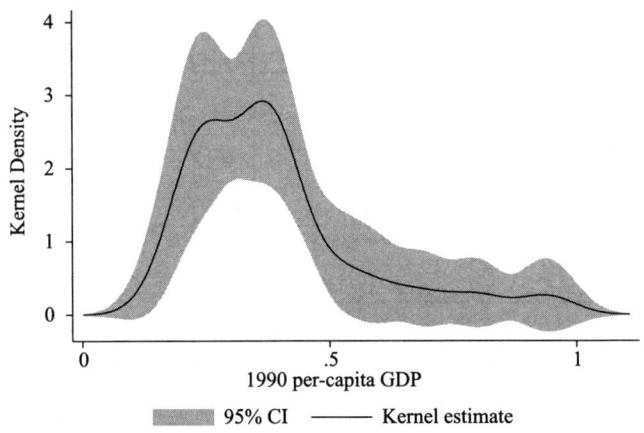

图 7-1 1990 年人均 GDP 核密度分布估计及其置信区间——窗宽 0.0559

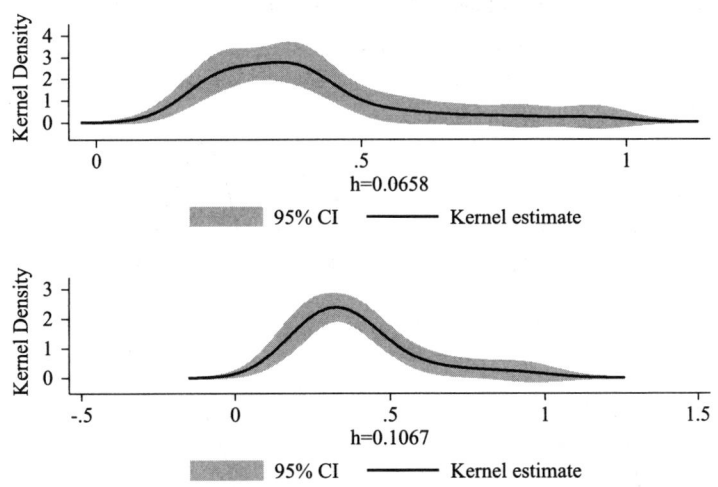

图 7-2 1990 年人均 GDP 核密度分布估计及其置信区间——不同窗宽

一维核密度估计显示我国劳均 GDP 分布已经由单峰向双峰进行转变，即贫穷省份和富裕省份各自收敛于不同的收入水平，整体经济呈现俱乐部收敛趋势。然而通过该估计结果我们只能知道整体劳均 GDP 分布的变动，却无法判断各省劳均 GDP 的实际动态变迁。在图 7-4 中，一个初期人均收入落后的省份在期末既可能增长为富裕省份，也可能变得更加贫穷。为了进一步深入了解省份劳均 GDP 的动态变动，本书采用多维核密度估计方法计算了不同增长区间期初和期末劳均 GDP 的联合概率密度分布，见图 7-5—图 7-11。

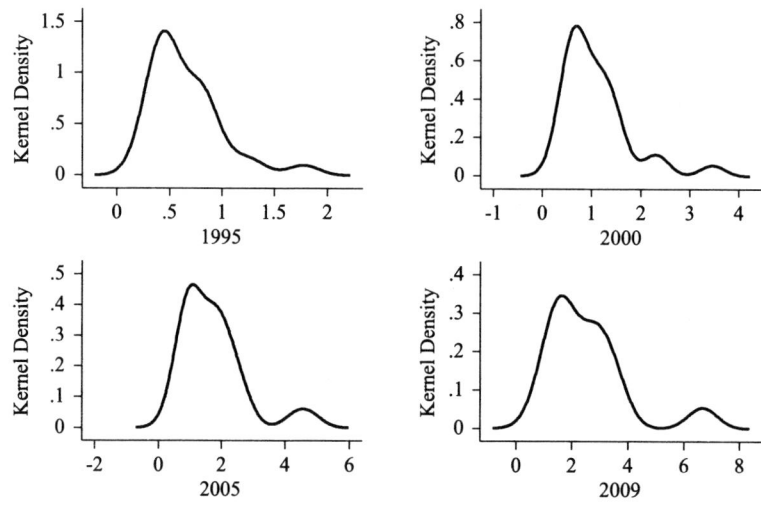

图 7-3 1995-2009 年期间各省人均 GDP 非参数核密度
分布动态变动_ Gaussian 核

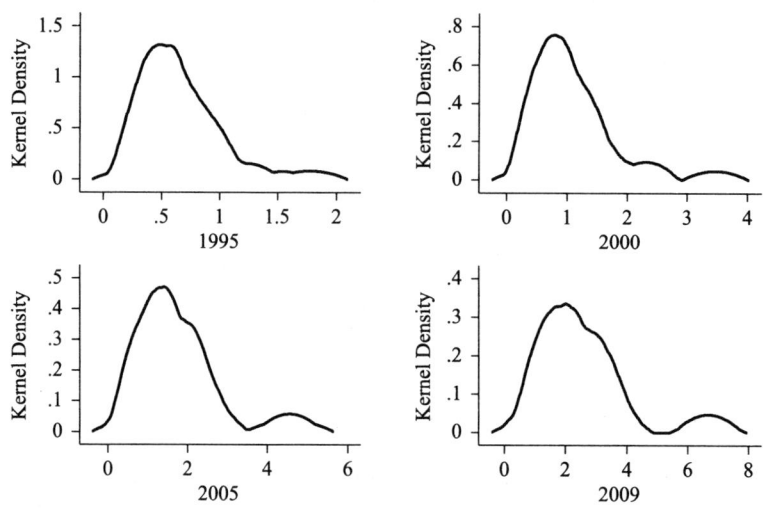

图 7-4 1995-2009 年期间各省人均 GDP 非参数核密度
分布动态变动—Epanechnikov 核

图 7-5 至图 7-8 给出了 1990-2009 年期间以五年为一期的各期期初和期末劳均 GDP 联合核密度估计结果,其中横坐标分别为期初劳均 GDP 水平和期末劳均 GDP 水平,纵坐标为核密度估计值,代表各期内不同经济增长变动出现的频率。由图 7-5 可见,1990-1994 年期间我国劳均 GDP

总体上表现为上升趋势，多数省份实现了由 1100—5500 元区间向 900—8900 元区间的变动。与此同时，图形中还出现了高收入水平段的集中变动，即初期人均收入较高的省份在期末仍然保持了相对较高收入，但是这一变动并不明显。图 7-6—图 7-7 显示的动态变动趋势与图 7-5 大体相同，历年劳均 GDP 水平在不断上升，并且中等收入水平区间的集中变动也逐渐浮现。

截至 2005-2009 年期间，期初和期末的劳均 GDP 联合概率密度呈现出显著的三峰分布。图 7-8 给出了 2005 年和 2009 年的劳均 GDP 水平联合密度分布图，据此可将样本省份大致划分为三组，第一组劳均 GDP 由 2005 年的 800-19925 元区间变动为 2009 年的 2000-19800 元区间，第二组劳均 GDP 从 19925—45425 元变动为 19800—37600 元区间，第三组则由 45425—51800 元区间变为 55400—73200 元区间。由此可见，各省劳均 GDP 分别在低收入省份、中等收入省份和高收入省份各自趋同于不同的劳均 GDP 水平，呈现出显著的俱乐部收敛现状，这与一维核密度估计得出的结论相似，但一维核密度估计结果并未出现中等收入水平省份的趋同。

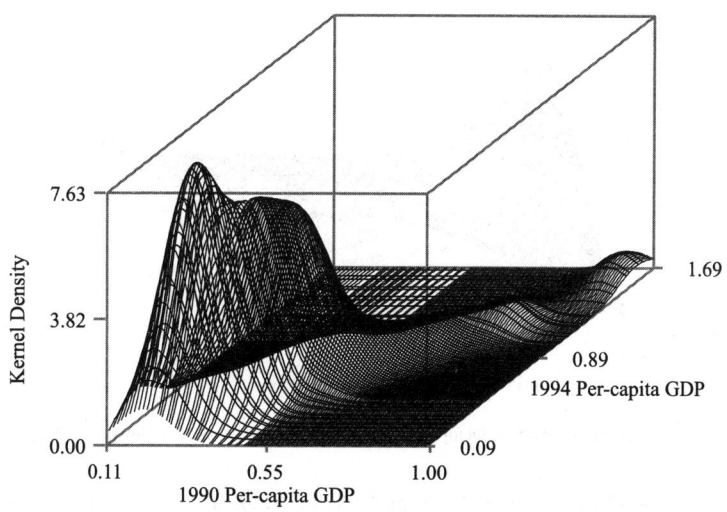

**图 7-5　1990-1994 年期间各省人均 GDP 非参数核密度分布动态变动**

根据本书的样本数据，2005 年沿海省份劳均 GDP 水平介于 15854—47924 元之间，到 2009 年上升为 21838—68024 元区间。对比可知，图 7-8 中高收入段的趋同应当由沿海地区内部的较发达省份组成，但并非所有沿海省份都收敛于相同收入水平。同期，中部省份的劳均 GDP 水平由

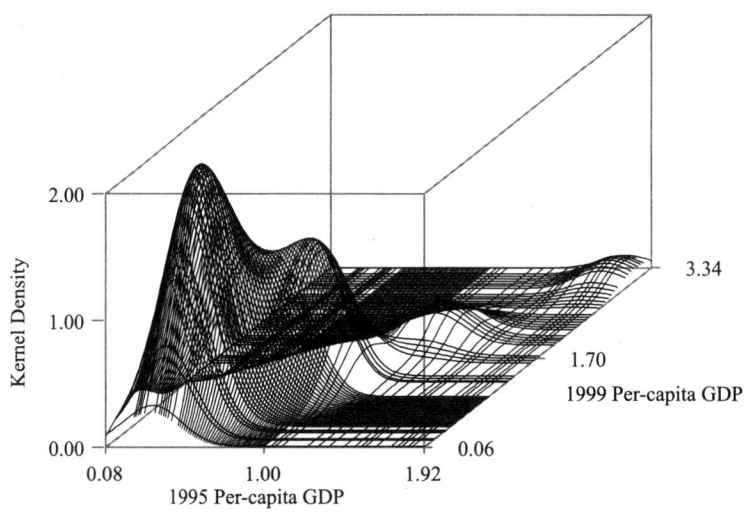

图7－6　1995－1999年期间各省人均GDP非参数核密度分布动态变动

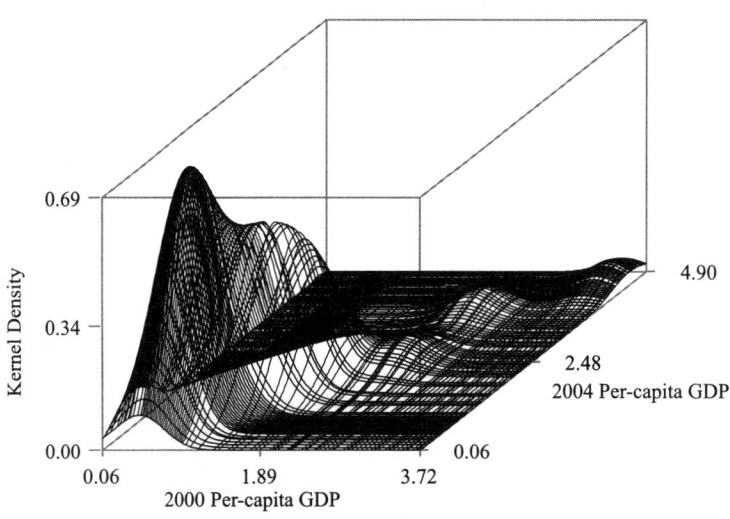

图7－7　2000－2004年期间各省人均GDP非参数核密度分布动态变动

2005年的介于7211—18715元之间上升为2009年10093—33342元之间，西部地区则由4720—16378元的劳均GDP范围增长为7173—22559元。可知，西部地区的变动与图7－8中低收入群体的趋同一致，而中部地区部分省份也介于这一区间，因此可以认为中西部地区的多数省份属于低收入趋同的群体，而中等收入水平的趋同则由沿海地区内部的欠发达省份和中部地区内部的较发达省份共同形成。前文非线性探讨发现我国中部地区和沿

# 宏观篇——人力资本与区域经济均衡发展

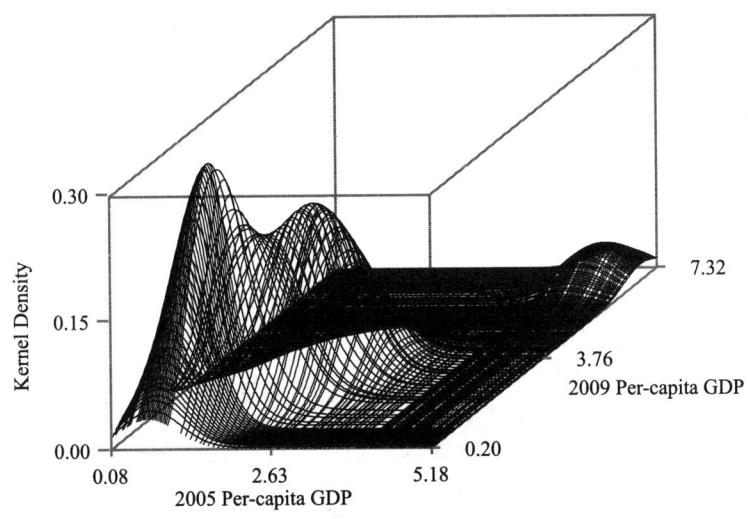

图 7-8  2005-2009 年期间各省人均 GDP 非参数核密度分布动态变动

海地区都出现显著的俱乐部收敛,而该现象在西部地区则并不存在,一方面本书西部省份的设定导致回归数据很少影响到回归结果的稳健性,另一方面传统参数回归方法前提假设的潜在问题也会导致回归结果缺乏客观性。本章非参数方法对模型函数形式不做任何假设,完全由数据说话,因此得到的结果更为客观可靠。

以往研究指出,核密度估计受到样本分组大小和时间间隔的影响,因此估计结果十分敏感。据此,本书进一步将增长区间延伸为 10 年和 20 年,并给出了延伸之后各期期初和期末劳均 GDP 的联合核密度估计结果。图 7-9 和图 7-10 分别为 1990-1999 年和 2000-2009 年期间 10 年跨度的联合核密度分布图,图 7-11 则给出了 1990-2009 年整体 20 年跨度的核密度估计图。

由图 7-9 和图 7-10 可见,1990-1999 年期间劳均 GDP 变动主要集中于低收入水平,由 1100—5500 元的收入区间增长到 600—17000 元区间的省份占绝大多数。2000-2009 年期间,各省劳均 GDP 由 600—18900 元上升为 2000—37600 元的占比最多。并且中等收入组群内部和高等收入组群内部的收敛也逐渐形成,但是由于时间间隔延长为 10 年导致一些动态迁移过程被忽略,因此图 7-10 中中等收入、高收入省份的俱乐部收敛情况没有图 7-8 明显。图 7-11 将两个横坐标间的时间跨度进一步扩大为 20 年,因此中等收入、高收入省份各自内部的趋同被掩盖,多数省份的劳均

GDP 由 1990 年的大约介于 1100—6000 元之间上升到 2009 年的介于 2000—37600 元之间。

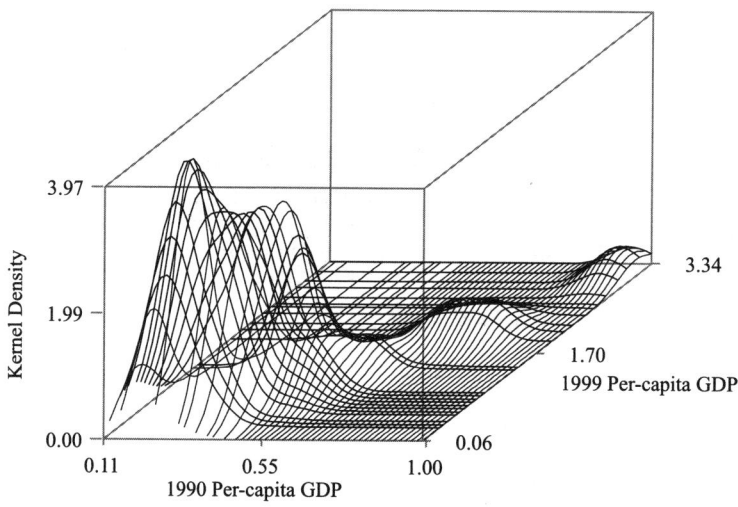

**图 7-9　1990-1999 年期间各省人均 GDP 非参数核密度分布动态变动**

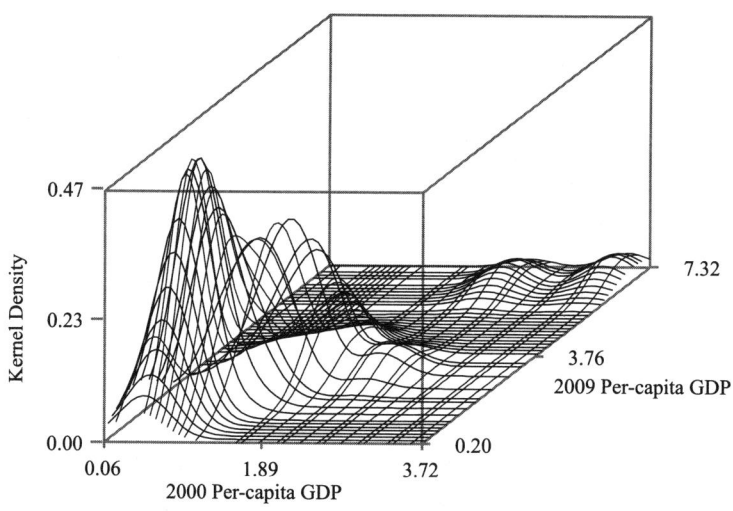

**图 7-10　2000-2009 年期间各省人均 GDP 非参数核密度分布动态变动**

综合以上非参数核密度估计结果可见，我国低收入省份之间存在俱乐部收敛迹象，然而中等收入和高收入省份是否存在俱乐部收敛则受到增长区间间隔长短的影响，当时间间隔设定为 5 年时，我国 2000 年和 2009 年两年的省份劳均 GDP 联合核密度分布呈现三峰特点，即低收入省份、中等

宏观篇——人力资本与区域经济均衡发展

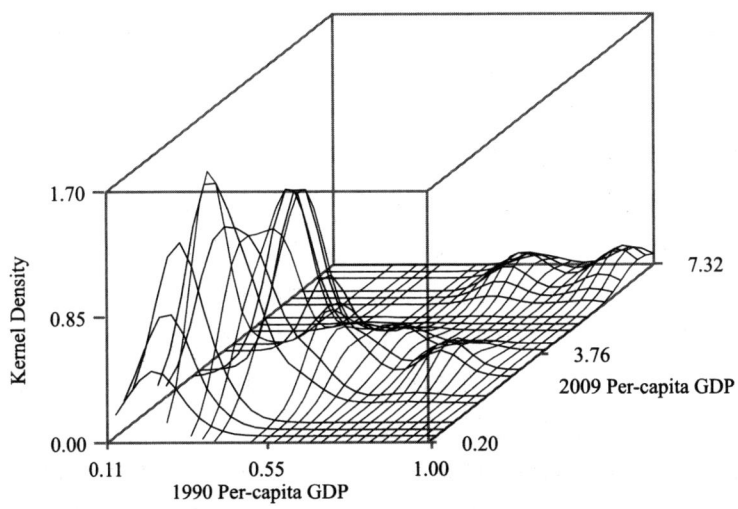

**图 7 – 11　1990 – 2009 年各省人均 GDP 非参数核密度分布动态变动**

收入省份、高收入省份各自收敛于不同的人均收入水平。对比各个地区的收入水平可知，西部省份和中部的欠发达省份属于低收入群体范畴，中部较发达省份和沿海欠发达省份属于中等收入范畴，而沿海较发达省份形成高收入群体的经济趋同。

2. 非参数经济收敛回归结果及分析。

结合传统经济收敛模型和非参数模型范式，本书设定以下非参数经济收敛模型：

$$\frac{1}{T}[\ln(y_T) - (\ln y_0)] = m(\ln(s), \ln(n+x+\delta), \ln(y_0), h_0) + \tilde{e} \quad (7.28)$$

假设非参数部分具有可加性，则上式可变为：

$$\frac{1}{T}[\ln(y_T) - (\ln y_0)] = m_1(\ln(s)) + m_2(\ln(n+x+\delta)) + m_3(\ln(y_0)) + m_4(h_0) + \tilde{e} \quad (7.29)$$

其中 $m_i(x)$ 表示变量 $x$ 的非参数函数，$x$ 包括储蓄率、人口增长率、初期劳均 GDP 和初期人均人力资本等变量的特定形式，数据来源及处理方法与上文相同。

本书采用多变量平滑线性加权平均方法对模型（7.29）展开非参数回归分析，通过该方法能够得到模型自变量对经济增长率的独立影响函数图。本书分别给出了采用平均受教育年限和人均劳动力人力资本作为人力资本指标时的回归结果，见图 7 – 12 和图 7 – 13。图 7 – 12 和图 7 – 13 分别由四部分组成，每一部分对应于一个 $m_i(x)$ 函数，该函数代表在剔除其他因素影响之后，变量 $x$ 本身对经济增长率的影响。函数纵坐标 ygrow 代表固定区间的经济年均增长率。

图 7-12 给出了采用平均受教育年限衡量人力资本时模型（7-29）的回归结果。从图中可见，储蓄率的上升将推动经济增长不断加快，而人口增长率的上升则降低经济增长速度，这与前文结果一致。然而，左下角初期劳均 GDP 的影响函数几乎为平行于横轴的水平线，因此从中我们无从获知地区经济是趋于发散还是走向收敛，而本书在传统经济收敛模型和门槛效应模型中均发现了显著的条件收敛现象，非参数模型回归对数据量的更高要求可能是导致这一结果的原因之一。

图 7-12 右下角部分图形显示了人力资本对经济增长的影响变动，从中清晰可见二者之间的非线性关系。总体上，平均受教育年限对经济增长率的影响可划分为四个阶段。在第一阶段平均受教育年限较低，大于 5.5 年但小于 7 年，此时 AEDU 的增长将推动劳均 GDP 增长速度的加快。然而当平均受教育年限达到第二阶段，即位于 7-7.5 之间时，AEDU 的上升会抑制经济增长。在第三阶段，即平均受教育年限大于 7.5 年而小于 9 年时，它的上升开始提升经济增长速度。但是，当平均受教育年限超越 9 年之后，AEDU 的进一步增加将减缓经济的增长速度。

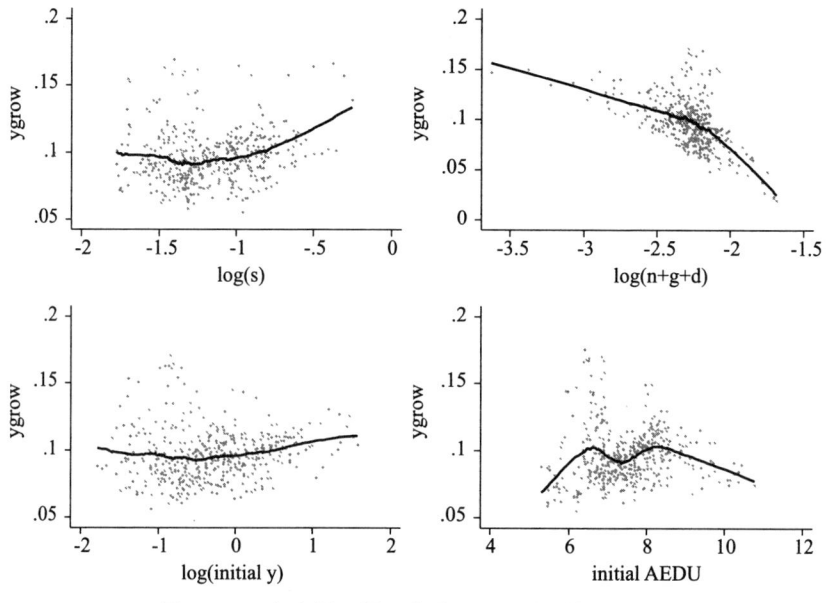

图 7-12　多变量平滑回归结果—平均受教育年限

前文 Hansen 门槛效应模型估计结果显示，平均受教育年限存在两个门槛：6.76 年和 9 年，本书的非参数回归结果与之相照应，在 6.76 年和 9 年附近，平均受教育年限对经济增长的影响截然相反，因此形成了两个转折点。该结果再次验证了人力资本对经济增长的非线性影响，因此传统线性模型回归结果是笼统和有偏的。

图 7-13 给出了采用人均劳动力人力资本指标时的回归结果，可见储蓄率和人口增长率的变动与图 7-12 大体相同，而初期劳均 GDP 的影响函数则显著向右下方倾斜，这意味着当初期劳均 GDP 水平较低时，未来的经济年均增长率会更高，即各省经济表现出条件收敛迹象。与此同时，图 7-13 显示，人均劳动力人力资本起初推动经济加速增长，但是当人力资本达到一定水平后，它对经济增长的促进作用也逐渐消失。这与图 7-12 中平均受教育年限的影响变动存在显著差异。

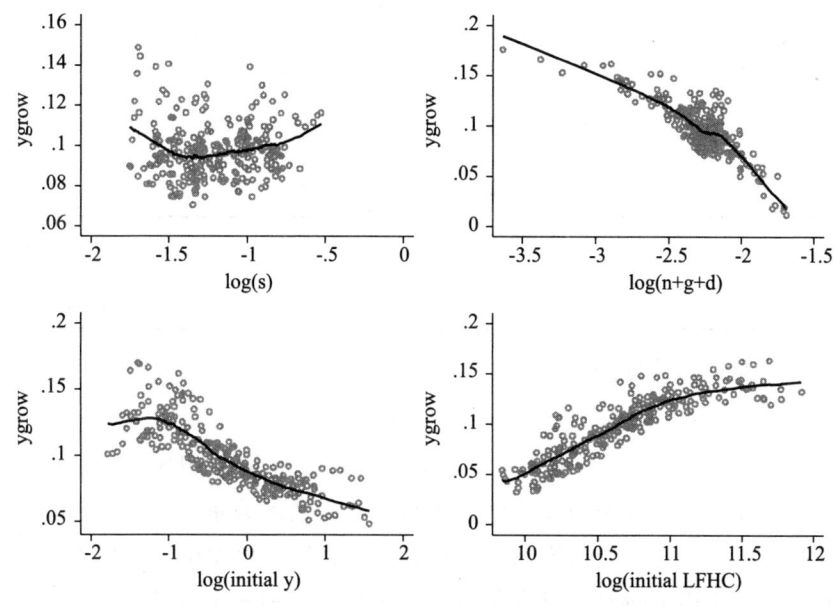

图 7-13　多变量平滑回归结果—人均劳动力人力资本

联系我国实际可知，我国的经济发展在过去以及现在都仍然依赖与劳动力密集产业，而劳动力密集产业的兴盛则源于源源不断的低成本劳动力。劳动力人力资本水平的上升将导致企业劳动力成本的增加，导致劳动密集部门竞争力的下降和利润的减少。因此，短期内，劳动力人力资本的上升并不一定引起产出的增长，这一效应会受到各省产业结构的影响。可见,各省的人力资本政策需要从自身实际出发,选择适合本省省情的措施,而不是盲目跟风强调加强高等教育投资,而忽视了基础教育的发展。

## (二) 半参数经济收敛模型回归结果

从多维非参数回归结果中可以发现(图7-12和图7-13),除人力资本变量外,储蓄率、人口增长率以及初期收入等因素对经济增长的影响均大致呈现线性变动关系,考虑到非参数回归存在的维度危机问题,本书接下来采用半参数模型展开分析,重点探讨人力资本对经济收敛的影响,基本模型如下:

$$\frac{1}{T}[\ln(y_T) - (\ln y_0)] = \eta_0 + \eta_1 \ln(s) + \eta_2 \ln(n + x + \delta) + \eta_3 \ln(y_0) + g(h_0) + v \tag{7.30}$$

模型(7.30)中假设人力资本对经济增长率的影响未知,而其他变量的影响可由线性形式表示。本书采用上文提到的差分法对模型(7.30)进行估计,其中非参数部分 $g(h_0)$ 存在多种窗宽计算方法,见表7-1,如无特殊说明,以下回归结果均使用 Silverman 最优窗宽。

表7-1　　　　　　　　人力资本变量的窗宽选择

|  | Silverman | Haerdle | Scott |
|---|---|---|---|
| $AEDU_0$ | 0.33 | 0.39 | 0.44 |
| $\log(LFHC_0)$ | 0.19 | 0.23 | 0.25 |

表7-2给出了模型(7.30)参数部分的回归结果,其中第1列和第3列采用混合横截面普通最小二乘法进行估计,第2列和第4列则使用固定效应模型[①]。当采用平均受教育年限衡量人力资本时,OLS方法得出的回归结果显示人口增长率与经济增长之间呈反向变动关系,然而储蓄率、初期劳均收入对经济增长的影响均不显著,并且针对模型中人力资本的显著性检验只在10%的水平下拒绝原假设。相反,当剔除了各省不可观测的特征因素后,固定效应模型回归结果显示储蓄率对经济的影响显著为正,而初期收入与经济增长率则显著负向相关,与此同时,人口的平均受教育年限也在1%的水平下显著影响经济增长率。可见,混合横截面OLS结果存在内生性问题,从而导致模型结果出现偏差,而固定效应模型则有效地解

---

① 面板数据的生成方式与上文相同,以五年为一个增长区间,28个省份为考察样本。

决了这一问题。

采用人均劳动力人力资本指标衡量各省人力资本时,混合横截面 OLS 回归结果和固定效应模型结果也存在一定差异,混合横截面 OLS 结果显示,储蓄率对经济增长无显著影响,而固定效应结果则表明加快固定资本积累步伐将显著推动经济加速增长。并且,固定效应结果显示,当初期劳均 GDP 降低 1% 时,未来经济年均增长率将加快 0.042 个百分点,而混合横截面 OLS 结果显示经济年增长率只会提高 0.026 个百分点,因此前者得出的经济收敛速度要远快于后者。针对非参数部分的显著性检验表明,人力资本在 5% 的水平上显著影响经济增长的快慢。

表 7-2　　　　　　　　　　半参数模型回归结果

| 变量 | $AEDU_0$ | | $\log(LFHC_0)$ | |
|---|---|---|---|---|
| | SP-OLS | SP-FE | SP-OLS | SP-FE |
| $\log(s)$ | 0.005 | 0.070*** | 0.006 | 0.044*** |
| | (0.009) | (0.010) | (0.012) | (0.015) |
| $\log(n+x+\delta)$ | -0.063*** | -0.070*** | -0.084*** | -0.058*** |
| | (0.013) | (0.010) | (0.017) | (0.017) |
| $\log(y_0)$ | 0.008 | -0.065*** | -0.026*** | -0.042*** |
| | (0.007) | (0.012) | (0.007) | (0.007) |
| 观测值 | 111 | 111 | 111 | 111 |
| R-squared | 0.251 | 0.724 | 0.435 | 0.683 |
| stest | 1.578 | 5.015 | 3.404 | 1.922 |
| P-value | 0.057 | 0.000 | 0.000 | 0.027 |

注:采用 silverman 窗宽 Gaussian 核窗宽。

图 7-14 给出了采用混合横截面 OLS 估计方法时,模型(7.32)非参数部分的回归结果,这一结果与多维非参数估计结果得出的图形非常相似(见图 7-12),均在平均受教育年限 7 年和 9 年的附近出现转折,显示出人力资本与经济增长之间的非线性变动关系。然而当采用固定效应模型剔除内生性问题之后,图 7-15 的非参数回归结果与图 7-14 截然不同。此时,平均受教育年限的增长始终推动经济增长的加快,但是在不同 AEDU 水平阶段,边际影响程度存在差异。图 7-15 显示,当 6 岁及以上人口的平均受教育年限介于 8 年-10 年之间时(第二阶段),AEDU 同样单位的增长所带来的经济增长提升更多。平均受教育年限小于 8 年或大于 10 年时,它的增长也在促进劳均收入上升速度的加快,但是影响力度均小于第

二阶段。

与平均受教育年限结果的显著差异不同,半参数混合横截面 OLS 和半参数固定效应模型得出的人均劳动力人力资本估计结果十分相似。图 7-16 和图 7-17 表明,总体上,人均劳动力人力资本上升将推动经济加速增长,然而当 LFHC 增长到一定水平后(大约 59874 元),它的进一步增加对经济增长产生的影响将微乎其微。对比二图可见,固定效应模型中人均劳动力人力资本对经济的边际影响更大,并且图 7-17 显示在人均劳动力人力资本存量超过 98715 元之后,它的增长对经济发展又一次出现正向影响,这点与图 7-16 不同。

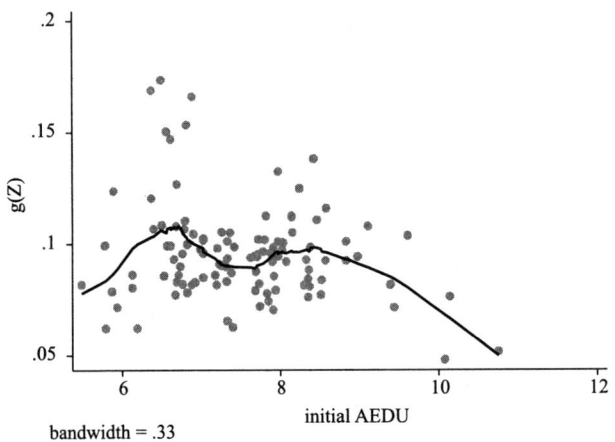

图 7-14 半参数 OLS 平滑回归结果—平均受教育年限

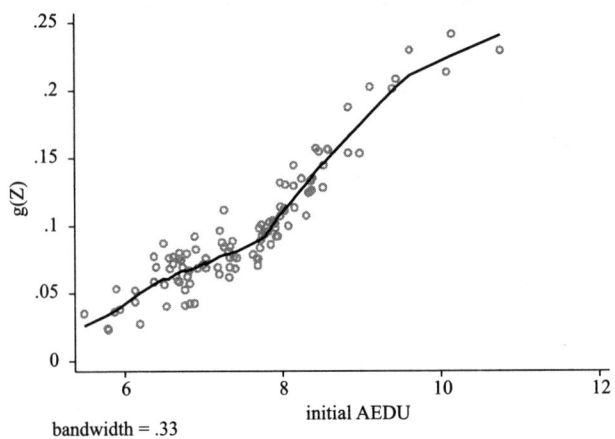

图 7-15 半参数 FE 平滑回归结果—平均受教育年限

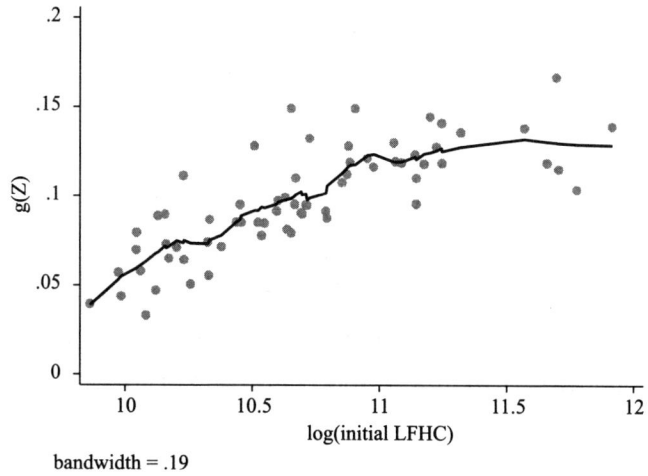

图 7-16　半参数 OLS 平滑回归结果—人均劳动力人力资本

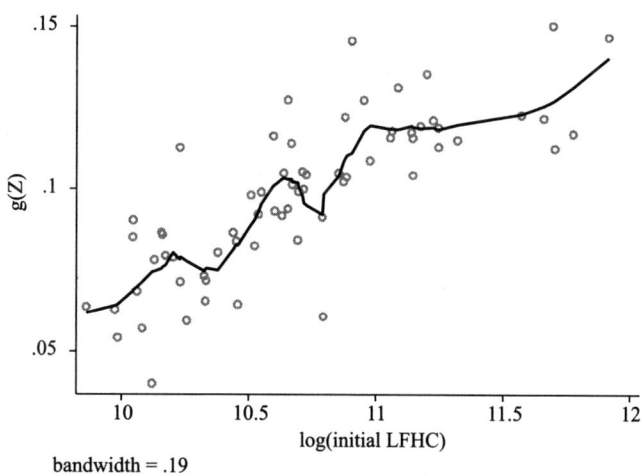

图 7-17　半参数 FE 平滑回归结果—人均劳动力人力资本

## 三、小结

本部分首先采用非参数分析方法考察了我国的经济收敛现状，并研究了人力资本与经济增长之间的关系。非参数核密度估计结果显示，我国各省劳均 GDP 的分布逐步出现俱乐部收敛现象，其中尤以低收入省份之间的经济趋同最为显著，这于上文参数分析结果大体一致。与此同时，非参数回归结果验证了人力资本与经济增长之间的非线性关系，其中平均受教育年限对经济影响的转折点与人力资本门槛效应中的估计值相符。最后，根据非参数回归结果，本章构建了半参数经济收敛模型以避免非参数回归中常见的维度危机问题，并重点研究了人力资本对经济收敛的影响，混合横截面 OLS 结果与非参数估计相似，而固定效应模型显示，平均受教育年限对经济增长始终保持正向推动作用，但是在不同阶段的边际影响不同，当 AEDU 介于 8－10 年之间时，其对经济增长的推动作用最大。与此同时，人均劳动力人力资本在达到 6 万元水平后对经济增长的影响逐渐消失，但是当其进一步上升到约 10 万元水平时，其对经济增长的促进作用便再次显现出来。

# 第八章 结论及政策建议

本书宏观篇采用省级层面的面板数据研究了我国地区经济收敛的问题,并重点针对人力资本在经济收敛中的作用进行了深入探讨。本部分实证研究立足于传统的新古典经济收敛模型,并在此基础上层层递进,通过逐步放松传统模型假设抽丝剥茧得到了稳健、客观的结论。

具体而言,本篇首先采用经典的经济收敛参数模型(Mankiw, Romer和Weil, 1992)考察我国省际经济的趋同表现为绝对收敛还是条件收敛。而后将样本按照地理位置和增长区间进行分组回归,并通过对比分析揭示经济收敛过程的非线性特质。针对人力资本对经济收敛的非线性作用途径,本部分首先采用简单的门槛效应模型进行探索,之后考虑到这类模型的设定存在主观性问题,本篇继而采用更为客观的 Hansen 人力资本门槛效应模型展开研究(Hansen, 1999)。Quah(1993)指出经济收敛参数模型得出的结论可能仅仅反映了均值回归现象,因此并不准确。为了避免这一问题,本部分彻底放松了传统参数模型对函数形式的固定假设,从数据出发,完全根据数据说话,采用先进的非参数方法研究我国的省际经济收敛现状。在此基础上,本篇进一步构建了半参数模型以规避多维非参数回归中存在的维度危机问题,并重点考察人力资本与经济增长的非线性关系。本部分实证研究中采用了固定效应模型、工具变量法、非参数模型等多种计量方法,并选取了多种人力资本衡量指标,不同模型得出的结果相互照应,互为验证和支撑,确保了本部分研究结论的稳健性和准确程度。

## 一、结论

总结上文对人力资本与经济研究的理论分析,并综合本部分的实证研究结果,我们得到以下主要结论:

第一，我国省际经济表现为条件趋同而非绝对趋同。在传统经济收敛模型中，假设所有省份和地区的稳态收入水平相同，即只考虑初期人均收入与未来经济增长率的关系时，模型结果并不显著，因此无法得出我国省际经济绝对收敛的结论。当采用扩展的生产函数，控制了储蓄率、人口增长率、人力资本等稳态收入影响因素后，初期人均收入与未来经济增长之间呈现显著的反向变动关系，这意味着初期收入落后的地区，未来经济增长将更快，即省际经济条件趋同。这一结论显示，贫穷地区仅仅依靠较低的人均收入带来的后发优势并不能实现对富裕地区的赶超，物质资本、劳动力、人力资本等要素禀赋在我国地区经济收敛机制运行中发挥了重要的作用。

第二，我国地区经济呈现俱乐部趋同倾向。本部分第五章按照地理位置将样本省份划分为沿海、中部和西部三个地区，分组的条件收敛模型结果显示，我国沿海省份和中部省份表现出显著的俱乐部收敛状况，而该现象在西部地区则不存在。当我们将中部地区和西部地区合并之后，回归结果表明中西部省份也存在俱乐部收敛倾向。进一步的，本部分第七章非参数核密度估计结果也显示1990－2009期间我国省级层面人均收入的密度分布逐渐由单峰向双峰转变，并且中西部低收入省份和沿海高收入省份的劳均GDP各自内部趋同。此外，本篇第六章人力资本门槛效应模型显示，人力资本较低省份、中等人力资本省份和人力资本较高省份也分别出现俱乐部收敛现象。

第三，人力资本显著推动经济加速增长。本部分选取了包括高中人口比率、大学人口比率、平均受教育年限、人均劳动力人力资本在内的多种人力资本指标展开实证分析，并检验回归结果的稳健程度。传统经济条件收敛模型结果显示，除大学人口比率外，所有人力资本指标均对经济增长产生显著的促进作用。具体而言，在其他因素保持不变的前提下，初期高中人口比率增加1个百分点，将促使经济增长率提高1.9个百分点；初期平均受教育年限提高1年，经济增长率将上升2.3个百分点。初期人均劳动力人力资本上升1%，经济增长率将提高0.04个百分点。这一结论验证了经济增长理论中有关人力资本作用的推论。作为世界上人口最大的国家，我国人口大国的特征实至名归，如果能够将人口数量上的优势转化为质量上的优势，实现由人口大国向人力资源大国的转变，那么我国经济增长必然更上一个台阶，社会发展也将迈入新阶段。

第四,人力资本对经济增长的影响具有非线性特征。本篇第五章分地区和分增长区间的回归结果显示,人力资本在不同地区和不同时段内对经济增长的影响程度存在显著差异。总体上,所有人力资本指标对中西部地区经济发展的推动程度都要大于沿海地区,并且就全国经济而言,这一正向推动作用在1990-1999年间更为明显。非参数和半参数回归结果验证了人力资本与经济增长之间的非线性关系,其中半参数固定效应模型显示,平均受教育年限始终正向推动经济增长,但在不同阶段的边际影响不同,当 AEDU 介于8-10年之间时,其对经济增长的推动作用最大。与此同时,人均劳动力人力资本对经济增长的影响呈现出先促进后不变而后再次促进的类阶梯型变动。因此虽然整体上人力资本对经济增长的促进作用毋庸置疑,但是不同地区、不同的人力资本水平对经济增长以及经济收敛的影响存在较大差异,这就增加了政府制定人力资本政策的难度,必须对症下药,而不能一概而统。

第五,人力资本是决定我国地区经济能否收敛的主要因素。本部分研究显示,人力资本是经济增长的主要推动力之一,因此对于人力资本较高的地区,其经济增长速度相对更快。通常情况下,发达地区的人力资本水平更高,这意味着该地区的经济增长会更快,从而导致地区经济差异越来越大甚至走向发散。当采用人均劳动力人力资本指标时,模型结果显示,落后地区较低的初期收入所产生的后发优势几乎可以完全被人力资本的相对落后程度所抵消。可见,人力资本是导致我国当前地区经济差异扩大的重要原因,而要实现地区经济趋同也必须需要依靠人力资本。因此,政府可以通过鼓励和帮助落后省份加强人力资本投资,改善当地劳动力素质,从而提升落后地区经济的相对发展速度,促进区域经济均衡发展。

## 二、政策建议

无论是新古典经济增长理论还是内生经济增长理论,两者都认为人力资本对经济发展起着重要的作用,是推动经济长期增长的重要源泉。Henderson 和 Russel(2005)利用非参数生产边界模型对国家间经济问题的研究指出,人力资本积累是促进经济增长的关键因素。因此,人力资本也必然会影响到国家或地区间的经济收敛。Acemoglu 和 Autor(2012)认为人力资本是促进地区均衡发展的关键力量,只有使人力资本积累速度赶上技术进步的步伐,地区差异才能得到改善。本部分研究进一步验证了以上结论,不论以什么样的指标度量,人力资本对中国经济增长的作用在统计意义以及经济意义上都是显著的。但是,人力资本对地区经济收敛的影响却是一把双刃剑。一方面,由于发达省份的人力资本相对丰厚,因而经济增长将更快,造成穷省更穷,富省更富,地区经济差异不断扩大的局面;另一方面,落后地区要赶上来,又必须依赖人力资本投资来提升经济发展速度,从而逐步接近先进地区,实现经济收敛。可以说,目前的经济发散是源于人力资本,而要实现经济收敛也需依靠人力资本。下面我们将依据本部分研究结论,围绕如何缩小地区经济差异,加快经济趋同速度提出如下政策建议。

### (一) 转变经济发展观念,加快供给侧结构性改革,坚持以人力资本为导向的发展战略

长期以来,我国经济发展主要依靠物质资本的贡献和推动,各级政府通过加大公共基础设施投资,出台优惠政策吸引外商直接投资等途径来发展当地经济。然而,随着我国经济转型和产业结构升级的逐步深化,以物质资本为导向的经济发展战略已经无法保障经济的持续稳定增长。中国国民经济和社会发展统计公报显示,自2008年全球经济危机以来,人口红利逐步衰减,经济发展进入新常态,我国经济增长率持续走低。2010年国内生产总值较上年增长10.3%,2011年GDP增长率下降为9.2%,2014年经济增长率为7.3%,到2016年中国经济增速进一步下降为6.7%。可见,政府要想维持经济的快速增长就必须转变发展观念,寻求新的经济发展战略,这也正是我国政府目前正在不断尝试和推行改革的出发点。

2015年中央财经领导小组第十一次会议上,习近平总书记提出了供给侧结构性改革的概念,突破了以往依靠需求侧改革,如投资、消费和出口等拉动经济增长的局限,提倡从劳动力、土地、资本、制度创造、创新等供给侧因素着手调整经济结构,实现要素的最优配置,从而提升经济增长的数量和质量。供给侧改革以去产能、去库存、去杠杆、降成本、补短板为重点,以创新、协调、绿色、开放、共享为五大发展理念,追求发展的平衡性、包容性和可持续性。而人力资本作为供给侧要素中的重要部分,是推动供给侧结构性改革的关键环节。首先,人力资本代表了劳动力的质量水平,在人口红利衰减的现在劳动力素质的提升成为关键。第二,人力

资本能够提高土地、资本等要素的利用效率，推动制度的创造，是创新行为产生的前提和源泉。本书宏观篇研究结果显示，人力资本是经济发展强有力的催化剂和助推器，人力资本水平的提高显著推动经济加速增长，尤其是落后地区人力资本水平的上升有利于提高经济收敛速度，从而更快的实现区域经济均衡发展。世界经济发展史中也不乏通过人力资本积累实现经济飞跃的国家范例。因此结合我国当前国情，各级政府应及时转变固有的经济发展观念，切实推进共计侧结构性改革，坚持以人力资本为导向的发展战略。

### （二）从比较优势出发，鼓励和帮助中西部地区加大人力资本投资力度

新古典经济增长模型认为在资本边际报酬递减的前提下，落后地区经济增长必将快于先进地区，区域经济水平将最终趋同。然而改革开放以来，新古典经济模型预期的经济收敛并没有在我国出现，相反地区经济差异却愈演愈烈。本书实证结果表明，我国经济存在经济收敛的潜力，即控制储蓄率、人口增长率、人力资本等因素后，地区经济趋于条件收敛。进一步的，数据分析显示，省级储蓄率和人口增长的相对变化正朝着有利于地区经济趋同的方向发展，因此人力资本是造成目前地区经济差异不断扩大的重要原因。落后省份只有大力加强人力资本投资，改善本地劳动力质量，才有机会赶上发达省份，中国经济才可能实现地区收敛。

第一，近年来，政府出台了一系列投资政策支持落后地区的经济发展，如"西部大开发"、"中部崛起"和"振兴东北老工业基地"等战略举措，来鼓励和支持落后地区的经济发展，试图缩小地区经济差距。与此同时，剩余劳动力也大规模的由落后地区向发达地区流动，这些变化使得基于固定资本投资和劳动力增长来影响地区均衡发展的机制显现出一定效果，有助于推动地区经济的逐步收敛。然而，人力资本政策却相对滞后，特别是落后省份人力资本投资相对不足，例如，2009年，沿海发达省份的平均教育经费支出达到西部省份的2.7倍，是同期中部省份的1.3倍。2015年，北京市的公共财政教育支出为847.43亿元，几乎与同期安徽省的教育支出856.73亿元持平。就生均公共财政预算教育事业费而言，北京市2015年普通小学的经费支出为23757.4元，而安徽省为7766.51元，不到北京市的三分之一。普通高等学校生均支出差距更为悬殊，2015年北京市的支出为61343.96元，而安徽省为12253.01元，不足北京市的五分之

一。这种教育支出上的巨大差异必然导致各地区人口素质即人力资本水平的差异,从而抑制地区间经济收敛机制的运转,甚至推动经济走向发散,使地区非均衡发展持续恶化。本文研究指出,人力资本差异是导致地区经济发散的症结所在。因此政府必须帮助中西部地区增强人力资本投资,加大对该地区人力资本方向的财政扶持力度,如公共教育支出、职工培训计划等。只有这样中西部落后省份的人力资本水平才能得到改善,经济发展速度才能实现提升,地区经济差异才会不断缩减。

第二,确立政府为主导,企业、家庭多层次协同发展的人力资本投资体系。根据投资主体的差异,人力资本投资可分为政府投资、企业投资和家庭投资三个层面。考虑到落后地区对人力资本投资的长期刚性需求,仅依靠政府力量往往是不足的,必须发动企业和家庭加入人力资本投资行列,积极构建政府、企业、家庭多层次协同发展的人力资本投资体系。首先,政府应当鼓励并积极引导企业开展在职培训,并在严格把关、稳步推行的前提下推动民营资本进入教育领域。其次,政府应当加快收入分配改革步伐,改善居民收入结构,为家庭人力资本投资提供实际支持。通过政府、企业、家庭层面人力资本投资的协同作用,落后地区人力资本水平将得到有效提升,进而推动其对先进地区的赶超,实现地区经济协调发展。

第三,需要注意的是,人力资本与经济增长之间并不是纯粹的线性变动关系,不同的人力资本水平对经济的边际推动作用存在显著差异。本书认为人力资本政策的制定需要因地制宜,必须根据当地的经济发展水平,尤其是产业结构需求进行有的放矢的投资,确保培养出来的人力资本与本地产业匹配,能够被本地经济所吸收。对于先进地区而言,高新技术企业云集,对技术创新人才的需求十分旺盛,投资于高等教育能够确保本地经济的领先地位。而对于落后地区而言,一味提倡发展高等教育是不可取的,不符合比较优势原则。本地企业的最优选择应当是以吸收先进地区技术溢出为主,因此可以重点投资于职业教育和工人的在职培训等,在现有基础上稳扎稳打谋求发展。通过资本的积累逐渐改善本地产业结构,并调整人力资本政策,最终实现对先进地区的赶超。

**(三) 构建完善的人力资本制度体系,提高人力资本培养质量和利用效率**

人力资本制度体系包括教育制度体系和劳动力市场制度体系两大方面,涵盖了个体从接受教育到就业工作的方方面面。当前,我国人力资本制度体系还存在很多不完善的地方，直接影响到人力资本培养质量及其利用效率。改善这一问题可从以下方面入手：

第一，开展教育体制改革，消除教育不公现象，提高人力资本培养质量。

当前，我国实施了九年义务教育、高等教育扩招等惠及全民的教育政策，取得了极大的成效，人口素质得到显著提高。然而教育不公现象仍然存在，表现为沿海地区和中西部地区、发达省份和落后省份之间在教育机遇和教育投入方面都存在巨大差距。一方面，受到经济条件等多方面因素的制约，落后地区往往各级学校的数目和教学水平都低于发达地区，而户籍壁垒的存在进一步制约落后地区个体只能在本地接受教育，这个过程通常是从小学到高中阶段。而接下来就面临千军万马过独木桥的高考，此时的教育不公现象也最为明显，高等院校在不同地区的招生指标和招生要求存在天壤之别。落后地区考生要想进入心仪的学府往往需要获得极其高的分数，很多考生因此失去了继续深造的机会，而这类学校发达地区考生凭借自己的出生优势就能相对轻松地进入。尤其是农村地区考生面临的不公平现状更为严重，这一现象已经引起了社会公众的关注，高考招生改革也成为当前的热点话题。一些研究认为我国已经出现了阶级固化现象，贫穷家庭子女通过教育实现阶层改善的路径已被打断。

另一方面，上文也谈到发达地区的教育经费投入远高于落后地区，这必然导致两地学校的师资力量、教学设施、教学水平存在差异，从而影响到学生听课效果和知识吸收水平，也就是人力资本的培养质量。如果落后地区的人力资本培养质量始终低于发达地区，那么实现对发达地区经济的赶超将是无稽之谈。

就我国的高等教育来看，扩招政策实施以来，高校招生人数、在校生人数和毕业人数大幅增长。相应的，国家针对高等教育的经费投入也逐年增加，高校师资力量不断增强。但是，伴随着高校规模的迅速扩张，高校生师比持续上升，近年已超出同期发达国家水平，而生均教育投入则远远低于美国等发达国家。与此同时，高校毕业生就业率呈逐年下降趋势，就业现状不容乐观，由此甚至产生出"读书无用论"的观点。高校毕业生质量的下降和人才培养机制的固化被认为是导致毕业生毕业即失业的主要原因。因此大力推进高校改革，提高高等教育经费投入，尤其是落后地区的经费投入，是改善高校办学质量，改善人力资本培养水平的必由之路。

第二，加快劳动力市场改革，消除制度性壁垒，提高人力资本利用效率。

由于户籍制度和地方政策等制度性壁垒的存在，我国劳动力不能实现自由流动，社会保障体系的不完善则进一步限制了劳动力的择业区域。这类因素影响到我国劳动力的配置效率，导致物不能尽其用现象的存在，即个体的就业岗位不能充分发挥自身人力资本，从而造成人力资本的浪费，影响到经济的发展。制度性壁垒的影响具有长期性，已经处于过度教育状态①的工人受其影响不能够流动到匹配的工作岗位，致使人力资本浪费现象持续存在。因此，只有加快户籍制度和社会保障体系改革，取消限制性地方就业政策，才能促进人才在各地区间的自由流动，改善劳动力市场人力资本利用效率。

从劳动力需求角度来看，目前我国各地区都出现了不同程度的人才高消费状况，即用人单位在招聘时刻意提高学历门槛，使其高出岗位实际所需水平。人才高消费一方面必然导致企业用人成本的增加，另一方面也会加剧劳动力市场过度教育程度，这不仅降低过度教育员工的工作效率，而且有悖于企业投入产出效益最大化的经营目标。因此，相关部门应当制定政策鼓励企业改变用人观念，避免人才高消费，从劳动力需求层面提高人力资本利用效率。

综合以上，政府应当从需求和供给两方面对劳动力市场进行改革，逐步降低直至彻底消除制度性壁垒，建立全国性的统一的劳动力市场，为劳动力的自由流动和优化配置奠定制度基础。只有这样，我国的人力资本才能被充分调动起来，切实成为经济发展的核心推动力。当然，劳动力市场改革必然伴随着人才的大量流动，如何防止人才流失，实现人才获得将成为各地政府面临的重要挑战。落后地区必须抓住机遇，制定有效的激励措施留住已有人才，并采取各种优惠政策吸引新型人才流入。只有这样落后地区才能真正从劳动力市场改革中获益，改善本地的人力资本状况，藉此缩小与发达地区之间的差距，推动区域经济均衡发展。

---

① 过度教育是指劳动力实际受教育水平超过就职岗位所需水平的一种就业状态，与之相对应的还包括教育适度和教育不足，它们分别指劳动力实际受教育水平等于或低于就职岗位的需求。

**参考文献**

[1] Heckscher, Eli F. The Effects of Foreign Trade on the Distribution of Income. Cambridge: MIT Press, 1991.

[2] Samuelson, Paul A. International Trade and the Equalization of Factor Prices. Economic Journal, 1948, 58 (230): 163 - 184.

[3] 潘文卿. 中国区域经济差异与收敛. 中国社会科学, 2010, 1: 72 - 84.

[4] Zhang Zongyi, Liu Aying and Yao Shujie. Convergence of China's Regional Incomes 1952 - 1997. China Economic Review, 2001, 12 (2 - 3): 243 - 258.

[5] 覃成林, 刘迎霞和李超. 空间外溢与区域经济增长趋同—基于长江三角洲的案例分析. 中国社会科学, 2012, 5: 76 - 94.

[6] Hiroshi Sakmoto, Nazrul Islam. Convergence Across Chinese Provinces: an Analysis Using Markov Transition Analysis. China Economic Review, 2008, 19 (1): 66 - 79.

[7] 蔡昉和都阳. 中国地区经济增长的趋同与差异. 经济研究, 2000, 10: 30 - 37.

[8] Chen, J., and Fleisher, B. M. Regional Income Inequality and Economic Growth in China. Journal of Comparative Economics, 1996, 22 (2): 141 - 164.

[9] 刘强. 中国经济增长的收敛性分析. 经济研究, 2001, 6: 70 - 77.

[10] 沈坤荣和唐文健. 大规模劳动力转移条件下的经济收敛性分析. 中国社会科学, 2006, 5: 46 - 57.

[11] Jorgenson, Dale W., and Fraumeni, Barbara M. Education and Productivity Growth in a Market Economy. Atlantic Economic Journal, 1993, 21 (2): 1 - 25.

[12] 沈坤荣和马俊. 中国经济增长的"俱乐部收敛"特征及其成因研究. 经济研究, 2002, 1: 33 - 39.

[13] Belton Fleisher, Haizheng Li, and Minqiang Zhao. Human Capital, Economic Growth and Regional Inequality in China. Journal of Development Eco-

nomics, 2010, 92 (2): 215 - 231.

［14］周业安和章泉. 参数异质性、经济趋同与中国区域经济发展. 经济研究, 2008, 1: 60 - 75.

［15］周亚虹, 朱保华和刘俐含. 中国经济收敛速度的估计. 经济研究, 2009, 6: 40 - 51.

［16］Elmslie, Bruce T., 1995, "Retrospectives: The Convergence Debate Between David Hume and Josiah Tucker", Journal of Economic Perspective, Vol. 9, pp. 207 - 216.

［17］Hume, David. Essays and Treatie's on Several Subjects. London: A. Millar, 1758.

［18］Veblen, Thorstein. Imperial Germany and the Industrial Revolution. New York: Macmillan, 1915.

［19］Gerschenkron, Alexander. Economic Bakwardness in Historical Perspective. Chicago: The University of Chicago Press, 1952, 3 - 29.

［20］Abramovitz, Moses. Catching Up, Forging Ahead, and Falling Behind. Journal of Economic History, 1986, 46 (2): 385 - 406.

［21］Abramovitz, Moses and Paul A. David. Convergence and Deferred Catch - Up - Productivity Leadership and the waning of American Exceptionalism. Stanford, CA: Stanford University Press, 1996, 21 - 62.

［22］Baumol, William J. Productivity Growth, Convergence, and Welfare: What the Long - Run Data Show. American Economic Review, 1986, 76 (5): 1072 - 85.

［23］Baumol, William J. Multivariate Growth Patterns: Contagion and Common Forces as Possible Sources of Convergence. Oxford: Oxford University Press, 1994, 62 - 85.

［24］Blomstrom, Mangus, Robert Lipsey, and Mario Zejan. Is Fixed Investment the Key to Economic Growth? Quarterly Journal of Economics, 1996, 111 (1): 269 - 276.

［25］Mansfield, Edwin, Mark Schwartz, and Samuel Wagner. Imitation Costs and Patents: An Empirical Study. Economic Journal, 1981, 91 (364): 907 - 918.

［26］Teece, David J. Technological Transfer by Multinational Firms: The

Resource Cost of Transferring Technological Know - How. Economic Journal, 1977, 87 (346): 242 - 261.

[27] Mansfield, Edwin. How Rapidly Does New Industrial Technology Leak out? Journal of Industrial Economics, 1985, 34 (2): 217 - 223.

[28] Caballero, Ricardo and Adam B. Jaffe. How High are the Giants' Shoulders: An Empirical Assessment of Knowledge Spillovers and Creative Destruction in a Model of Economic Growth. NBER Macroeconomics Annual, Cambridge: MIT Press, 1993, 15 - 74.

[29] Robert M. Solow. A Contribution to the Theory of Economic Growth. Quarterly Journal of Economics, 1956, 70 (1): 65 - 94.

[30] Robert M. Solow. Technical Change and the Aggregate Production Function. Review of Economics and Statistics, 1957, 39 (3): 312 - 320.

[31] Robert M. Swan. Economic Growth and Capital Accumulation. Economic Record, 1956, 32 (2): 334 - 361.

[32] Barro, Robert. Economic Growth in a Cross Section of Countries. Quarterly Journal of Economics, 1991, 106 (2): 407 - 443.

[33] Barro R. J., Salai Martin X., Blanchard O. J., and Hall R. E. Convergence Across States and Regions. Brookings Papers on Economic Activity, 1991, 1991 (1): 107 - 182.

[34] Barro, Robert, and Jong - Wha Lee. International Comparisons of Educational Attainment. Journal of Monetary Economics, 1993, 32 (3): 363 - 394.

[35] Farhad Rassekh. The Convergence Hypothesis: History, Theory, and Evidence. Open Economies Review, 1998, 9 (1): 85 - 105.

[36] Barro R. J., and Salai Martin X. Convergence. Journal of Political Economy, 1992, 100 (2): 223 - 251.

[37] Barro, Robert, and Salai Martin X. Regional Growth and Migration: A Japan - United States Comparison. Journal of the Japanese and International Economies, 1992, 6 (4): 312 - 346.

[38] Romer Paul. Crazy Explanations for the Productivity Slowdown. NBER Macroeconomics Annual, Cambridge: MIT Press, 1987a, 163 - 210.

[39] Romer, Paul M. Growth Based on Increasing Returns Due to Special-

ization. American Economic Review, 1987b, 77 (2): 56-62.

[40] Lucas, Robert E., Jr. On the Mechanics of Development Planning. Journal of Monetary Economics, 1988, 22: 3-42.

[41] Mankiw Gregory, David Romer and David Weil. A Contribution to the Empirics of Economic Growth. The Quarterly Journal of Economics, 1992, 107: 407-437.

[42] Cass, David. Optimum growth in an aggregative model of capital accumulation. Reviw of Economic Studies, 1965, 32 (3): 233-240.

[43] Koopmans, Tjalling C. On the concept of optimal economic growth. Amsterdam: North-Holland, 1965.

[44] 胡怀国. 内生增长理论的产生、发展与争论. 宁夏社会科学, 2003, 2: 24-30.

[45] Arrow, Kenneth J. The Economic Implications of Learning by Doing. Review of Economic Studies, 1962, 29: 155-73.

[46] Romer, Paul M. Increasing Returns and Long-Run Growth. Journal of Political Economy, 1986, 94 (5): 1002-37.

[47] Schultz, T. Investment in Human Capital. American Economic Review. 1961, 51 (1): 1-17.

[48] Gary S. Becker. Human capital: a theoretical analysis with special reference to education. National Bureau for Economic Research, New York: Columbia University Press, 1964.

[49] Krueger B. and Lindahl M. Education for growth: why and for whom? Journal of Economic Literature, 2001, 39: 1101-1136.

[50] Aghion P, Howitt P. Unemployment: A Symptom of Stagnation or a Side-Effect of Growth? European Economic Review. 1991, 35 (2-3): 535-541.

[51] Grossman, G.M. and E. Helpman. Innovation and growth in the global economy. Cambridge, MIT Press, 1991.

[52] Romer, Paul. Endogenous Technological Change. Journal of Political Economy, 1990a, 89 (5): S71-S102.

[53] Romer, Paul. Human Capital and Growth: Theory and Evidence. Carnegie-Rochester Conference Series on Public Policy, 1990b, 32: 251-86.

[54] Jess Benhabib, and Mark M. Spiegel. The Role of Human Capital in Economic Development: Evidence from Aggregate Cross - country Data. Journal of Monetary Economics, 1994, 34 (2): 143 - 173.

[55] Madison, Angus. Phases of capitalist development. Oxford: Oxford Univeristy Press, 1982.

[56] Summers, Robert, and Alan Heston. A new set of international comparisons of real product and price levels, estimate for 130 countries, 1950 - 1985. Review of Income and Wealth, 1988, 34 (1): 1 - 25.

[57] Gary S. Becker, Murphy M Kevin and Tamura. R. Human capital, fertility and economic growth. The Journal of Political Economy, 1990, 98 (5): S12 - S37.

[58] Robert Tamura. Human Capital and Economic Development. Journal of Development Economics, 2006, 79 (1): 26 - 72.

[59] Kalemli - Ozcan, S., Ryder, H. E., and Weil D. N. Mortality decline, human capital investment and economic growth. Journal of Development Economics, 2000, 62 (1): 1 - 23.

[60] Faini Riccardo. Increasing returns, migration and convergence. Journal of Development Economics, 1996, 49: 121 - 136.

[61] Duleep O. Harriet and Regets C. Mark. Immigrants and human capital investment. Immigrant Policy and Immigrant Quality, 1999, 89 (2): 186 - 191.

[62] Andros Kourtellos. Modeling parameter heterogeneity in cross country growth regression models. Working paper, 2002.

[63] Kottaridi C. and Stengos. T. Foreign direct investment, human capital and nonlinearities in economic growth. Jounal of Macroeconomics, 2010, 32 (3): 858 - 871.

[64] Machlup, Fritz. Education and Economic Growth. Lincoln: U. Nebraska Press, 1970.

[65] Uzawa, Hirofumi. Optimum Technical Change in an Aggregative Model of Economic Growth. International Economic Review, 1965, 6 (1): 18 - 31.

[66] Nelson, Richard R. and Edmund S. Phelps. Investment in Humans,

Technological Diffusion, and Economic Growth. American Economic Review, 1966, 56 (1/2): 69 – 75.

[67] Jacobs, Jane. The Economy of Cities. New York: Random House, 1969.

[68] Temple, J. The new growth evidence. Journal of Economic Literature, 1999, 37 (1): 112 – 156.

[69] Mark Bils and Klenow J. Peter. Does schooling cause growth? The American Economic Review, 2000, 90 (5): 1160 – 1183.

[70] Klenow P., and A. Rodrguez – Clare. The neoclassical revival in growth economics: has it gone too far? NBER Macroeconomics Annual, 1997: 73 – 103.

[71] George Kyriacou. Level and Growth Effects of Human Capital: a Cross – country Study of the Convergence Hypothesis. C. V. Starr Center for Applied Economics, Working paper, 1991.

[72] Lau, J. L., Jamison, D. T. AND Louat F. F. Education and productivity in developing countries: an aggregate production function approach. World Bank working paper, 1991.

[73] Pritchett Lant. Where has all the education gone? World Bank working paper, 1996.

[74] Pritchett Lant. Where has all the education gone? The World Bank Economic Review, 2001, 15 (3): 367 – 391.

[75] Easterly, W., and R. Levine. Africa's growth tragedy: policies and ethnic divisions. Quarterly Journal of Economics. 1997, 112 (4): 1203 – 1250.

[76] Nazrul Islam. Growth Empirics: a Panel Data Approach. The Quarterly Journal of Economics, 1995, 110 (4): 1127 – 1170.

[77] Hall R, Jones CI. Why do some countries produce so much more output per worker than others? Quarterly Journal of Economics, 1999, 114 (1): 83 – 116.

[78] Mamuneas P. T., Savvides A., and Stengos T. Economic development and the return to human capital: a smooth coefficient semi – parametric approach. Journal of Applied Economics, 2006, 21: 111 – 132.

[79] Schultz, Theodore W. Capital formation by education. Journal of Po-

litical Economy, 1960, 68 (6): 571 - 583.

[80] Schultz, Theodore. Investment in Human Capital: The Role of Education and of Research. New York: The Free Press, 1971.

[81] Becker, Gary S.. Human capital: a theoretical and empirical analysis. New York: Columbia University Press and National Bureau of Economic Research, 1975.

[82] Griliches, Zvi. Notes on the role of education in production functions and growth accounting. New York: National Bureau of Economic Research and Columbia University Press, 1970, 71 - 115.

[83] Denison, Edward F.. Accounting for Slower Economic Growth: The United States in the 1970s. Washington, DC: Brookings Institution, 1979.

[84] Maddison, Angus. Growth and slowdown in advanced capitalist economies: techniques of quantitative assessment. Journal of Economic Literature, 1987, 25 (2): 649 - 706.

[85] Denison, Edward F.. The interruption of productivity growth in the united states. Economic Journal, 1983, 93 (369): 56 - 77.

[86] Maddison, Angus. Phases of Capitalist Development. Oxford: Oxford University Press, 1982.

[87] Gerschenkron, Alexander. Economic backwardness in historical perspective. Chicago: University of Chicago Press, 1952.

[88] Kuznets, Simon. Population, capital, and growth: selected essays. New York: W. W. Norton and Company, 1973.

[89] Abramovitz, M.. Catch - up and convergence in the postwar growth boom and after. New York: Oxford University Press, 1994, 86 - 125.

[90] Baumol, William J., Wolff, Edward N., Batley Blackman, Sue Anne. Productivity and American leadership: the long view. Cambridge: M. I. T. Press, 1989.

[91] Barro J. Robert. Human capital and growth, history, and policy. AEA Papers and Proceedings, 2001, 91 (2): 12 - 17.

[92] Wolff, Edward N., Gittleman, Maury. The role of education in productivity convergence: does higher education matter? Amsterdam: Elsevier Science Publishers B. V., 1993, 147 - 167.

[93] Welch, Finis R.. Education in production. Journal of Political Economy, 1970, 78 (1): 35 – 59.

[94] Bartel, Ann P., Lichtenburg, Frank R.. The comparative advantage of educated workers in implementing new technology. Review of Economics and Statistics, 1987, 69 (1): 1 – 11.

[95] Mincer, Jacob, Higuchi, Yoshio. Wage structures and labor turnover in the united states and japan. Journal of the Japanese and International Economies, 1988, 2 (2): 97 – 113.

[96] Gill, Indermit S.. Technological Change, Education, and Obsolescence of Human Capital: Some Evidence for the U. S. Mimeo, November, 1989.

[97] Howell, David R., Wolff, Edward N.. Technical change and the demand for skills by us industries. Cambridge Journal of Economics, 1992, 16 (2): 127 – 146.

[98] Wolff, Edward N.. Technology, capital accumulation, and long run growth. London: Edward Elgar Publishing Ltd, 1994, 53 – 74.

[99] Salvador Ortigueira and Manuel S. Santos. On convergence in endogenous growth models. Working papers 9409, Centro de Investigacion Economica, 1994.

[100] Barro, R. J. and J. W. Lee. International Measures of Schooling Years and Schooling Quality. American Economic Review, 1996, 86 (2): 218 – 223.

[101] Robert J. Barro, and J. W. Lee.. International Data on Educational Attainment: Updates and Implications. Oxford Economic Papers, 2001, 53 (3): 541 – 563.

[102] Kyriacou, Georges Andreas. Growth, Human Capital, and the Convergence Hypothesis: A Cross – Country Study: [dissertation]. New York: New York University, 1991.

[103] Robert J. Barro, and Xavier Salai Martin. Economic Growth. Cambridge: MIT Press, 1995.

[104] Kalaitzidakis P., Mamuneas P. T., Savvides A., and Stengos T.. Measures of Human Capital and Nonlinearities in Economic Growth. Journal of Economic Growth, 2001, 6 (3): 229 – 254.

[105] Robert J. Barro. Determinants of Economic Growth: A Cross - Country Empirical Study. Cambridge: The MIT Press, 1998.

[106] Krueger B. and Lindahl M. Education for growth: why and for whom? Journal of Economic Literature, NBER Working Paper, 2000.

[107] Azariadis C., Drazen A.. Threshold Externalities in Economic Development. The Quarterly Journal of Economics, 1990, 105 (2): 501 - 526.

[108] Durlauf N. S. and Johnson A. P. Multiple Regimes and Cross - Country Growth Behavior. Journal of Applied Econometrics, 1995, 10 (4): 365 - 384.

[109] Durlauf, S. N., Kourtellos, A. and A. Minkin. The Local Solow Growth Model. European Economic Review, 2001, 45 (4 - 6): 928 - 940.

[110] Durlauf, S. N., P. A. Johnson and J. R. W. Temple. Growth Econometrics. Handbook of Economic Growth, Amsterdam: Elsevier, 2005, 555 - 677.

[111] Durlauf, S. N., Johnson, P. A., and Temple, J. R. W. The Econometrics of Convergence. Palgrave Handbook of Econometrics, Volume 2: Applied Econometrics. Palgrave Macmillan, 2009.

[112] Liu, Zhenjuan, Stengos, Thanasis. Non - linearities in Cross - Country Growth Regressions: A Semiparametric Approach. Journal of Applied Econometrics, 1999, 14 (5): 527 - 38.

[113] Liu, Zhenjun, Stengos, Thanasis and Li, Qi. Nonparametric model check based on local polynomial fitting. Statistics and Probability Letters, 2000, 48 (4): 327 - 334.

[114] Levine, Rossand Renelt, David. A Sensitivity Analysis of Cross - Country Growth Regressions. American Economic Review, 1992, 82 (4): 942 - 63.

[115] Behrman, Jere R. and Rosenzweig, Mark R.. Caveat emptor: Cross - country data on education and the labor force. Journal of Development Economics, 1994, 44 (1): 147 - 171.

[116] Edward N. Wolff. Productiivity Convergence among OECD Countries: The Postwar Experience. International Productivity Monitor, 2000, 1 (Fall): 17 - 22.

[117] 刘夏明、魏英琪、李国明. 收敛还是发散? 中国区域经济发展争论的文献综述. 经济研究, 7: 70-81.

[118] Yang, Dennis Tao. What has caused regional inequality in China? China Economic Review, 2002, 13 (4): 331-334.

[119] Fleisher, Belton M. & Wang, Xiaojun. Skill differentials, return to schooling, and market segmentation in a transition economy: the case of Mainland China. Journal of Development Economics, 2004, 73 (1): 315-328.

[120] Démurger, Sylvie. Infrastructure development and economic growth: an explanation for regional disparities in China? Journal of Comparative Economics, 2001, 29 (1): 95-117.

[121] Sylvie Démurger, Jeffrey D. Sachs, Wing Thye Woo, Shuming Bao, Gene Chang and Andrew Mellinger. Geography, Economic Policy, and Regional Development in China. Asian Economic Papers, 2002, 1 (1): 146-197.

[122] 陈晓玲和李国平. 地区经济收敛实证研究方法评述. 数量经济技术经济研究, 2007, 8: 151-160.

[123] 王志刚. 质疑中国经济增长的条件收敛性. 管理世界, 2004, 3: 25-30.

[124] 彭国华. 我国地区经济的长期收敛性——一个新方法的应用. 管理世界, 2006, 9: 53-58.

[125] 彭国华. 我国地区经济的俱乐部收敛性. 数量经济技术经济研究, 2008, 12: 49-58.

[126] Sakamoto, Hiroshi and Islam, Nazrul. Convergence across Chinese provinces: An analysis using Markov transition matrix. China Economic Review, 2008, 19 (1): 66-79.

[127] C. Cindy Fan and Mingjie Sun. Regional Inequality in China, 1978-2006. Eurasian Geography and Economics, 2008, 49 (1): 1-20.

[128] 赵伟和马瑞永. 中国经济增长收敛性的再认识——基于增长收敛机制的分析. 管理世界, 2005, 11: 12-21.

[129] 陈安平和李国平. 中国地区经济增长的收敛性: 时间序列的经验研究. 数量经济技术经济研究, 2004, 11: 31-35.

[130] 滕建州和梁琪. 中国区域经济增长收敛吗? 基于时间序列的随机收敛和收敛研究. 管理世界, 2006, 12: 32-41.

[131] Fujita M. and D. Hu. Regional Disparity in China 1985 – 1994: the Effects of Globalization and Economic Liberation. The Annals of Regional Science, 2001, 35 (1): 3 – 37.

[132] Hu, D.. Trade, Rural – Urban Migration, and Regional Income Disparity in Developing Countries: a Spatial General Equilibrium Model Inspired by the Case of China. Regional Science and Urban Economics, 2002, 32 (3): 311 – 338.

[133] 朱发仓和苏为华. 区域经济收敛与比较优势发展——基于行业的动态 Panel 模型分析. 管理世界, 2006, 9: 46 – 70.

[134] 魏后凯等著. 中国地区发展: 经济增长、制度变迁与地区差异. 北京: 经济管理出版社, 1997.

[135] 李坤望和陈雷. APEC 经济增长收敛性的经验分析. 世界经济, 2005, (9): 28 – 32.

[136] 李海峥, 梁赟玲, Barbara Fraumeni 等, 中国人力资本测度与指数构建 [J]. 经济研究, 2010, 8.

[137] 林毅夫. 发展战略、自生能力和经济收敛. 经济学 (季刊), 2002, 1 (2): 269 – 300.

[138] 林毅夫. 后发优势与后发劣势——与杨小凯教授商榷. 经济学 (季刊), 2003, 3 (4): 989 – 1004.

[139] 林毅夫和刘明兴. 中国的经济增长收敛与收入分配. 世界经济, 2003 (8): 3 – 14.

[140] 林毅夫, 董先安和殷韦. 技术选择、技术扩散与经济收敛. 财经问题研究. 2004, (6): 3 – 10.

[141] 林毅夫和张鹏飞. 后发优势、技术引进和落后国家的经济增长. 经济学 (季刊), 2005, 5 (1): 53 – 74.

[142] 潘士远和林毅夫. 发展战略、知识吸收能力与经济收敛. 数量经济技术经济研究, 2006, (2): 3 – 13.

[143] Berthelemy, Jean – Claude & Demurger, Sylvie. Foreign Direct Investment and Economic Growth: Theory and Application to China. Review of Development Economics, Wiley Blackwell, 2000, 4 (2): 140 – 55.

[144] 马栓友和于红霞. 转移支付与地区经济收敛. 经济研究, 2003, (3): 26 – 33.

[145] 范剑勇和张涛. 结构转型与地区收敛：美国的经验及其对中国的启示. 世界经济, 2003, (1): 42-48.

[146] Fleisher, Belton M. and Chen, Jian. The Coast-Noncoast Income Gap, Productivity, and Regional Economic Policy in China. Journal of Comparative Economics, 1997, 25 (2): 220-236.

[147] Cai F., Wang D. and Yang Du. Regional disparity and economic growth in China, the impact of labormrket distortion. China Economic Review, 2002, 13: 197-212.

[148] 张胜、郭军、陈金贤. 中国省际长期经济增长绝对收敛的经验分析. 世界经济, 2001, 6: 67-70.

[149] 陆根尧. 经济增长中的人力资本效应——对中国高速增长区域的统计分析. 统计研究, 2002, (10): 13-16.

[150] 郭剑雄. 人力资本生育率与城乡收入差距的收敛. 中国社会科学, 2005, (3): 27-37.

[151] 汪锋, 张宗益和康继军. 企业市场化、对外开放与中国经济增长条件收敛. 世界经济, 2006, (6): 48-60.

[152] Derek Jones, Cheng Li and Ann L. Owen. Growth andregional inequality in China during the reform era. China Economic Review, 2003, 14 (2): 186-200.

[153] Yehua Dennis Wei. Regional inequality in China. Progress in Human Geograph, 1999, 23 (1): 49-59.

[154] Brunn, J. F., Combes, J. L., and Renard, M. F.. Are there spillover effects between coastal and non-coastal regions in China? China Economic Review, 2002, 12 (2-3): 161-169.

[155] OECD. The Well-being of Nations: The Role of Human and Social Capital. Paris: OECD, 2001.

[156] 张晓蓓和亓朋. 我国过度教育现象研究——基于全国综合社会调查数据的分析. 教育发展研究, 2010, (17): 31-36.

[157] Robert J. Barro and Jong-Wha Lee. International Data on Educational Attainment Updates and Implications. NBER Working Papers, National Bureau of Economic Research, 2000.

[158] Gemmell, Norman. Evaluating the Impacts of Human Capital Stocks

and Accumulation on Economic Growth: Some New Evidence. Oxford Bulletin of Economics and Statistics, 1996, 58 (1): 9 – 28.

[159] Jorgenson, Dale W. and Fraumeni, Barbara M.. The Accumulation of Human and Non – Human Capital, 1948 – 1984. Chicago: University of Chicago Press, 1989, 227 – 282.

[160] Jorgenson, Dale W. andFraumeni, Barbara M.. Investment in Education and U. S. Economic Growth. Scandinavian Journal of Economics, 1992a, 94: S51 – 70.

[161] Jorgenson, Dale W. and Fraumeni, Barbara M.. The Output of the Education Sector. Chicago: NBER, 1992, 303 – 341.

[162] Gu, Wulong and Wong, Ambrose. Human Development and its Contribution to the Wealth Accounts in Canada. In: Fondazione Giovanni Agnelli/OECD Workshop on the Measurement of Human Capital, Turin, Italy, 2008.

[163] Le, Trinh Van Thi, Gibson, John, and Oxley, Les. Measuring the Stock of Human Capital in New Zealand. Mathematics and Computers in Simulation, 2005, 68 (5 – 6): 485 – 98.

[164] Greaker, Mads and Gang Liu. Measuring the Stock of Human Capital for Norway: A Lifetime Labour Income Approach. In: Fondazione Giovanni Agnelli/OECD Workshop on the Measurement of Human Capital, Turin, Italy, 2008.

[165] Ahlroth, Sofia, A. and Bjorklund, A. Forslund. The Output of the Swedish Education Sector. Review of Income and Wealth, 1997, 43 (1): 89 – 104.

[166] Christian, Michael S.. Human Capital Accounting in the United States: 1994 to 2006. In: Canadian Economic Association Annual Conference, 2009.

[167] 李海峥,贾娜和张晓蓓. 北京市人力资本度量研究—J – F终生收入法的应用. 北京人才发展蓝皮书,北京: 社会科学文献出版社, 2011.

[168] Mincer, Jacob. Schooling, Experience and Earnings. New York: Columbia University Press, 1974.

[169] Seth Klarman. Margin of safety: risk – averse value investing strategies for the thoughtful investor. New York: Harper Collins Publishers LTC, 1991.

[170] Kendrick, J.. The Formation and Stocks of Total Capital. New York: Columbia University Press, 1976.

[171] World Bank. Where is the Wealth of Nations, Measuring Capital for the 21st Century. Washington, DC: The World Bank, 2006.

[172] Brandt, Loren, Holz, Carsten. Spatial Price Differences in China: Estimates and Implications. Economic Development and Cultural Change, 2006, 55 (1): 43 - 86.

[173] World Bank. Expanding the Measure of Wealth: Indicators of Environmentally Sustainable Development. Washington, D.C: Environmentally Sustainable Development Studies and Monographs Series No. 17, 1997.

[174] 蔡昉,都阳和王德文. 劳动力市场扭曲对区域差距的影响. 中国社会科学, 2001, (2): 4 - 14.

[175] 马斌和张富饶. 城乡居民收入差距影响因素实证分析. 中国农村经济, 2008, (02): 53 - 59.

[176] 刘智勇, 胡永远. 人力资本、要素边际生产率与地区差异—基于全要素生产率视角的研究. 中国人口科学, 2009, (3): 21 - 31.

[177] 潘懋文. 高等教育大众化的教育质量观 [J]. 清华大学教育研究, 2000, (1).

[178] 武向荣. 教育扩展中的过度教育现象及其收入效应—基于中国现状的经验研究. 北京师范大学学报, 2007, (3): 132 - 136.

[179] 张晓蓓,郭素梅和亓朋. 高等教育大众化的工资影响研究. 南方人口, 2011, 26 (6): 34 - 41.

[180] 陈汉聪. 我国高等教育大众化进程的现状分析及前景展望. 教育科学, 2007, 23 (6): 25 - 31.

[181] 毛勇. 影响中国高等教育规模速度发展的因素探析—实践与反思. 高教探索, 2005, (5): 4 - 7.

[182] 黑建敏. 高校人力资源管理效益提升空间探析—从评估方案生师比指标看高校编制功能开发. 中国高教研究, 2009, (1): 56 - 59.

[183] 杜智敏,王静,周萍. 论高等学校生师比与办学效益. 教育研究, 1998, (5): 61 - 66.

[184] 李湘萍. 我国从业人员参与在职培训影响因素研究. 中国职业技术教育. 2011, (33): 5 - 13.

[185] 朱方伟，王国红和武春友. 企业在职培训的人力资本分析及其投资决策. 中国软科学，2003，(9)：84-87.

[186] 朱玲. 健康投资与人力资本理论. 经济学动态，2002，(8)：56-60.

[187] 饶勋乾和成艾华. 健康人力资本的区域差距比较. 重庆工学院学报．2007，21（9）：64-68.

[188] 王弟海，龚六堂和李弘毅. 健康人力资本、健康投资和经济增长-以中国跨省数据为例. 管理世界，2008，(3)：27-39.

[189] 罗凯. 健康人力资本与经济增长：中国分省数据证据. 经济科学，2006，(4)：83-93.

[190] C. Cindy Fan. Interprovincial migration, population redistribution, and regional development in China: 1990 and 2000 census comparisons. The Professional Geographer, 2005, 57 (2): 295-311.

[191] Taylor J. Edward, Scott Rozelle and Brauw d. A.. Migration and incomes in source communities: a new economics of migration perspective from China. Economic Development and Cultural Change, 2003, 52 (1): 75-101.

[192] Fu, Yuming and Stuart A. Gabriel. Human capital spillovers, labor migration and regional development in China. IRES Working Paper, 2009.

[193] Lall V. Somik, Timmins C. and Yu Shouyue. Connecting lagging and leading regions: the role of labor mobility. Brookings-Wharton Papers on Urban Affairs, 2009, 151-174.

[194] Ming Lu and Hong Gao. Labor market transition, income inequality and economic growth in China. 2011, 150 (1-2): 101-126.

[195] 李实. 中国经济转轨中劳动力流动模型. 经济研究，1997，(1)：23-30.

[196] 钟笑寒. 劳动力流动与工资差异. 中国社会科学，2006，(1)：34-46.

[197] 张晓蓓和亓朋. 城市农民工歧视问题研究. 南方人口，2011，26（1）：25-32.

[198] Li, Haizheng, Yunling Liang, Barbara Fraumeni, Zhiqiang Liu, and Xiaojun Wang. Human Capital in China. Review of Income and Wealth, 2012, Forthcoming.

[199] 中国人力资本指数报告 2012. http://humancapital.cufe.edu.cn/plus/view.php? aid = 247.

[200] Quah D. T.. Empirics for economic growth and convergence. European economic review, 1996, 40: 1353 – 1375.

[201] 刘厚俊和刘正良. 人力资本门槛与 FDI 效应吸收—中国地区数据的实证检验. 经济科学, 2006, (5): 90 – 98.

[202] 薄文广. 外国直接投资对中国技术创新的影响—基于地区层面的研究. 财经研究, 2007, (6): 45 – 51.

[203] 孙建和齐建国. 人力资本门槛与中国区域创新收敛性研究. 科研管理, 2009, 30 (6): 31 – 38.

[204] 魏下海和张建武. 人力资本对全要素生产率增长的门槛效应研究. 中国人口科学, 2010, (5): 48 – 57.

[205] 吴宇川. 中国区域经济收敛、人力资本门槛与教育经费投入. 北大教育经济研究, 2010, 8 (3): 1 – 8.

[206] Hansen E. B.. Threshold Effects in Non – dynamic Panels: Estimation, Testing, and Inference. Journal of Econometrics, 1999, 93 (2): 345 – 368.

[207] E. Borensztein, J. De Gregorio and J. W. Lee. How Does Foreign Direct Investment Affect Economic Growth? Journal of International Economics, 1998, 45 (1): 115 – 135.

[208] Chan, K. S.. Consistency and Limiting Distribution of the Least Squares Estimator of a Threshold Autoregressive Model. The Annals of Statistics, 1993, 21 (1): 520 – 533.

[209] Chong, T. T‐L.. Consistency of Change – Point Estimators When the Number of Change – Points in Structural Change Models is Underspecified. Working paper, Chinese University of Hong Kong, 1994.

[210] Bai, J.. Estimating Multiple Breaks one At a Time. Econometric Theory, 1997, 13 (3): 315 – 352.

[211] Bai, J., Perron, P.. Estimating and Testing Linear Models with Multiple Structural Changes. Econometrica, 1998, 66 (1): 47 – 78.

[212] Hansen, B. E.. Inference When a Nuisance Parameter is Not Identified Under the Null Hypothesis. Econometrica, 1996, 64 (2): 413 – 430.

[213] Mansfield, Edwin, Mark Schwartz, and Samuel Wagner. Imitation Costs and Patents: An Empirical Study. Economic Journal, 1981, 91 (364): 907-918.

[214] Tsung-Wu Ho. Income Thresholds and Growth Convergence: A Panel Data Approach. The Manchester School, 2000, 74 (2): 170-189.

[215] 金玉国和张娟. 计量经济模型参数形式的演化与比较. 山东经济, 2009, (4): 29-33.

[216] 张守一, 葛新权和王斌. 非参数回归及其应用. 数量经济技术经济研究, 1997, (10): 60-65.

[217] Acconcia A., Espasa M., Leonida L. and Montolio D.. Eu policy, regional growth and convergence across European regions: evidence from non-parametric and semi-parametric approaches. Working Paper, 2003.

[218] Azomahou T. T. et al. Testing convergence of European regions: a semi-parametric approach. Economic Modelling, 2011, 28: 1202-1210.

[219] Dobson S., Ramlogan C., and Strobl E.. Cross-country growth and convergence: a semi-parametric analysis. University of Otago, Economic Dicussion Papers, 2003.

[220] Li Kui-Wai and Zhou Xianbo. Cross-country convergence and growth: evidence from nonparametric and semiparametric analysis. In: APEC Study Center Consortium Conference, 2011.

[221] 李建平和邓翔. 中国地区经济趋异的非参数分析. 财经科学, 2012, (3): 68-76.

[222] 段景辉和陈建宝. 城乡收入差距影响因素的非参数逐点回归解析. 财经研究, 2011, 37 (1): 101-111.

[223] 潘越和杜小敏. 劳动力流动、工业化进程与区域经济增长——基于非参数可加模型的实证研究. 数量经济技术经济研究, 2010, (5): 34-48.

[224] 魏下海. 贸易开放、人力资本与全要素生产率的动态关系——基于非参数 Malmquist 指数与 VAR 方法. 世界经济研究, 2009, (3): 9-15.

[225] Ketteni E., and Mamuneas P. T.. Nonlinearities in economic growth: a semiparametric approach applied to information technology data. Journal of Macroeconomics, 2007, 29 (3): 555-568.

[226] Quah, Danny. Galton's Fallacy and Tests of the Convergence Hypothesis. Scandinavian Journal of Economics, 1993, 95 (4): 427-43.

[227] Quah, Danny. Empirics for growth and distribution: stratification, polarization and convergence clubs. Journal of Economic Growth. 1997, 2 (1): 27-59.

[228] Aziz Jahangir and Duenwald Christoph. China's provincial growth dynamics. Development and Comp System, 2001.

[229] Silver, B. W.. Density estimation for statistics and data analysis. Monographs on Statistics and Applied Probability, 1986, 26.

[230] Hardle Wolfgang. Applied Nonparametric Regression. Berlin: Cambridge University Press, 1992.

[231] Hardle Wolfgang et al. Nonparametric and semiparametric models, an introduction. Berlin: Cambridge University Press, 2004.

[232] Gasser, T. and Muller, H. G.. Estimating regression functions and their derivatives by the kernel method. Scandinavian Journal of Statistics, 1984, 11: 171-185.

[233] Engle R. F. et al. Semiparametric estimates of the relation between weather and electricity sales. Journal of the American Statistical Association, 1986, 81: 310-320.

[234] Chen, H. Convergence rates for parametric components in a partly linear model. Ann. Statist, 1988, 16: 136-146.

[235] Speckman, P.. Kernel smoothing in partial linear models. J. Royal Statist Soc. Ser. B, 1988, 50: 413-436.

[236] Liang H. and Cheng, P.. Construction of adaptive estimation in a semiparametric model. Bull of Chinese Sciences, 1993, 37: 1227-1229.

[237] Robinson, P. M.. Root n - consistent semiparametric regression. Econometrica, 1988a, 56: 931-954.

[238] Robinson, P. M.. Semiparametric econometrics: a survey Journal of Applied Econometrics, 1988b, 3: 35-51.

[239] Linton, O. B., and J. P. Nielsen. A kernel method ofestimationg structural nonparametric regression based on marginal integration. Biometrica, 1995, 82: 93-100.

[240] Fan, J., W. Hardle and E. Mammen. Direct estimation of low dimensional components in additive models. 1996, Mimeo.

[241] Fan, Y., and Q. Li. On estimating additive partially linear models. 1996a, Mimeo.

[242] Stone, C. J.. Additive regression and other nonparametric models. Annals of Statistics, 1985, 13: 686 – 705.

[243] Stone, C. J.. The dimensionality reduction principle for generalized additive models. The Annals of Statistics, 1986, 14: 592 – 606.

[244] Yatchew, A.. An elementary estimator of the partial linear model. Economic Letters, 1997, 57: 135 – 143.

[245] Yatchew, A.. Nonparametric regression techniques in economics. Journal of Economic Literature, 1998, 36: 669 – 721.

[246] Yatchew, A.. Semiparametric Regression for the Applied Econometrician. Cambridge: Cambridge University Press, 2003.

[247] Horowitz L. Joel, andMarkatou M.. Semiparametric estimation of regression models for panel data. The Review of Economic Studies. 1996, 63 (1): 145 – 168.

[248] Henderson J. D., AND Russell R. R.. Human capital and convergence: a production – frontier approach. International Economic Review, 2005, 46 (4): 1167 – 1205.

[249] Daron Acemoglu, and David Autor. What Does Human Capital Do? A Review of Goldin and Katz's The Race between Education and Technology. Journal of Economic Literature, 2012, 50 (2): 426 – 463.

[250] Kumar, S., & Russell, R. (2002). Technological change, technological catch – up, and capital deepening: relative contributions to growth and convergence. American Economic Review, 92 (3), 527 – 548.

[251] Henderson, D. J., Parmeter, C. F., & Russell, R. R. (2008). Modes, weighted modes, and calibrated modes: evidence of clustering using modality tests. Journal of Applied Econometrics, 23, 607 – 638. Henderson, D. J., & Russell, R. R. (2005). Human capital and convergence: a production – frontier approach. International Economic Review, 46 (4), 1167 – 1205.

[252] Badunenko, O., Henderson, D. J., & Russell, R. R. (2013).

Polarization of the world – wide distribution of productivity. Journal of Productivity Analysis, 40, 153 – 171.

[253] Badunenko, O., Henderson, D. J., & Zelenyuk, V. (2008). Technological change and transition: relative contributions to worldwide growth during the 1990s. Oxford Bulletin of Economics and Statistics, 70 (4), 61 – 92. Banker, R., Emrouznejad, A., Lopes, A. L. M., & Rodrigues.

[254] Walheer, Barnabe (2016), "Multi – sector Nonparametric Production – Frontier Analysis of the Economic Growth and the Convergence of the European Countries", Pacific Economic Review, 21 (4): 498 – 524.

[255] Walheer, Barnabe (2016), "Growth and convergence of the OECD countries: A multi – sector production – frontier approach", European Journal of Operational Research, 252 (2): 665 – 675.

[256] Benjamin F. Jones. 2014. "The Human Capital Stock: A Generalized Approach." A. E. R. 104 (11): 3752 – 3777.

[257] Hanushek, Eric A.. 2013. "Economic Growth in Developing Countries: the Role of Human Capital." Econ. Education Rev. 37 (December): 204 – 212.

[258] Hanusheck, Eric A., and Woessmann, Ludger.. 2012. "Schooling, Educational Achievement, and the Latin American Growth Puzzle." J. D. E. 99: 497 – 512.

[259] Heckman, J. J.. 2006. "Skill Formation and the Economics of Investing in Disadvantaged Children." Sci. 312: 1900 – 1902.

[260] DoyleOrla, Harmon P. C., Heckman J. J., and Trembly, E. R.. 2009. "Investing in Early Human Development: Timing and Economic Efficiency." Econ. and Human Biology 7: 1 – 6.

[261] Schanzenbach, Diane Whitmore. 2015. "Understanding the Effects of Early Investments in Children." NBER Reporter, Iss. 2: 18 – 20, Cambridge, MA.

[262] Manuelli, Rodolfo E., and Ananth Seshadri. 2014. "Human Capital and the Wealth of Nations." American Economic Review 104 (9): 2726 – 762.

[263] Färe, R., &Grosskopf, S. (2000). Network DEA. Socio – Economic Planning Sciences, 34, 35 – 49. Färe, R., Grosskopf, S., & Lovell, C.

A. K. (1994). Production frontier. Cambridge Uni - versity Press.

[264] Färe, R., Grosskopf, S., & Margaritis, D. (2006). Productivity growth and convergence in the european union. Journal of Productivity Analysis, 25(1), 111-141.

[265] Färe, R., Grosskopf, S., & Margaritis, D. (2007). Productivity, convergence and policy: a study of OECD countries and industries. Journal of Productivity Analysis, 28(1-2), 87-105.

[266] Färe, R., Grosskopf, S., Norris, M., & Zhang, Z. (1994). Productivity growth, technical progress, and efficiency change in industrialized countries. American Economic Review, 84(1), 66-83.

[267] Färe, R., Grosskopf, S., & Whittaker, G. (2007). Network DEA. In J. Zhu, & W. Cook (Eds.), Modeling data irregularities and structural complexities in data envelopment analysis. Springer.

[268] Galor, O. (1996). Convergence? inferences from theoretical models. Economic Journal, 106, 1056-1096.

[269] Johnson, P. (2005). A continuous state space approach to convergence by parts. Eco - nomics Letters, 86, 317-321.

[270] Jones, C. (1997). On the evolution of the world income distribution. Journal of Eco - nomic Perspectives, 11(3), 19-36.

[271] Salerian, J., & Chan, C. (2005). Restricting multiple - output multiple - input DEA mod - els by disaggregating the output - input vector. Journal of Productivity Analysis, 24, 5-29.

[272] Despic, O., Despic, M., & Paradi, J. (2007). DEA - R: ratio - based comparative efficiency model, its mathematical relation to DEA and its use in applications. Journal of Productivity Analysis, 28, 33-44.

[273] Cherchye, L., De Rock, B., Dierynck, B., Roodhooft, F., & Sabbe, J. (2013). Opening the black box of efficiency measurement: input allocation in multi - output settings. Operations Research, 61, 1148-1165.

[274] Cherchye, L., De Rock, Estache, A., & Walheer, B. (2014). Reducing energyuse with - out affecting economic objectives: a sectoral analysis. The Next Generation of Economic Issues in Energy Policy in Europe. CEPR Press.

［275］Cherchye, L., De Rock, & Walheer, B. (2015a). Multi-output efficiency with good and bad outputs. European Journal of Operational Research, 240 (3), 872–881.

［276］Cherchye, L., De Rock, & Walheer, B. (2015b). Multi-output profit efficiency and di-rectional distance functions. OMEGA. http://dx.doi.org/10.1016/j.omega.2015.07.010.

［277］朱国忠, 乔坤元, 虞吉海. 中国各省经济增长是否收敛［J］. 经济学季刊, 2014, 3.

［278］张晨峰. 中国地区经济的全局和局部收敛性研究［J］. 华东理工大学学报（社会科学版）, 2014, 2.

［279］杨竹莘. 中国区域收入差距收敛性分析［J］. 财经问题研究, 2015, 12.

［280］史学贵和施洁. 中国区域经济收敛性的再估计——基于技术溢出的空间动态面板数据模型［J］. 科技管理研究, 2015, 6.

［281］杨朝峰, 赵志耘, 许治. 区域创新能力与经济收敛实证研究［J］. 中国软科学, 2015, 1.

［282］王自然, 曹薇. 产业结构优化与区域经济收敛的门槛效应研究［J］. 会计与经济研究, 2016, 6.

［283］张传勇. 劳动力流动、房价上涨与城市经济收敛——长三角的实证分析［J］. 产业经济研究, 2016, 3.

［284］陈亮, 苏建宁. 人力资本积累对京津冀协同发展的影响研究——基于2000–2015年数据［J］. 河北经贸大学学报, 2017, 3.

［285］李月, 邓露. 知识、全要素生产率与中等收入陷阱［J］. 世界经济研究, 2017, 5.

［286］董亚娟. 教育和健康对区域经济收敛的影响研究——以浙江省为例［J］. 数理统计与管理, 2012, 3.

［287］牟小俐, 吴龙生, 陈颖. 人力资本形成、健康投资与区域经济增长收敛的实证研究［J］. 特区经济, 2013, 6.

［288］张学良. 长三角地区经济收敛及其作用机制［J］. 中国社会科学（英文版）, 2013, 3.

［289］张建清, 张燕华. 中国人力资本总效应被低估了吗［J］. 中国人口、资源与环境, 2014, 7.

［290］侯燕飞，陈仲常．中国"人口流动—经济增长收敛谜题"——基于新古典内生经济增长模型的分析与检验［J］．中国人口、资源与环境，2016，9．

［291］曹阳，闫岩．健康人力资本与经济增长的非线性门限效应研究［J］．中国卫生事业管理，2017，3．

［292］骆永民．公共卫生支出、健康人力资本与经济增长［J］．南方经济，2011，4．

［293］王弟海．健康人力资本、经济增长和贫困陷阱［J］．经济研究，2012，6．

［294］樊士德，沈坤荣．中国劳动力流动的微观机制研究——基于传统与现代劳动力流动模型的建构［J］．中国人口科学，2014，2．

［295］许召元，李善同．区域间劳动力迁移对经济增长和地区差距的影响［J］．数量经济技术经济研究，2008，2．

［296］许召元，李善同．区域间劳动力迁移对地区差距的影响［J］．经济学（季刊），2009，1．

［297］麦尔旦·吐尔孙，欧阳金琼，王雅鹏．禀赋依赖、能力水平与农民夫妻联合迁移［J］．人口与经济，2017，3．

［298］李建平，邓翔．我国劳动力迁移的动因和政策影响分析［J］．经济学家，2012，10．

［299］李永辉，李小琴．人力资本投资、劳动力迁移与代际收入流动性［J］．云南财经大学学报，2016，5．

［300］朱江丽，李子联．户籍改革、人口流动与地区差距——基于异质性人口跨期流动模型的分析［J］．经济学（季刊），2016，2．

［301］孙久文，周玉龙．城乡差距、劳动力迁移与城镇化——基于县域面板数据的经验研究［J］．经济评论，2015，2．

［302］王永水，朱平芳．中国经济增长中的人力资本门槛效应研究［J］．统计研究，2016，1．

［303］罗军，陈建国．FDI、人力资本门槛与就业——基于门槛效应的检验［J］．世界经济研究，2014，7．

［304］徐婧，孟娟．贸易开放、经济增长与人力资本——基于面板门槛模型的研究［J］．世界经济研究，2015，6．

［305］李朝，韩瑞，农业人力资本水平对农业经济增长的门槛效应

[J]. 南方农业学报，2017，4.

[306] 逯进，苏妍. 人力资本、经济增长与区域经济发展差异——基于半参数可加模型的实证研究[J]. 人口学刊，2017，1.

[307] 毛伟，李超，居占杰. 教育能缓解农村贫困吗？——基于半参数广义可加模型的实证研究[J]. 云南财经大学学报，2014，1.

[308] 徐大丰. 我国城市的经济增长趋同吗[J]. 数量经济技术经济研究，2009，5.

[309] 袁家健. 我国人才与经济增长关系研究——东部11省市国有企事业单位专业技术人员的实证分析[J]. 科学学与科学技术管理，2014，3.

[310] 苏妍，陈阳，逯进. 基于可加模型的半岛蓝色经济区人力资本的经济增长效应[J]. 青岛大学学报（自然科学版），2015，3.

[311] 张学良. 长三角地区经济收敛及其作用机制：1993-2006[J]. 世界经济，2010，3.

[312] 张学良. 长三角地区经济收敛及其作用机制[J]. 中国社会科学（英文版），2013，3.

# 微观篇

## 人力资本与个体收入差异

# 引　言

本书宏观篇介绍了我国人力资本现状，并采用多种计量方法分析了人力资本对地区经济收敛的作用机制。实证结果显示，人力资本是导致地区经济差距扩大的主要原因，只有加快落后地区人力资本积累速度，其对先进地区的赶超才会成为可能。本书以下部分将从个体收入差距视角着手，研究在微观层面，人力资本对个体收入的影响。微观篇的研究内容与宏观篇存在显著不同。首先，研究对象不同，宏观篇关注地区层面人力资本积累与经济增长的关系，而微观篇研究对象为个体的收入决定影响因素，以及人力资本在其中扮演的角色。其次，研究方法不同，宏观篇采用同一主题系统研究方法，各个章节之间表现为层层推进，研究方法逐步完善。微观篇采用分主题研究方法，各个章节之间为并列关系，分别就个体收入决定的不同方向展开讨论。再次，研究数据不同，宏观篇采用省级层面面板数据展开分析，微观篇则基于不同的微观横截面调查数据进行研究，如中国住户调查数据（CHIP），中国综合社会调查数据（CGSS）等。

本书微观篇的分析有利于读者了解当前我国个体收入分配现状，并发现决定个体收入高低的经济学原理。本部分的结构安排如下：第二章系统回顾和梳理有关人力资本与个体收入差异的研究；第三章依据微观调查数据，分析当前我国人力资本现状和个体收入分配现状；第四章实证研究性别间收入差异的影响因素；第五章研究户籍收入差异的决定机制；第六章实证考察高等教育发展对个体收入水平的影响。第七章分析工作教育匹配对收入的影响；第八章研究夫妻群体的收入匹配状况；第九章深入剖析女性劳动力供给的影响因素，尤其是人力资本的作用途径。

# 第一章 人力资本与个体收入差异理论综述

从舒尔茨提出人力资本概念以来,人力资本与收入分配便成为国内外经济学家始终保持关注的热点领域,但是由于个体层面微观调查数据的缺乏,在较长的一段时期内,相关研究始终局限在宏观层面,集中于发展经济学、区域经济学范畴。微观层面针对个体收入分配的研究始于雅各布·明瑟,当代劳动经济学之父,他于1974年提出了著名的明瑟收入模型来计算教育回报率,继而分析教育对个体收入分配的影响,此后个体收入分配的研究开始涌现。加里·贝克尔进一步扩展了明瑟收入模型,并采用经典经济学分析工具研究了以家庭为单位的人力资本投资决策形成机制。

## 一、国外相关研究综述

国外针对个体收入差异的研究大多集中在性别收入差异上,诸多文献对不同行业、不同地区的男女工资差异进行了研究。Hedija(2016)对捷克一家医院内部的性别工资差异进行了研究,并考察该差异是否在科室间存在不同。研究发现,在不同科室之间,性别工资差异中不可解释的部分的平均处理效应显著不同,女性工资相对男性而言会随着科室中女性员工比例的增加而增加,但研究并没有发现在女性领导的科室中性别歧视不可解释部分更低。Jurajda(2003)分析了捷克和斯洛伐克私人部门和公共部门的性别工资差异,指出,在私人部门,性别差异中不可解释部分占到60%,而在公共部门则大约占比40%。可见,私人部门的性别歧视问题更为严重。Bayard 等(2003)采用雇员—雇主匹配数据估计了美国性别分割和行业间、职业间工资差异对整体男女工资差异的贡献。研究表明女性被分隔到低收入职位和行业导致的工资差异占了总体差异的巨大比重,大约一半以上的性别工资差异可由个体性别本身解释。Cho 等（2011）研究了韩国市场结构与性别收入差异之间的关系，固定效应回归结果显示，将市场结构放入模型后，行业间工资差异显著下降，男性劳动者在正规部门和非正规部门间的工资差异消失，但女性员工仍然存在，可见劳动力市场存在严重的性别二元性。Coelli（2014）研究了职业类别对澳大利亚性别工资差异的影响，研究认为在将职业类别越是细分，职业对性别工资差异的影响越显著。Garcia 等（2001）采用分位数回归方法研究了男女工资差距现象，并考虑了受教育变量的内生性问题。研究结果表明，性别工资差异的持续上升可由随着分位数上升而增加的个体特征回报率解释。Fitzenberger（2002）采用群体分析方法考察了西德 1975 - 1995 年间的工资差异问题。研究指出在工资分布的底部，中低技能女性劳动力的性别工资差异显著缩小，但是工资分布上端并没有得到相同结论。

除了性别工资差异外，一些研究从不同角度关注群体之间的工资差异问题。Drydakis（2011）研究了希腊劳动力市场残疾劳动者与健全劳动者之间的工资差距，发现存在显著的歧视现象，在生产效率与健全劳动者相等的前提下，残疾劳动者的工资也远远低于健全劳动者。Gabriel（1997）研究了已婚男性和单身男性的职业工资差异问题，研究指出不同婚姻状况的男性面临的职业发展前景显著不同，已婚男性获得了工资奖励。McGregory Jr.（2011）研究了美国护士行业中的种族间工资差异问题，结果发现，当白人护士和黑人护士均为非工会成员时，两者之间存在工资差异问题，黑人护士的工资更低。Mason（1997）研究了美国不同种族间的工资决定问题，三方程联立模型显示，非裔美国人和拉丁裔美国人的劳动力质量并不低于白人，不同种族间的收入差异与技能获取过程和歧视相关。Cotton（1993）考察了非西班牙裔黑人男性、西班牙裔黑人男性和西班牙裔白人男性之间的工资差异状况，分析结果表明文化差异并不是导致种族工资差距的原因，肤色差异影响更加显著。Simon 等（2006）研究了西班牙地区间收入差距问题，发现同等技能水平的劳动者之间也存在显著的收入差异，该研究指出劳动力市场机构，如工会、行业协会等会影响到行业集体谈判的能力，从而引起工资差异。Carruth 等（2004）研究了个体异质性和行业间工资差距问题。发现 90% 的差距可由观测到的和不可观测的个体特征解释，行业工资奖励显著存在，虽然作用力度较小。Canal - Dominguez 等（2008）研究了西班牙本土劳动力与移民之间的工资差距现象，并采用 Oaxaca – Blinder 方法对差异进行了分解，结果显示整体上本国劳动力与移民之间的工资差距中不可解释的部分逐年下降，但低工资群体中本土和移民之间仍存在显著的工资差异。Owen 等（2008）采用省级层面面板数据分析了 1995 – 2001 年间我国行业间工资差异的地区性，研究结果发现地区差异普遍存在，外商直接投资对各省工资决定的效应有所不同，出口导向型外商直接投资提高了主要依靠低技能劳动者的行业工人的工资，降低了依靠高技能劳动者的行业工资水平，使得行业间工资差异有所缩小。

一些研究跳出了一国经济的范畴研究跨国工资差异现象。Behr 和 Potter（2009）分析了 2011 年美国和德国男女工资分布问题，该研究采用半参数分析方法，认为美国男性工资水平显著低于德国，美国的工资不平等程度更为严重。Bargain 等（2009）则研究了中国和印度 1987 – 2004 年间的收入差异问题。研究显示，印度在考察阶段初期工资水平高于中国劳动者，但是自 20 世纪 90 年代中期以来，中国劳动力受教育水平的飞速上升，中印两国教育回报率的逐步持平使得中国劳动者的工资迅速超过了印度。Simon 等（2010）采用雇员—雇主一一对应的跨国数据研究欧盟各国间的工资不平等现象。研究发现劳动力市场价格分布和工作特征是导致欧盟各国间工资差异的主要因素。

人力资本对个体收入的影响得到了研究结论的支持。Florida 和 Mellander（2016）研究了美国城市间的工资差异和收入差异问题，结果发现，工资差异与技能水平、人力资本、技术以及城市规模密切相关，并且工资差异解释了大约 15% 的城市间收入差异。Candelaria 等（2015）考察了中国地区工资差异的持续扩大问题，研究发现，劳动力质量，行业构成和省份地理位置是导致省间实际工资差异的主要原因，并且劳动力由低工资省份向高工资省份的流动并没有起到抑制工资差异的作用。Wolszczak – Derlacz（2013）采用 18 个国家 1970 – 2005 年间的行业数据分析性别差异问题。GMM 回归结果显示，整体上性别工资差异在被考察期间以及所有被考察国家都在下降，但是在竞争程度较低的行业，性别工资差距持续增长。该研究还将所有员工按照技能水平分为低技能、中等技能和高技能三类，并且发现国际贸易降低了高技能水平劳动者的性别工资差异增长率，但是低技能水平和中等技能水平劳动力的性别工资差异却因国际贸易而增长加快。Gyimah – Brempong 等（1997）采用 Cotton/Neumark 分解方法研究了劳动力市场结构和人力资本对种族间工资差距的影响，研究认为人力资本在一定程度上影响到种族工资差距，但是与市场结构相比，它并不是最为主要的原因。Ozcan 等（2003）考察了土耳其的性别工资差异问题，并重点研究了自我雇佣和非自我雇佣劳动者间的工资差距。研究表明，非自我雇佣劳动者群体面临了更高的性别歧视可能。就教育回报率而言，自我雇佣的男性教育回报率最高，因此受教育的价值在自我雇佣类型中比非自我雇佣群体中更能受到重视。Sicilian 等（2001）采用 NLSY 数据分析人力资本投资回报对性别差异的影响，结果表明，60%的性别工资差异可由个体特征差异和市场环境解释，学后培训对性别工资差异无影响。他们认为导致性别工资差异的主要原因是男女在人力资本存量方面的差距，以及男女行业间、职业间分布的不同。

## 二、国内相关研究综述

国内有关收入差异的研究起步较晚，但发展十分迅速。根据研究对象可以将以往文献分为四类，包括性别收入差异、城乡收入差异、行业收入差异、其他收入差异等。

### （一）性别收入差异

自新中国成立至今，我国在妇女解放方面做出了卓越的成绩，女性受教育机会得到明显改善，越来越多的女性选择加入劳动力市场来实现自我价值。数据显示，我国女性劳动力参与率屡创新高，不仅高于经济发展水平相近的发展中国家，甚至高于某些发达国家。然而需要指出的是，男女平等在我国还远未实现，封建的重男轻女思想仍然盘踞在部分人心中，一些家庭在做出教育投资决策时往往选择牺牲女儿的利益保全儿子。在劳动力市场上，女性从事的行业受到限制，女性事业上升渠道被阻断，女性工资收入低于男性，性别歧视现象仍在蔓延。

张丹丹（2004）采用中国营养健康调查数据的研究发现，随着经济转型和市场化水平的提高，我国男女劳动力工资差异日益加剧，对女性的工资歧视逐步扩大。李利英和董晓媛（2008）指出企业在性别工资差异中有重要作用，市场竞争越激烈、职工收入差距越大、规模越小、私有产权比重越大的企业，性别工资差异越大。亓寿伟和刘智强（2009）进一步探讨了国有部门和非国有部门性别工资差异，研究显示，国有部门性别工资差异低于非国有部门，歧视是导致男女工资差异的主要因素。卿石松和郑加梅（2013）采用2006年中国综合社会调查数据研究了职位隔离对性别收入差距的影响，并分别估计了工资歧视和晋升歧视的程度。实证结果表明，职位隔离在我国劳动力市场普遍存在，41%的性别收入差距是由职位隔离造成的。此外，职位晋升歧视可以解释25%的性别收入差异。

王鹏和刘国恩（2010）将健康人力资本引入工资决定模型，发现健康人力资本是导致性别工资差异的重要来源，但个体特征因素仅解释了性别工资差异的20%，歧视和未能观测到的因素贡献了80%的工资差异。王震（2010）采用分位数回归方法的研究显示，农民工性别工资差异表现为天花板效应，即在工资分布高端的工资差异更大，而城镇职工则在工资分布低端的性别工资差异更大，即表现为地板效应。李雅楠和廖利兵（2014）使用基于RIF的分位数回归分解方法考察了我国城镇居民的性别收入差距及其动态变动，文章采用1991-2009年的中国营养与健康调查数据（CHNS）展开实证研究，结果显示，城镇居民低收入分位数上的性别收入差距不断扩大，高收入分位数上的性别收入差距则有所下降。并且，教育特征差异有利于性别收入差异的缩小，但教育系数差异则导致男女收入差距扩大。

**（二）城乡收入差异**

我国地区经济呈现非均衡发展态势，其中城镇和农村收入差距尤为严重。随着技术的进步，一方面，农业生产效率得到极大提高，农村出现诸多剩余劳动力。另一方面，农业虽然是第一产业，但和第二产业、第三产业相比收入较低。在此背景下，农民纷纷选择离开土地到城市务工，这就形成了我国近十年来大规模的劳动力迁移现象。农民通过劳动力流动实现了收入的提高，但是和城镇人口相比，农村人口收入仍然偏低，城乡收入差距仍在持续扩大。

黄乾和周兴（2015）考察了1989-2009年间城镇职工和农村进城务工人员的收入差距，收入差距动态分解结果表明，城镇职工和农村进城务工人员的收入差距在显著扩大，户籍歧视的贡献有所下降，劳动力市场分割的贡献则持续上升。与此同时，教育水平对收入差距的贡献表现为非线性，在收入分布底端影响上升，而中高端的影响趋于缩小。万海远和李实

（2013）运用倾向得分匹配和双重查分方法分析我国城乡收入差距问题，该研究采用了中国城乡劳动力流动面板数据，结果发现户籍歧视导致基尼系数的上升，我国户籍制度对农村居民的歧视性效应仍持续存在（Chan，1996）。徐晓红（2015）通过整合 CHIP 数据和 CFPS 数据，分析了 2002 - 2012 年间我国城乡居民收入差距代际传递的动态演变。研究结果显示，整体上收入差距代际传递表现为下降趋势，但是城镇居民代际传递程度高于农村居民，农村低收入居民面临的人力资本投资约束，以及天花板效应的存在是导致农民陷入低收入代际传递陷阱的主要原因。因此通过加强城乡居民子女的人力资本投资，能够减缓收入差距代际传递趋势，从而缩小收入差距。向书坚和李芳芝（2014）基于夏普里值回归分解方法考察了区域分割下农民工的收入差距。研究表明，区域因素对农民工收入差距的贡献最大、健康和经验次之，而受教育年限对农民工收入差距的贡献低于城镇职工。

一些研究针对农村地区内部的收入差距展开分析。罗楚亮（2012）利用微观住户调查数据研究了经济增长、收入差距与农村贫困之间的关系，Datt - Ravallion 和 Shapley 分解结果指出，2002 - 2007 年间的经济增长不具有穷人受益性，极端贫困人口的福利在此期间并没有得到改善，反而受到损失。刘林和李光浩等（2016）采用 2011 - 2014 年国家统计局新疆调查总队农村住户调查数据研究了新疆南疆三地州连片特困区少数民族收入差距问题。该研究指出整体上人力资本、物质资本和社会资本都显著推动少数民族农户收入水平的上升，但人力资本有助于增加中高收入者的收入，是少数民族农户收入差距扩大的主要原因；社会资本对低收入者更有利，能够帮助农户缩小收入差距；而物质资本影响并不显著。高梦滔和姚洋（2006）利用我国 8 个省份、1320 个农户、跨度 15 年的微观面板数据分析了农户收入差距背后的原因，非参数回归分析结果发现，人力资本，包括教育和在职培训等是农户收入差距扩大的主要原因，物质资本没有显著影响。程名望和史清华等（2015）基于 2003 - 2010 年我国农村微观住户调查数据研究了农户收入差距问题，指出人力资本、区域经济发展水平对农户收入差距的影响是全面性的，即对农户的家庭经营收入、工资性收入、财产性收入和转移性支付收入等四种收入来源都产生影响。武岩和胡必亮（2016）探讨了社会资本对农民工收入差距的影响机制，研究指出由于工具性社会资本的分布不均，其对农民工收入差距产生了一定程度的影响。

与此同时，社会资本在理论和显示上都起源于人力资本，实证结果显示人力资本也影响到农民工的收入差距。此外，耿德伟（2014）基于组群视角针对城市住户内部收入差距进行了研究。研究指出，1990－2002 年间城镇居民个人组间收入差距在缩小，但组内收入差距持续扩大。随着劳动力市场竞争的加大，教育和个体能力对收入的影响加大，而工作经验的作用在下降。

### （三）行业收入差异

改革开放以来，随着市场经济体制的逐步完善，居民收入差距逐渐扩大。以往研究主要集中于性别差异和城乡差异，近年来我国行业工资差距，尤其是垄断行业高工资问题受到越来越多的关注，对行业工资差距的研究也开始增加。吕康银等（2010）的研究指出，性别工资差异中的 74%是由行业工资差异造成的。陈钊等（2010）发现，行业收入差距对我国城镇居民收入差距的贡献越来越大。

部分学者考察了改革开放以来我国行业工资差异的变动趋势。王询和彭树宏（2012）的研究发现，我国行业工资差异在 1978－1988 年间呈下降趋势，但自 1988 年之后持续上升，呈现高者愈高，低者愈低的行业马太效应。究其原因，行业工资增长过多的集中于高工资行业，以及中国行业工资流动壁垒的存在是主要原因。顾严和冯银虎（2008）采用非参数核估计的方法得出了类似的结论，1978－2006 年间，我国收入分配格局实现了由单峰分布向双峰分布的转变，行业收入也表现出两极分化趋势。

学术界对行业工资差距扩大的原因也提出了不同的看法。曹永栋（2012）利用向量误差修正模型的实证研究发现，我国行业间所有制结构变迁的差异是导致行业工资差异的重要原因。国有经济占比较高的行业工资水平持续偏高。孙敬水和于思源（2014）采用了全国 19 个行业的问卷调查数据，并运用 Shorrocks 回归分解方法的研究表明，我国行业收入差距十分显著，其中人力资本投入是导致行业收入差距的最主要的因素，制度因素和地区差异的贡献率次之。杨娟和 Sylvie Demurge 等（2011）研究了我国城镇不同所有制企业的收入差距问题，数据分析显示，2002－2007 年期间，不同所有制企业的收入差距在不断缩小，分解结果表明，包括受教育程度在内的个体特征因素对收入差距的解释力显著提高。陈晋玲（2011）采用面板数据对山西省行业工资变动的研究发现，行业垄断度扩大了行业工资收入差距，并且人力资本水平在高技术行业的工资影响效应更为显著。晋利珍（2010）的研究则认为，竞争性的人力资本因素和行业垄断程度是导致我国行业工资差距总体上不断扩大的根本原因。徐洁和杨宜平（2016）对重庆市 2000-2013 年间 10 个行业的工资差异状况进行了分析，结果发现，出去房地产业和交通运输、仓储及邮政业外，垄断程度都是行业工资的显著影响因素，人力资本水平在金融业、农林牧渔业、房地产业、建筑业、住宿餐饮业和批发零售业对行业工资也存在至关重要的影响。

### （四）其他收入差异

收入差距的形成机制十分复杂，除性别间、城乡间、行业间收入差距之外，学者们还研究了制度因素对收入差距的影响，以及收入差距的代际传递问题，这类研究有助于我们进一步了解收入差距的成因，从而提出更加合理的政策建议。如陈东和刘金东（2014）采用双重差分法考察了新《劳动合同法》的实施对劳动力市场收入差距的影响。研究指出，新《劳动合同法》在提升女性、残疾人等弱势群体合同保障程度的同时，导致了相对收入差距的显著扩大。汤凤林和雷鹏飞（2014）使用综合社会调查数据实证分析了公共支出政策对收入差距以及居民幸福感的影响，研究发现，教育支出显著提高了居民幸福感，并且教育和社保支出对收入差距的调解作用对低收入群体显著。周广肃和樊纲等（2014）采用中国家庭追踪调查数据（CFPS）分析了收入差距、社会资本和健康水平之间的关系，研究发现，收入差距扩大导致医疗资源配置效率降低，从而使得居民健康水平下降，而社会资本充当了收入差距扩大健康负面影响的缓冲剂。李任玉和杜在超等（2014）借助工具变量分位数估计方法研究了父辈收入对子女间收入差距的影响，即收入差距的代际传递问题。研究发现，我国劳动力市场的收入决定机制相对公平，受教育水平、工作经验、工作单位等特征因素是导致低收入家庭和高收入家庭子女收入差距的主要原因。因此，提供公平的教育机会和就业机会是改善低收入家庭困境的有效方式。

# 第二章 人力资本与个体收入差异现状分析

在宏观部分，我们的数据分析显示，我国地区间人力资本分布存在巨大差异，是导致地区经济发展不平衡的主要因素之一。那么在微观层面，个体的人力资本水平分布是怎样的状况呢？个体人力资本水平分布与收入水平之间又表现为哪种关系呢？本部分将采用中国综合社会调查数据（China General Social Survey）进行分析，CGSS数据是由国务院发展研究中心社会发展研究部与中国人民大学联合调查举行的全国性的社会基本状况调查，该数据覆盖了除青海、宁夏、西藏之外的全国28个省份和自治区，本部分选择最新的CGSS-2013展开分析。此外，我们剔除了那些在调查当年务农或者已经退休的样本，仅对拥有非农工作的群体进行分析。

## 一、个体人力资本水平现状

人力资本投资指所有能够改善个体生产力水平的活动，因此人力资本包含了学校教育、工作经验、健康、劳动力迁移、学前教育培养等诸多方面，受到数据的限制，我们仅分析被调查样本在学校教育、工作经验、健康等三个方面的现状。

表2-1报告了符合筛选条件的被调查样本受教育水平分布状况，由数据可见，我国人口受教育状况较改革开放初期有了很大改观，被调查样本中仅2.68%没有受过任何教育，绝大多数完成了九年制义务教育，这一比例达到85.91%。但不容忽视的是，被调查者中接受初中以上水平教育的人口比例仍然较低，其中普通高中毕业的样本仅占总样本的15.19%，而正规大学本科毕业的比例则更低，仅有9.08%，这一比例与发达国家的水平相距甚远。因此，我国高中教育的普及和高等教育的扩张需要进一步加

大力度推行下去。

表 2-1　　　　　　　　　被调查样本受教育水平分布

| 受教育水平 | 百分比 | 累计百分比 |
| --- | --- | --- |
| 没有受过任何教育 | 2.68 | 2.68 |
| 私塾 | 0.24 | 2.92 |
| 小学 | 11.17 | 14.09 |
| 初中 | 30.17 | 44.26 |
| 职业高中 | 2.49 | 46.75 |
| 普通高中 | 15.19 | 61.94 |
| 中专 | 7.30 | 69.25 |
| 技校 | 1.28 | 70.52 |
| 大学专科（成人高等教育） | 5.51 | 76.03 |
| 大学专科（正规高等教育） | 9.36 | 85.39 |
| 大学本科（成人高等教育） | 4.00 | 89.39 |
| 大学本科（正规高等教育） | 9.08 | 98.47 |
| 研究生以上 | 1.53 | 100.00 |

表 2-2 显示了被调查样本的工作年限分布状况，这能够在一定程度上代表他们的工作经验。由表可见，整体上，不同工作年限的样本分布较为一致。职场新手，也就是工作年限在 3 年以内（含 3 年）的被调查者占到总样本的 14.4%，被调查者中工作年限超过 3 年但低于 10 年的比例为 29.64%，工作年限超过 10 年但低于 20 年的样本占比 28.58%，工作年限超过 20 年的老员工个数占到总样本的 27.37%。

表 2-2　　　　　　　　　被调查样本工作年限分布

| 工作年限 | 百分比 | 累计百分比 |
| --- | --- | --- |
| exp <= 3 | 14.40 | 14.40 |
| 3 < exp <= 10 | 29.64 | 44.04 |
| 10 < exp <= 20 | 28.58 | 72.62 |
| exp > 20 | 27.37 | 100 |

表 2-3 反映了被调查样本的健康状况，劳动者身体和心理的健康程度与其生产力水平息息相关，但是健康因素在以往文献中往往被忽略，近几年随着健康经济学的崛起，这一因素得到了越来越多的关注。从表中可以

看出，绝大多数被调查样本的健康状况良好，仅有 5.34% 的个体认为自己很不健康或比较不健康，对自身健康状况评价为一般的个体占比 15.5%，而认为比较健康和很健康的个体比例则达到 79.16%。

表 2-3　　　　　　　　　被调查样本健康水平分布

| 健康水平 | 百分比 | 累计百分比 |
| --- | --- | --- |
| 很不健康 | 0.80 | 0.80 |
| 比较不健康 | 4.54 | 5.34 |
| 一般 | 15.50 | 20.83 |
| 比较健康 | 43.22 | 64.06 |
| 很健康 | 35.94 | 100.00 |

## 二、个体人力资本与工作类型对比分析

研究显示，个体人力资本水平的会影响到工作搜寻的结果，人力资本水平较高的个体更容易找到收入水平高、舒适性高和稳定性高的工作。本部分将以受教育水平指标为例，考察不同受教育层级工作类型的分布状况。

表 2-4 显示了受教育水平与雇佣类型的关系，从中我们不难发现，除了研究生及以上学历之外，所有受教育层级个体中，固定雇主的比例水平都最高，且教育层级越高，该层级中，得到固定雇主雇佣的个体比例越高。与此同时，在自我雇佣类型中，初中、普通高中和小学学历个体所占的百分比名列前三。固定雇主类型中，初中学历仍然占了最高的比例，其次是普通高中和大学学历。值得注意的是，无雇主类型中，初中学历的比例依旧最高，但大学专科和本科学历所占的百分比很低，几乎可以忽略。由此我们可以发现，平均意义上而言，受教育水平更高的个体工作稳定性更高，而受教育水平较低的群体则个体差异巨大，以初中学历为例，他们早早地踏入社会，优秀的个体经过磨炼成为了老板或个体工商户，但也有很多人并没有成为脱颖而出者，不得不以零工、散工身份谋生。

表 2-5 进一步验证了表 2-4 的结论，没有受过任何教育的个体 89% 都没有签订劳动合同，这一现象一直持续到高中水平，此时仍有 58% 的个体没有签订劳动合同，而大学本科学历没有签订劳动合同的比例仅为

表 2-4  受教育水平与雇佣类型交叉表

|  | 自我雇佣 | | 固定雇主 | | 无雇主 | |
| --- | --- | --- | --- | --- | --- | --- |
|  | 行百分比 | 列百分比 | 行百分比 | 列百分比 | 行百分比 | 列百分比 |
| 没有受过任何教育 | 17.43% | 2.36% | 41.28% | 2.07% | 41.28% | 8.88% |
| 小学 | 30.21% | 17.62% | 42.55% | 9.19% | 27.23% | 25.25% |
| 初中 | 29.99% | 47.15% | 53.12% | 30.91% | 16.89% | 42.21% |
| 职业高中 | 28.16% | 3.60% | 66.99% | 3.17% | 4.85% | 0.99% |
| 普通高中 | 26.74% | 20.97% | 66.46% | 19.29% | 6.80% | 8.48% |
| 大学专科 | 9.67% | 4.71% | 89.06% | 16.08% | 1.27% | 0.99% |
| 大学本科 | 6.77% | 3.23% | 92.97% | 16.40% | 0.26% | 0.20% |
| 研究生以上 | 2.27% | 0.37% | 47.73% | 2.89% | 50.00% | 13.02% |

注：1. 与表 2-1 相比，本表提出了私塾、中专、技校、成人高等教育等教育层级，仅对正规教育层级进行分析。2. 表中行百分比指某一受教育水平样本中，不同雇佣类型的个体所占的百分比。列百分比指某一雇佣类型下，不同受教育水平个体所占的百分比。

3.61%，研究生以上比例更低。高中以上学历层级中，签订了固定期限的个体所占比例最高，这一合同类型在相对稳定的同时也保留了一定的市场流动性，更受到高等教育水平劳动力的青睐。

表 2-5  受教育水平与劳动合同类型交叉表

|  | 无固定期限 | | 固定期限 | | 没有签订 | |
| --- | --- | --- | --- | --- | --- | --- |
|  | 行百分比 | 列百分比 | 行百分比 | 列百分比 | 行百分比 | 列百分比 |
| 没有受过任何教育 | 5.93% | 1.20% | 5.08% | 0.72% | 88.98% | 4.62% |
| 小学 | 4.84% | 4.11% | 8.87% | 5.26% | 86.29% | 18.83% |
| 初中 | 10.64% | 24.83% | 12.40% | 20.19% | 76.96% | 46.15% |
| 职业高中 | 20.18% | 3.94% | 18.42% | 2.51% | 61.40% | 3.08% |
| 普通高中 | 17.32% | 20.38% | 24.89% | 20.43% | 57.79% | 17.47% |
| 大学专科 | 28.54% | 21.06% | 42.23% | 21.74% | 29.23% | 5.54% |
| 大学本科 | 29.71% | 21.06% | 50.48% | 24.97% | 19.81% | 3.61% |
| 研究生以上 | 28.17% | 3.42% | 49.30% | 4.18% | 22.54% | 0.70% |

注：1. 与表 2-1 相比，本表提出了私塾、中专、技校、成人高等教育等教育层级，仅对正规教育层级进行分析。2. 表中行百分比指某一受教育水平样本中，不同合同类型的个体所占的百分比。列百分比指某一合同类型下，不同受教育水平个体所占的百分比。

工作单位类型和所有制性质也和个体受教育程度密切相关，表 2-6 和表 2-7 分别给出了相应的数据。在党政机关和事业单位的员工中，大学本科学历所占的比例最高，其次是大学专科。而企业和无雇主单位类型中，初中学历员工的比例最高，其次是普通高中。就单位所有制类型而言，我们的发现与工作单位类型一致，在国有或国有控股单位员工中，大学本科学历所占比例最高，集体所有和私有单位中，初中学历比例最高。此外，不论哪种受教育水平，几乎一半的被调查者都在私有单位工作。

表2-6　　　　　　　受教育水平与工作单位类型交叉表

|  | 政府、事业单位 | | 企业 | | 无雇主 | |
| --- | --- | --- | --- | --- | --- | --- |
|  | 行百分比 | 列百分比 | 行百分比 | 列百分比 | 行百分比 | 列百分比 |
| 没有受过任何教育 | 4.27% | 1.05% | 20.51% | 1.46% | 75.21% | 5.80% |
| 小学 | 3.85% | 3.98% | 32.59% | 9.77% | 63.56% | 20.71% |
| 初中 | 5.85% | 16.56% | 40.64% | 33.31% | 53.52% | 47.69% |
| 职业高中 | 9.73% | 2.31% | 52.21% | 3.58% | 38.05% | 2.84% |
| 普通高中 | 11.49% | 16.14% | 47.76% | 19.42% | 40.75% | 18.01% |
| 大学专科 | 28.50% | 25.16% | 59.14% | 15.11% | 12.35% | 3.43% |
| 大学本科 | 33.74% | 28.72% | 61.08% | 15.05% | 5.17% | 1.39% |
| 研究生以上 | 42.03% | 6.08% | 55.07% | 2.31% | 2.90% | 0.13% |

注：1.与表2-1相比，本表提出了私塾、中专、技校、成人高等教育等教育层级，仅对正规教育层级进行分析。2.表中行百分比指某一受教育水平样本中，不同单位类型的个体所占的百分比。列百分比指某一单位类型下，不同受教育水平个体所占的百分比。

表2-7　　　　　　　受教育水平与工作单位所有制性质交叉表

|  | 国有 | | 集体所有 | | 私有 | |
| --- | --- | --- | --- | --- | --- | --- |
|  | 行百分比 | 列百分比 | 行百分比 | 列百分比 | 行百分比 | 列百分比 |
| 没有受过任何教育 | 15.63% | 0.72% | 15.63% | 2.21% | 68.75% | 1.89% |
| 小学 | 13.98% | 3.74% | 11.83% | 9.73% | 74.19% | 11.86% |
| 初中 | 22.82% | 20.69% | 10.14% | 28.32% | 67.04% | 36.34% |
| 职业高中 | 28.17% | 2.87% | 16.90% | 5.31% | 54.93% | 3.35% |
| 普通高中 | 38.25% | 21.98% | 12.50% | 22.12% | 49.25% | 16.92% |
| 大学专科 | 44.70% | 22.41% | 10.32% | 15.93% | 44.99% | 13.49% |
| 大学本科 | 45.00% | 23.28% | 9.72% | 15.49% | 45.28% | 14.00% |
| 研究生以上 | 52.63% | 4.31% | 3.51% | 0.88% | 43.86% | 2.15% |

注：1.与表2-1相比，本表提出了私塾、中专、技校、成人高等教育等教育层级，仅对正规教育层级进行分析。2.表中行百分比指某一受教育水平样本中，在不同所有制性质单位工作的个体所占的百分比。列百分比指某一所有制性质单位中，不同受教育水平个体所占的百分比。

### 三、个体人力资本与收入水平对比分析

根据贝克尔的人力资本理论，个体的人力资本存量显著影响他的收入水平，我们以上的分析也发现，人力资本水平还可以通过个体的就业类型对个体收入产生进一步的影响。以下我们简要分析了不同人力资本水平的收入分布状况，包括不同受教育水平、不同工作年限和不同健康状况等方面。

不同受教育水平的收入分布情况由表2-8汇报，我们选取了小时工资和小时收入两个指标来更为全面的反应个体的收入状况，其中小时工资是依据个体的职业收入计算而得，小时收入则由个体的年总收入除以年工作小时数计算得出。从表中我们发现，随着受教育水平的上升，不论是小时工资还是小时收入都在增加，个体小时收入水平略高于小时工资。没有受过任何教育的被调查者小时工资仅为5.27元，而大学本科水平的样本小时工资上升为31.60元，研究生及以上学历的工资则达到81.19元。由此可见，我国具有较高的教育的回报率，教育投资的收益前景比较乐观。

表2-8　　　　　　　按受教育水平划分的个体收入分布

| 受教育水平 | 平均小时工资 | 平均小时收入 |
| --- | --- | --- |
| 没有受过任何教育 | 5.27 | 5.79 |
| 小学 | 8.28 | 8.62 |
| 初中 | 10.90 | 11.41 |
| 职业高中 | 16.27 | 18.00 |
| 普通高中 | 15.24 | 15.93 |
| 大学专科（正规高等教育） | 21.45 | 21.78 |
| 大学本科（正规高等教育） | 31.60 | 33.08 |
| 研究生以上 | 81.19 | 83.15 |

与此同时，随着工作年限的上升，个体小时工资也持续增加，从最初的11.42/小时上升为18.35/小时（见表2-9）。工作年限的上升体现了工作经验的积累，人们的工作效率会提高，产出增加，工资水平也相应增加。这一现象符合要素收入理论的预测。

表 2-9　　　　　　　按工作年限划分的个体收入分布

| 工作年限 | 平均小时工资 | 平均小时收入 |
| --- | --- | --- |
| exp <= 3 | 11.42 | 11.74 |
| 3 < exp <= 10 | 12.15 | 12.95 |
| 10 < exp <= 20 | 17.50 | 18.18 |
| exp > 20 | 18.35 | 19.19 |

表 2-10 列出了不同健康状况的平均收入变动，我们发现，当个体对健康状况的评价由很不健康逐步变动到健康状况一般时，小时工资收入也在攀升，从 5.7 元增加到了 18.91 元，几乎翻了两番。但是，当个体的评价由健康状况一般变为很健康时，小时工资没有增加反而降低了 5 元，约 29%。

表 2-10　　　　　　　按健康水平划分的个体收入分布

| 健康水平 | 平均小时工资 | 平均小时收入 |
| --- | --- | --- |
| 很不健康 | 5.70 | 8.48 |
| 比较不健康 | 10.48 | 11.59 |
| 一般 | 18.91 | 19.58 |
| 比较健康 | 16.34 | 16.97 |
| 很健康 | 13.45 | 14.19 |

本章采用 CGSS-2013 数据分析了个体的人力资本水平分布及收入分布现状，数据显示，我国人力资本水平相对偏低，从事非农工作的被调查者中受过高等教育的比例和发达国家相差甚远，劳动力工作年限分布较为均匀，但新鲜血液所占比例较低。与此同时，人力资本水平也显著影响到个体的就业状况，受教育程度越高的个体越有可能有固定雇主，并在国有类型、政府和事业单位工作，签订了固定期限劳动合同。最后，我们的分析也验证了文献中的结论，不同人力资本水平的收入存在巨大差距，受教育程度越高、工作年限越长的劳动者收入水平越高，人力资本有可能是导致个体贫富差距的关键因素。

# 第三章　人力资本与性别工资差异

伴随着经济体制改革的逐步深化，我国收入分布状况发生了剧烈变动，成为世界上收入不平等增长最快的国家之一（姚先国和李晓华，2007）。2000年我国基尼系数达到0.4的收入分配差距警戒线，与美国持平，至2004年已经上升为0.47。收入差距的逐步扩大势必会降低低收入劳动者的积极性和工作效率，抑制经济的发展，并最终影响社会的稳定，因此减缓收入差距增长趋势，缩小城乡、行业、地区以及性别间的收入分配差异成为确保我国经济长期稳健快速发展的必要选择。

以往文献从不同角度对我国收入差距的现状及形成机制进行了研究。研究表明，劳动力群体间的收入差距主要源于两方面的原因，一是人力资本特征及生产率差异，二是劳动力市场对特定群体的直接歧视和反向歧视。姚先国、赖普清（2004）对城乡劳动力收入差距的研究指出，80%的总差异可由城镇工人和农民工的人力资本和企业状况差异加以解释，而剩余部分的差异则源自市场对农民工的户籍歧视。谢嗣胜和姚先国（2006）进一步将歧视分为直接歧视和反向歧视两部分，并指出对农民工的直接歧视解释了工资差异的36.2%，对城市工的制度性保护占到工资差异的19%。刘文忻和杜凤莲（2008）考察了失业经历与中国城镇人口收入差距的关系，指出再就业者的人力资本回报率显著低于未失业者，但二者之间的工资差异更多的应归咎于个体人力资本差异。

劳动力市场性别歧视由来已久，国内外学者对此展开了众多研究。性别歧视主要体现在两个阶段，第一阶段是劳动力进入市场前，企业在决定雇佣员工时的选择性偏好，即进入性别歧视；第二阶段是对已经进入劳动力市场的不同性别劳动者的工资和非工资歧视。广义的性别歧视包括以上两种情况，但由于数据的稀缺性，有关第一阶段的性别歧视研究较少。Fernandez和Mors（2008）对企业雇佣机制的研究表明，职位候选人的筛选与不同性别劳动力的行业分布和工资分布密切相关。女性更多地被选择作为低工资职位的候选人，而男性申请人在高工资职位上胜出的可能性更高。French 和 Strachan（2009）对澳大利亚交通部门的考察发现，虽然政府出台政策要求企业雇佣职工时做到男女平等，然而女性受聘到管理职位以及非传统职位的比率仍然很低。Sookram 和 Strobl（2009）的研究进一步指出，平等受教育机会政策的提倡，极大的缩小了性别间的受教育水平差异，但是并未弱化男女劳动力间的职业分离。

更多文献针对狭义性别歧视，即第二阶段的性别歧视展开研究。Dong 和 Zhang（2009）采用企业层面数据分析了经济转型过程中我国制造行业性别间的工资差异。结果表明，歧视并不是导致该行业男女劳动力工资差距的主要原因，女性较低的生产率决定了自身工资水平低于男性。此外，企业的所有制类型，开放程度以及研发水平也在一定程度上影响男女工资差距。Munoz-Bullon（2009）对西班牙旅游业性别间工资差距的研究验证了以上结论，即工资差距主要由男女劳动力可观测特征差异引起，其中劳动力所处的细分行业以及持有的合同类型对工资总差异的解释力较大。Miyoshi（2008）的研究指出工作类型（全职还是兼职）是引起日本性别工资差异的主要原因。然而，王美艳和蔡昉（2006）的研究得出了与以上相反的结论，即男女工资差异主要由劳动力市场性别歧视引起，并且同一部门内部性别间工资不平等对总差异的影响远远高出不同部门间的工资差异。

劳动力市场上的性别歧视不仅体现在工资差异上，其他非工资待遇歧视也比比皆是，本章重点考察了男女劳动力持有劳动合同类型的差异。国外有关劳动合同类型的文献多从需求角度出发，考察企业做出签订合同决策时的影响因素。他们认为，未来的风险和不确定性的增大将会使企业更倾向与签订短期合同，而劳动合同签订成本的增加则使长期合同的签订率上升（L. N. Christofides，C. Peng，2006；Gray，1978；Dye，1985 等）。本部分旨在从劳动供给角度出发，寻找引起劳动合同类型差异的个体因素，并分析其中性别歧视的影响程度。

在以往研究的基础上，本章采用最新的微观住户调查数据（CHIP-2002）研究我国劳动力市场不同性别劳动力的工资差异和非工资差异。CHIP-2002 数据覆盖了全国 12 个省份和直辖市，调查内容包括住户的个体特征、家庭背景、工作经验以及收入等，提供了较为全面的劳动力数据。这使得本部分能够在传统的工资决定模型中加入了更为充分的解释变量，如民族和细分合同类型等，增强了模型解释力。进一步的，本章考察了男女劳动力在持有合同类型方面的差异，并利用 Oaxaca 和 Reimer 方法，对性别间工资差异和持有劳动合同类型的差异进行了分解，对比分析引起差异的深层次原因。本章的结构安排如下：第二部分介绍文章使用的数据，并设定计量模型。第三部分给出实证结果及其分析，第四部分得出结论。

## 一、估计方法与数据

### （一）模型方法

有关劳动力工资差异的研究通常采用明瑟工资模型，该模型着重考虑了受教育水平和工作经验两种因素对个人工资收入的影响：

$$\ln W = \alpha + \beta_1 S + \beta_2 Exp + \beta_3 Exp^2 + e \tag{3.1}$$

其中 $W$ 表示劳动力工资水平，$S$ 为受教育水平，$Exp$ 表示劳动力的工作经验，$e$ 为模型误差项。为便于与以往研究进行比较，本章仍采用明瑟工资模型对不同性别劳动力的工资决定展开实证分析，并在该模型中加入了一系列影响劳动力工资收入的其他变量：

$$\ln W_i = \alpha + \beta_1 S_i + \beta_2 Exp_i + \beta_3 Exp_i^2 + \gamma Z_i + e_i \tag{3.2}$$

模型（3.2）为本章的工资估计模型，$Z_i$ 为一向量，包括党员身份、合同类型（长期合同和短期合同）、企业类型（国有企业和城镇集体单位企业）以及地域类型（东部和中部）等影响个体劳动力工资的特征变量。

为便于研究男女劳动力的非工资差异，尤其是劳动合同持有方面的差异，我们将明瑟工资模型进行了拓展，把模型中的对数工资替换为合同类型，得到下式：

$$P(Contract = 1 \mid x) = a + b_1 S + b_2 Exp + b_3 Exp^2 + cZ + u \tag{3.3}$$

在这里，$Contract$ 为二元因变量，当劳动力持有长期合同时，$Contract$ 等于1，反之，当劳动力没有劳动合同或者持有短期劳动合同时，$Contract$ 等于0。$x$ 代表所有解释变量，$u$ 为模型扰动项。

根据 Oaxaca（1973）和 Blinder（1973）提出的工资差异分解方法，本章进一步考察了导致我国劳动力市场中不同性别劳动力工资收入差异和持有劳动合同类型差异的原因。假设 $\overline{\ln W_m}$ 和 $\overline{\ln W_f}$ 分别为男女劳动力的平均对数工资，$\overline{P_m}$ 和 $\overline{P_f}$ 分别为男女劳动力持有长期合同的平均概率，$\overline{X}_m$ 和 $\overline{X}_f$ 表示（3.2）式中影响劳动力工资水平的各项因素平均值，$\overline{X}_m^p$ 和 $\overline{X}_f^p$ 表示（3.3）式中解释变量的平均值。我们得到男女劳动力工资总差异为：

$$\overline{\ln W_m} - \overline{\ln W_f} = \overline{X}_m \hat{\beta}_m - \overline{X}_f \hat{\beta}_f \tag{3.4}$$

男女劳动力长期劳动合同持有概率差异为：

$$\overline{P}_m - \overline{P}_f = \overline{X}_m^p \hat{b}_m - \overline{X}_f^p \hat{b}_f \tag{3.5}$$

将（4）式右侧进行分解可得：

$$\overline{\ln W_m} - \overline{\ln W_f} = (\overline{X}_m - \overline{X}_f)\hat{\beta}_m + \overline{X}_f(\hat{\beta}_m - \hat{\beta}_f) \tag{3.6}$$

$$\overline{\ln W_m} - \overline{\ln W_f} = (\overline{X}_m - \overline{X}_f)\hat{\beta}_f + \overline{X}_m(\hat{\beta}_m - \hat{\beta}_f) \tag{3.7}$$

（6）式假设男性劳动力工资方程的回归系数 $\hat{\beta}_m$ 为劳动力市场不存在歧视行为时各变量的工资回报系数（Oaxaca1），而（3.7）式则将 $\hat{\beta}_f$ 视为不存在歧视的变量工资回报系数（Oaxaca2）。进一步的，我们假设无歧视的工资回报系数为 $\hat{\beta}_m$ 和 $\hat{\beta}_f$ 的线性函数，即 $\hat{\beta} = 0.5 \times \hat{\beta}_m + 0.5 \times \hat{\beta}_f$（Reimers，1983），并采用 $\hat{\beta}$ 作为权重对工资差异进行分解。模型（3.6）和（3.7）等式右侧由两部分组成，第一部分为模型可解释的差异，即由劳动力本身的人力资本差异造成的工资差异，第二部分为模型不可解释的性别工资差异，称为歧视[①]。

将以上方法应用到模型（3.5）中，可将男女劳动力持有长期合同的概率差异分解为：

$$\overline{P}_m - \overline{P}_f = (\overline{X}_m^p - \overline{X}_f^p)\hat{b}_m - \overline{X}_f^p(\hat{b}_m - \hat{b}_f) \tag{3.8}$$

$$\overline{P}_m - \overline{P}_f = (\overline{X}_m^p - \overline{X}_f^p)\hat{b}_f - \overline{X}_m^p(\hat{b}_m - \hat{b}_f) \tag{3.9}$$

模型（5）是线性概率模型，因此 $P(Contract = 1 \mid x)$ 预测值可能大于 1 或小于 0，但是 Oaxaca 和 Reimer 分解方法中使用的是自变量的均值，因此个别预测值超出正常范围不会影响到分解结果。

---

① 劳动力市场上的歧视性行为是导致不可解释工资差异的原因之一，但并不是唯一的原因，该工资差异也可能源于模型中未能包括的影响因素。如工作的努力程度，它对工资有重大影响，但是很难对其进行观察并加以量化，因此我们并不能在模型中将它包括进来，这就造成解释变量的缺失，进一步形成部分不可解释的工资差异。

## （二）数据简介

本章所使用的数据来自于中国社会科学院经济研究所收入分配课题组和城镇贫困研究课题组与西方学者合作的 2002 年住户抽样调查。此次抽样调查覆盖了 12 个省份和直辖市，包括北京市、重庆市、山西、辽宁、江苏、安徽、河南、湖北、广东、四川、云南和甘肃。住户样本数为 6398 个，个人样本数为 20632 个。表 3 – 1 给出了不同性别劳动力特征变量的统计性描述。剔除问卷调查时没有工作或者当年曾有过失业经历的样本，本章考察的样本范围为 2002 年在职工作人员。此外，由于干部和公务员、私营企业主和从事个体经营的劳动力为特殊群体，他们的工资决定机制与其他劳动力缺乏可比性，因此本章也将这类样本排除在外。最终，本章考察的样本总量为 4027 个，其中男女样本各占 50%。

表 3 – 1　　　　　　　　变量统计性描述

| 变量名称 | 变量定义 | 男性 | | 女性 | | 女性/男性 |
|---|---|---|---|---|---|---|
| | | 均值 | 标准差 | 均值 | 标准差 | |
| 小时工资 | 02 年总收入/02 年工作小时数 | 5.59 | 5.04 | 4.86 | 4.89 | 0.87 |
| 受教育年限 | 受教育水平 | 10.91 | 2.89 | 10.93 | 2.79 | 1.00 |
| 大学及以上 | 受教育程度大学及以上 = 1，其他 = 0 | 0.06 | 0.24 | 0.04 | 0.19 | 0.61 |
| 大专 | 受教育程度大专 = 1，其他 = 0 | 0.17 | 0.37 | 0.18 | 0.38 | 1.08 |
| 中专 | 受教育程度中专 = 1，其他 = 0 | 0.11 | 0.31 | 0.15 | 0.35 | 1.35 |
| 高中 | 受教育程度高中 = 1，其他 = 0 | 0.33 | 0.47 | 0.34 | 0.48 | 1.04 |
| 初中 | 受教育程度初中 = 1，其他 = 0 | 0.30 | 0.46 | 0.26 | 0.44 | 0.86 |
| 工作经验 | 工作年限 | 19.73 | 10.39 | 17.01 | 9.44 | 0.86 |
| 党员 | 共产党员 = 1，否 = 0 | 0.21 | 0.41 | 0.14 | 0.35 | 0.66 |
| 少数民族 | 汉族 = 1，否 = 0 | 0.96 | 0.19 | 0.97 | 0.17 | 1.01 |
| 长期合同 | 长期合同工 = 1，其他 = 0 | 0.58 | 0.49 | 0.48 | 0.50 | 0.83 |
| 短期合同 | 短期和临时合同工 = 1，其他 = 0 | 0.26 | 0.44 | 0.31 | 0.46 | 1.21 |
| 无合同 | 无合同工 = 1，其他 = 0 | 0.17 | 0.37 | 0.21 | 0.41 | 1.26 |
| 中央及省级国有企业 | 在中央及省级国有企业工作 = 1，否 = 0 | 0.16 | 0.36 | 0.09 | 0.28 | 0.55 |
| 地方国有企业 | 在地方国有企业工作 = 1，否 = 0 | 0.22 | 0.41 | 0.20 | 0.40 | 0.94 |
| 城镇集体企业 | 在城镇集体企业工作 = 1，否 = 0 | 0.08 | 0.27 | 0.12 | 0.32 | 1.43 |
| 其他所有制类型企业 | 在其他所有制类型企业 = 1，否 = 0 | 0.43 | 0.50 | 0.40 | 0.49 | 0.92 |

续表

| 变量名称 | 变量定义 | 男性 | | 女性 | | 女性/男性 |
|---|---|---|---|---|---|---|
| | | 均值 | 标准差 | 均值 | 标准差 | |
| 东部地区 | 在东部省份工作=1，否=0 | 0.46 | 0.50 | 0.45 | 0.50 | 0.98 |
| 中部地区 | 在中部省份工作=1，否=0 | 0.28 | 0.45 | 0.31 | 0.46 | 1.09 |
| 西部地区 | 在中部省份工作=1，否=0 | 0.26 | 0.44 | 0.25 | 0.43 | 0.95 |

注：1. 其他所有制类型单位指私营企业、个体经营户、中外合资企业、外商独资企业、国有控股企业、其他控股企业、乡镇私营企业、乡镇个体企业和其他所有制类型的企业；2. 东部地区包括北京市、辽宁省、江苏省和广东省。中部地区包括山西省、安徽省、河南省和湖北省。作为基准组的西部地区包括重庆市、四川省、云南省和甘肃省；3. 模型回归时将无合同组作为合同类型的基准组，其他所有制类型作为企业类型的基准组。

从表3-1中我们可以发现，男女工资差异现象在我国劳动力市场普遍存在，2002年女性平均小时工资仅为男性的87%。通过比较发现，男女受教育年限不存在显著区别，但接受过大学及以上教育的男性人数超过女性。男性的平均工作经验也显著高出女性，并且男性工作人员持有长期合同的比例较高，女性更多地持有短期合同甚至没有合同。与女性劳动力相比，男性在中央及省级国有企业工作的比例较高，在城镇集体企业工作的比例较低，但男女在其他所有制类型企业就业的比例大体相同。此外，男女样本的地域分布和民族分布基本相同，因此不足以成为引致男女工资差异的主要因素。

表3-2　　　分性别各合同类型劳动力工资和人数比率

| 性别<br>合同类型 | 男性（1） | | 女性（2） | | （2）/（1） |
|---|---|---|---|---|---|
| 分性别各合同类型劳动力比率 | | | | | |
| 长期合同 | 57.8% | | 48% | | 0.83 |
| 短期合同 | 25.6% | | 31% | | 1.21 |
| 无合同 | 16.6% | | 21% | | 1.27 |
| 分性别各合同类型劳动力工资 | | | | | |
| | 均值 | 标准差 | 均值 | 标准差 | |
| 长期合同 | 6.00 | 5.08 | 5.33 | 4.70 | 0.89 |
| 短期合同 | 5.41 | 4.64 | 4.63 | 5.14 | 0.86 |
| 无合同 | 4.30 | 4.14 | 4.00 | 4.35 | 0.93 |

此外,男女劳资关系差异不仅体现在工资方面,二者在劳动合同、社会保险以及工作条件等经济福利状况方面的差异也不容忽视。出于数据的局限性,本章着重研究性别间劳动合同持有类型的差异。从表3-2中可以发现,劳动力合同类型与自身工资收入紧密相关,男(女)性长期合同工的小时工资平均比短期合同工高0.6(0.4)元,比无合同的男(女)性职工高出40(33)个百分点。因此,本章在明瑟工资模型中将合同类型包括进来,以考察不同合同类型对工资收入的具体影响。与此同时,我们也注意到,女性劳动力持有长期合同的比率低于男性,而女性短期合同工和无合同工的比率远远高出男性。那么,性别是否是决定个体劳动力获得何种合同类型的原因?如果是,它又在何种程度上影响劳动合同持有类型?本章将在实证部分给出解释。

## 二、估计结果及分析

### (一) Mincer 工资方程回归结果

表3-3分别给出了模型(3.2)对男女劳动力样本的估计结果。回归结果显示,受教育年限与劳动力工资水平显著相关,并且女性教育回报率与男性持平,这与以往研究基本一致,但是以往研究得到的男性教育回报率要高于女性(李实和丁赛,2003;Li,2003;Zhang,Liu 和 Yung,2007等)。将男女劳动力回归结果进行比较发现,工作经验对男性工资水平的影响要高于女性,而表3-1中显示男性平均工作经验高于女性,因此,较高的工作经验和工作经验回报提高了男性劳动力的工资收入。统计数据表明,女性就业生涯中参与兼职工作的比率远远高出男性,但是劳动力市场对兼职工作经验和全职工作经验的衡量并不相同,兼职经验的工资回报低于全职经验(Miyoshi,2008),相应的,女性平均工资水平低于男性。

长期合同对于女性和男性工资水平的影响都在1%的水平上显著为正,而且女性工资受合同类型影响更大。从表3-2中我们发现,在不同类型合同工中,没有合同的职工工资水平最低,其次为短期合同工,长期合同职工的工资水平最高,但是女性劳动力持有长期合同的比率显著低与男性,因此劳动力合同类型差异也对性别间工资差异的扩大存在重大影响。

此外,不论是对男性还是女性劳动力而言,在私营企业、个体经营户、中外合资企业、外商独资企业等其他所有制类型的企业工作的工资回报均高于在地方国有企业和城镇集体企业的工资水平。而且在东部省份工作的劳动力工资水平要显著高于西部。这一结论表明，劳动力工资水平在市场发挥作用越充分的企业或地区越高（Dong 和 Zhang，2009）。

表 3-3　　　　　　　　　分性别工资模型回归结果

| 变量名称 | 男性 | | 女性 | |
| --- | --- | --- | --- | --- |
| | 系数 | 标准差 | 系数 | 标准差 |
| 受教育年限 | 0.066*** | 0.005 | 0.066*** | 0.006 |
| 工作经验 | 0.024*** | 0.005 | 0.017*** | 0.006 |
| 工作经验平方项 | -0.0003** | 0.0001 | -0.00001 | 0.0002 |
| 党员 | 0.087** | 0.036 | 0.092** | 0.044 |
| 少数民族 | 0.100 | 0.073 | -0.139* | 0.085 |
| 长期合同 | 0.285*** | 0.041 | 0.321*** | 0.040 |
| 短期合同 | 0.119*** | 0.044 | 0.092** | 0.041 |
| 中央及省级国有企业 | 0.132*** | 0.041 | 0.140*** | 0.054 |
| 地方国有企业 | -0.032 | 0.036 | -0.070* | 0.039 |
| 城镇集体企业 | -0.250*** | 0.052 | -0.211*** | 0.047 |
| 东部地区 | 0.379*** | 0.034 | 0.310*** | 0.037 |
| 中部地区 | -0.097*** | 0.038 | -0.159*** | 0.040 |
| 常数项 | -0.047 | 0.109 | 0.152 | 0.115 |
| F 值 | 56.76 | | 54.60 | |
| 调整的 $R^2$ | 0.2511 | | 0.2421 | |
| 样本量 | 2002 | | 2025 | |

注：* 表示在10%的显著性水平下显著，** 表示在5%的显著性水平下显著，*** 表示在1%的显著性水平下显著。

### （二）长期劳动合同线性概率模型回归结果

从表 3-4 中我们不难发现，劳动力持有的合同类型对自身工资有重大影响，长期合同工的男性劳动力工资显著高于无合同工，并且长期合同的工资回报也大于短期合同。进一步的，本章采用模型（3.3）考察不同性别劳动力持有合同类型的差异（见表 3-4）。

表 3-4　　分性别长期劳动合同模型估计结果

| 变量名称 | 长期劳动合同 | | | |
|---|---|---|---|---|
| | 男性 | | 女性 | |
| | 系数 | 标准差 | 系数 | 标准差 |
| 受教育年限 | 0.011*** | 0.004 | 0.018*** | 0.004 |
| 工作经验 | 0.025*** | 0.004 | 0.032*** | 0.004 |
| 工作经验平方项 | -0.00005*** | 0.0001 | -0.001*** | 0.0001 |
| 党员 | 0.112*** | 0.026 | 0.059** | 0.031 |
| 少数民族 | 0.039 | 0.054 | -0.067 | 0.060 |
| 中央及省级国有企业 | 0.362*** | 0.029 | 0.355*** | 0.037 |
| 地方国有企业 | 0.295*** | 0.026 | 0.301*** | 0.026 |
| 城镇集体企业 | 0.195*** | 0.038 | 0.159*** | 0.033 |
| 东部地区 | -0.021 | 0.025 | -0.091*** | 0.026 |
| 中部地区 | 0.080*** | 0.028 | 0.079*** | 0.028 |
| 常数项 | -0.016 | 0.079 | 0.001 | 0.080 |
| F 值 | 40.69 | | 36.22 | |
| 调整的 $R^2$ | 0.1641 | | 0.1465 | |
| 样本量 | 2002 | | 2025 | |

注：\* 表示在 10% 的显著性水平下显著，\*\* 表示在 5% 的显著性水平下显著，\*\*\* 表示在 1% 的显著性水平下显著。

上表估计结果显示，受教育年限和工作经验的上升能够提高劳动力获得长期合同的可能性，并且二者对女性的影响更大。党员身份显著影响劳动力的合同类型，男（女）性中共党员是长期合同工的概率要比非党员高出 11%（6%）。企业和地区类型也对劳动力的合同持有类型有显著影响。具体而言，私营企业、个体企业、外资企业等其他所有制类型企业的员工持有长期劳动合同的概率较低，而国有企业和城镇集体企业员工签订长期劳动合同的比率较高，这是因为各项劳动力市场政策和法规在国有企业和城镇集体企业中能够得到更好的贯彻落实，因此这类企业在劳动合同方面的规范程度要优于其他所有制类型企业。不同所有制类型企业职工长期劳动合同持有率的差异进一步影响到了地区。中部和西部经济由于更多的依赖国有企业和城镇集体企业，其长期合同职工比率较高。而东部地区私营经济蓬勃发展，多数劳动力在私营企业实现就业，持有长期合同的劳动力比率低与中西部。

### (三) 差异分解结果

按照对劳动力市场非歧视群体的不同假设,我们运用三种方法对性别间工资差异进行分解。其中,Oaxaca1 以男性劳动力估计参数为权重(模型(3.5)),Oaxaca2 则将女性劳动力模型估计参数设为权重(模型(3.6)),选择不同的权重将得到不同的结果。本章借鉴 Reimer 在 1983 年提出的方法,将男女工资方程回归系数的平均作为无歧视的工资回报系数,用此系数作为权数进行差异分解。表 3-5 列出了具体分解结果,模型估计的男女对数平均工资差异为 0.18,即男性劳动力平均工资比女性高出 19.7% (由 ($e^{0.18} - 1$) × 100 计算而得)。

表 3-5  工资差异分解结果

| | Reimer | | Oaxaca1 | | Oaxaca2 | |
|---|---|---|---|---|---|---|
| | 绝对值 | 百分比 | 绝对值 | 百分比 | 绝对值 | 百分比 |
| 总差别 | 0.18 | 100% | 0.18 | 100% | 0.18 | 100% |
| 不可解释部分 | 0.09 | 50% | 0.10 | 56% | 0.08 | 44% |
| 可解释部分 | 0.09 | 50% | 0.08 | 44% | 0.10 | 56% |
| 受教育年限 | -0.004 | -0.022 | -0.004 | -0.022 | -0.004 | -0.022 |
| 工作经验 | 0.056 | 0.311 | 0.065 | 0.363 | 0.047 | 0.259 |
| 工作经验平方项 | -0.017 | -0.094 | -0.033 | -0.181 | -0.001 | -0.007 |
| 党员 | 0.006 | 0.035 | 0.006 | 0.034 | 0.006 | 0.036 |
| 少数民族 | 0.0001 | 0.001 | -0.001 | -0.003 | 0.001 | 0.004 |
| 长期合同 | 0.029 | 0.162 | 0.027 | 0.152 | 0.031 | 0.171 |
| 短期合同 | -0.006 | -0.031 | -0.006 | -0.035 | -0.005 | -0.027 |
| 中央及省级国有企业 | 0.009 | 0.052 | 0.009 | 0.050 | 0.010 | 0.053 |
| 地方国有企业 | -0.001 | -0.003 | 0.000 | -0.002 | -0.001 | -0.004 |
| 城镇集体企业 | 0.008 | 0.045 | 0.009 | 0.048 | 0.007 | 0.041 |
| 东部地区 | 0.004 | 0.020 | 0.004 | 0.022 | 0.003 | 0.018 |
| 中部地区 | 0.003 | 0.018 | 0.002 | 0.014 | 0.004 | 0.022 |

根据 Reimer 分解结果,工资总差距中可由男女劳动力特征因素解释的部分占 50% (绝对值为 0.09),而剩余的 50% 不能够由男女就业群体的特征差异进行解释,但该部分差异既可能源于劳动力市场的性别歧视现象,也可能是由模型中部分影响因素的缺失造成。总之,劳动力市场性别歧视

并不是引起工资差异的主要原因，这一结论与蔡昉和王美艳（2006）的估计结果相反，他们的研究表明93.05%的性别工资差异应归因于性别歧视。

具体而言，工资总差异中的31.1%可通过不同性别劳动力的工作经验差异进行解释，然而随着工作经验的增加，它对工资差异的影响持续下降。持有长期合同也在很大程度上解释了性别工资差异。此外，降低劳动力受教育水平的差异、就职于地方国有企业以及持有短期劳动合同等都能够缩小性别间的工资差距，但是这些变量的综合作用较小，不足以抵消其他因素对工资差距的拉大。

表 3-6　　　　分性别长期合同持有概率的差异分解结果

| | Reimer | | Oaxaca1 | | Oaxaca2 | |
|---|---|---|---|---|---|---|
| | 绝对值 | 百分比 | 绝对值 | 百分比 | 绝对值 | 百分比 |
| 总差别 | 0.09 | 100% | 0.09 | 100% | 0.09 | 100% |
| 不可解释部分 | 0.07 | 78% | 0.06 | 67% | 0.08 | 89% |
| 可解释部分 | 0.02 | 22% | 0.03 | 33% | 0.01 | 11% |
| 受教育年限 | -0.001 | -0.010 | -0.001 | -0.007 | -0.001 | -0.012 |
| 工作经验 | 0.077 | 0.856 | 0.069 | 0.764 | 0.085 | 0.948 |
| 工作经验平方项 | -0.076 | -0.839 | -0.058 | -0.640 | -0.093 | -1.038 |
| 党员 | 0.006 | 0.066 | 0.008 | 0.087 | 0.004 | 0.046 |
| 汉族 | 0.0001 | 0.001 | -0.0002 | -0.002 | 0.0004 | 0.004 |
| 中央及省级国有企业 | 0.025 | 0.273 | 0.025 | 0.276 | 0.024 | 0.270 |
| 地方国有企业 | 0.003 | 0.038 | 0.003 | 0.038 | 0.003 | 0.038 |
| 城镇集体企业 | -0.006 | -0.069 | -0.007 | -0.076 | -0.006 | -0.062 |
| 东部地区 | -0.001 | -0.007 | -0.0002 | -0.002 | -0.001 | -0.011 |
| 中部地区 | -0.002 | -0.022 | -0.002 | -0.022 | -0.002 | -0.022 |

表 3-6 给出了男女劳动力持有长期合同的概率差异分解结果。令人吃惊的是，模型中所考察的劳动力特征因素差异仅解释了总差异的22%，这意味着，78%的长期合同持有概率差异来源于模型未能包含的影响因素和性别歧视。当采用Oaxaca方法，选择不同权重对总差异进行分解后，我们得出了一致的结果，性别歧视解释了劳动力持有长期合同概率总差异的67%或89%。

Reimer 分解结果显示，男性在国有企业工作会增加性别间长期合同持有率的差异，并且东部省份的男女劳动力持有长期合同的概率差异小于西部地区。这一结论与表3-5一致，由于国有企业员工持有长期合同的概率高于其他所有制类型企业，因此如果男性更多地在国有企业实现就业，男女劳动合同差异将进一步扩大。与此同时，东部地区劳动力更多地为短期合同工或者无合同工，因此性别间长期合同持有的概率差异较小。

从表3-6第一列结果中，我们发现一个有趣的现象，起初工作经验的差异会扩大长期合同的持有概率差异，但当工作经验差异上升到一定程度后，它的继续增加将缩小劳动力长期合同持有概率差异。两方面的作用相互抵消，最后使得工作经验对劳动合同差异的影响微乎其微。从这一结论我们可以得知，单纯的工作经验的堆积并不能直接增加劳动力获得长期合同的概率，劳动者只有通过干中学、在工作过程中提高自身素质，才能够从根本上增加企业与其签订长期合同的意愿。这也在一定程度上解释了目前工作人员在职培训、在职进修的热潮。

## 三、结论

本章利用最新的中国住户抽样调查数据（CHIP-2002）对我国劳动力市场上的性别工资差异和非工资差异进行了研究，并分别采用Oaxaca和Reimer方法对总差异进行分解。研究结果显示，特征差异解释了男女就业群体工资差异的绝大部分，性别歧视现象在我国劳动市场依然存在，但并不是导致女性工资普遍低于男性的主导原因。然而男女劳动力持有长期合同的概率差异分解结果表明，性别歧视解释了总差异的78%。

从本章的研究结论来看，缩小我国劳动力市场性别差异需要从以下方面着手：

首先，提高女性受教育水平，鼓励女性接受高等教育和在职培训。数据显示，男性就业人员的平均受教育年限与女性持平，但接受过高等教育的职业男性比率远远高出女性，这使得男性从事的职业和职业发展情况都优于女性，男性就业人员的平均工资高于女性。与此同时，研究表明，工作培训等能够增加劳动者干中学的效率，提高其工资收入。因此，增加女性高等教育投资，为女性提供在职培训和在职进修机会能够提高女性劳动力的整体素质，在一定程度上缓解性别间工资差异扩大的现状。

其次，切实贯彻实施劳动合同法，促进劳动合同规范化。1995年《劳动法》的颁布实施使劳动者的合法权益得到了一定改善，但是劳动力市场的不规范操作仍然普遍存在,劳动合同签订率不足20%。我们的研究发现,劳动力持有的合同类型是导致性别工资差异的重要原因,持有长期合同的职工平均工资要高于短期合同工和无合同员工。但是,我国劳动力市场中女性职工持有长期合同的比率显著低于男性,性别歧视是主要原因,并且同样持有长期合同的女性劳动力平均工资也少于男性。因此,缩小性别间工资差距还需要进一步完善劳动力市场的制度建设。值得注意的是,2008年1月1日颁布实施的《劳动合同法》已经使这一状况有所改善,2008年1月份到9月份规模以上企业签订劳动合同的比例达到了93%。此次劳动合同法也出台了鼓励企业签订长期合同的措施,以改变我国劳动力市场以短期劳动合同为主的局面。如果这一系列措施有效的话,我国劳动力持有长期合同的比率将会上升,不同性别间劳动合同差异将减少,最终男女工资差异会进一步缩小。

最后,减少歧视,力求实现劳动力市场男女平等。歧视虽然不是引起性别工资差异的主要原因,但它显著影响男女劳动力的非工资差异。性别歧视现象的存在还会导致受歧视群体较低的生产率,以及劳动力配置的低效率。因此,有必要采取措施为女性劳动力提供公平的就业机会,改善职业女性面临的就业环境。

# 第四章 人力资本与户籍工资差异——以城镇劳动力市场为例

我国是传统的农业大国,农业人口占全国人口的比例达到56%,但全国的土地最多只需要1亿劳动力,因此我国农业劳动力严重过剩,农业人均收入增长速度远远低于第二、第三产业。20世纪80年代以来,随着政府户籍管理制度的放松,越来越多的农民选择离开土地,到发达地区寻找就业机会,最终形成了农民工这一特殊社会群体。据统计,2009年度,我国农民工总量约2.3亿,其中外出农民工人数达到1.45亿[①]。研究表明,流入城市的农民工普遍遭遇各种类型的就业歧视,无论在居住条件、物质生活,还是教育、健康、生活方式等方面都居于弱势,是城市社会中居于边缘地位的弱势群体(张敦福,2000;Zhao,1999)。党中央和国务院高度重视农民工现象,自十六大以来,先后出台了一系列有针对性的措施保障农民工的就业机会和环境:2003年颁布《关于做好农民进城务工就业管理和服务工作的通知》,取消农民工进城务工的歧视性政策;2006年出台《关于解决农民工问题的若干意见》,提出七项措施解决农民工问题;2010年两会重点关注新生代农民工问题等。那么,迄今为止,这些政策成效如何?城市农民工的就业歧视现象是否得到改善?本章将就以上问题展开研究。

城市农民工问题作为当前我国社会的重要现象,引起了众多学者的关注。以往研究认为,针对城市农民工的歧视贯穿整个就业过程,大体可分为三类:就业机会歧视、就业待遇歧视和就业保障歧视(张智勇,2005;程蹊和尹宁波,2004;李静,2009)。其中,就业机会歧视指,农民工寻找工作时面临的政策性歧视以及由此导致的职业类型限制和工作的不稳定

---

① 数据来源于国家统计局2009年农民工监测调查报告。

性；就业待遇歧视指与城市户口劳动力相比，农民工工资的减少和工作时间的延长；就业保障歧视指农民工较低的劳动合同签订率、社会保险参保率等。社会学家的研究也验证了以上观点。李强（2004）采用"剥夺"理论对农民工问题的研究认为，城市农民工在政治、经济、社会权利等方面受到绝对剥夺、相对剥夺和多阶剥夺。朱力（2003）同时指出，农民工是城市社会中的弱势群体——处于经济上的"佣人"地位、政治上的"沉默"地位、社会上的"无根"地位、文化上的"边缘"地位。因此，可以认为，农民工歧视现象在我国城镇劳动力市场普遍存在。

以往研究通常考察某一特定年份的农民工歧视现象，本章将采用Oaxaca和Reimer方法，对比分析2002－2006年间我国劳动力市场针对城市农民工的就业歧视及其变动趋势。Oaxaca分解方法认为，劳动力群体间的收入差距源于两方面的原因，一是劳动者人力资本特征和就业单位特征差异，二是劳动力市场对特定群体的歧视行为。姚先国和赖普清（2004）对我国城乡劳动力收入差距的研究指出，80%的总差异可由城市工和农民工的人力资本差异和企业状况差异加以解释，而剩余部分的差异则源自市场对农民工的户籍歧视。谢嗣胜和姚先国（2006）进一步将歧视分为直接歧视和反向歧视两部分，并指出对农民工的直接歧视解释了工资差异的36.2%，对城市工的制度性保护占到工资差异的19%。

劳动力市场的户籍歧视与政府政策密不可分。改革开放30余年来，我国的农民工政策总体上经历了一个由严格禁止到逐步放开的过程：1979－1983年严禁农民流动；1984－1988年允许农民流动；1989－1991年控制盲目流动；1992－2001年引导规范流动；2002年至今扶持农民流动（宋洪远等，2002；盛昕，2008）。本章将针对扶持阶段展开研究，具体的，本章采用中国住户调查数据（CHIP－2002）和全国综合社会调查数据（CGSS）考察2002－2006年间我国城市农民工的歧视问题，并分析在此期间政府农民工政策的影响效果。本章结构安排如下：第二部分介绍文章使用的数据，分析2002－2006年间我国城市农民工的就业现状及其变化。第三部分设定计量模型，实证考察城市工与农民工的就业待遇和就业保障差异，并给出差异分解结果。第四部分得出结论。

## 一、城市农民工就业现状分析

本章采用2002年住户抽样调查数据（CHIP－2002）和综合社会调查

数据（CGSS-2005、2006）考察农民工就业现状①。其中，CHIP-2002是中国社会科学院经济研究所和国家统计局城调总队与西方学者合作的城镇居民收入抽样调查。该数据分为城市和农村两部分，本章选取其中的城镇居民生活调查数据和农村进入城市的暂住户调查数据展开分析；CGSS数据是由国务院发展研究中心社会发展研究部与中国人民大学联合调查举行的全国性的社会基本状况调查，该数据覆盖了除青海、宁夏、西藏之外的全国28个省份和自治区，我们选择其中的城市调查数据展开研究，利用户籍变量区分城市工和城市农民工。进一步的，我们剔除了问卷调查时失业、离退休以及学生和私营企业主样本，仅考察年龄在18岁和60岁之间、并且拥有工作的样本。表4-1、表4-2分别给出了农民工和城市工特征变量的统计性描述。

### （一）就业机会

流入城市的农民工首先面对的是寻找工作的问题，城市劳动力市场提供的就业机会不仅影响农民工能否实现就业，而且还将显著影响其就业类型、工作收入和生活质量状况。2006年国家统计局关于城市农民工生活质量状况专项调查的结果显示：城市农民工工作和生活条件普遍较差。农民工多从事制造业、建筑业和服务业，工作时间长、工作环境恶劣且收入较低。与此同时，农民工签订劳动合同和购买保险的比重较低，56%的农民工未与用人单位签订劳动合同，农民工养老保险、医疗保险、失业保险、工伤保险的参保比例仅为27%、26%、15%、33%。

农民工较差的生活质量状况与劳动力市场的就业机会歧视密切相关。许多城市都对农民工进行总量控制、职业和工种限制、先城后乡就业控制等，导致农民工进城难，进城农民工就业难。2003年1月，国务院发出了《关于做好农民进城务工就业管理和服务工作的通知》（国办发1号），要求取消针对农民工的歧视性政策规定以及不合理收费等，保障农民工权益。该通知的发布在一定程度上改善了农民工的就业现状。数据显示，2005-2006年期间，拥有全职工作的农民工比例上升19%，而从事零工、散工等非稳定性工作的农民工比例则由26%下降为14%。但是，与城市工

---

① 本书研究采用CHIP（2002）、CGSS（2005、2006）两种不同的微观调查数据，我们分析发现，这两种数据覆盖样本的民族分布、地域分布、户籍分布、性别分布等基本一致，因此能够用来进行比较分析。

相比，农民工就业现状仍不容乐观，2005年、2006年全职就业的城市工比例分别达到84%和90%，且同期从事非稳定性工作的城市工比例仅为13%和5%。

政策的转变对进城农民工的工作行业影响甚微。2009年农民工监测调查结果显示，外出农民工仍以从事制造业、建筑业和服务业为主，但从事制造业的比重下降。进一步的，我们发现，城市农民工的就业单位类型集中于私营企业。由表4-1和表4-2可见，2002-2006年间，73%的农民工在私营企业工作，远远高出城市工39%的比例水平，而在国有企业工作的农民工比例基本维持在19%左右，与城市工51%的比例水平相差甚远。劳动力就业行业和单位所有制类型显著影响收入的高低，尤其是社会保障的享有。调查显示，制造业、服务业的收入水平偏低，2009年此类行业农民工劳动合同签订比例不足四成，并且私营企业劳动合同签订率亦显著低于国有企业，两方面的共同作用导致了农民工较低的社会保险参保水平。

表4-1　　　　　　　　城市农民工特征变量描述

| 变量名称 | 变量定义 | 2002 | 2005 | 2006 |
| --- | --- | --- | --- | --- |
| 年收入 | 年收入（元） | 8056.53 | 14674.00 | 15214.89 |
| 年工作时间 | 年工作小时数 | 3197.49 | 2815.92 | 2752.92 |
| 小时工资 | 年收入/年工作小时数 | 2.88 | 5.93 | 6.17 |
| 受教育年限 | 接受教育的年限总和 | 8.76 | 10.27 | 10.08 |
| 大学及以上 | 受教育程度大学及以上=1，其他=0 | 0.01 | 0.10 | 0.04 |
| 大专 | 受教育程度大专=1，其他=0 | 0.04 | 0.08 | 0.11 |
| 中专 | 受教育程度中专=1，其他=0 | 0.06 | 0.03 | 0.10 |
| 高中 | 受教育程度高中=1，其他=0 | 0.17 | 0.52 | 0.24 |
| 初中 | 受教育程度初中=1，其他=0 | 0.53 | 0.15 | 0.39 |
| 小学及以下 | 受教育程度小学及以下=1，其他=0 | 0.21 | 0.12 | 0.13 |
| 工作经验 | 工作年限 | 18.73 | 18.17 | 17.27 |
| 性别 | 男性=1，女性=0 | 0.60 | 0.54 | 0.53 |
| 汉族 | 汉族=1，否=0 | 0.91 | 0.94 | 0.93 |
| 党员 | 共产党员=1，否=0 | 0.05 | 0.06 | 0.07 |
| 国有企业 | 在国有企业工作=1，否=0 | 0.19 | 0.17 | 0.21 |
| 城镇集体企业 | 在城镇集体企业工作=1，否=0 | 0.11 | 0.09 | 0.09 |
| 私营企业 | 在私营企业工作=1，否=0 | 0.71 | 0.77 | 0.69 |

续表

| 变量名称 | 变量定义 | 2002 | 2005 | 2006 |
|---|---|---|---|---|
| 医疗保险 | 工作单位提供医疗保险＝1，否＝0 | 0.06 | 0.21 | 0.31 |
| 养老保险 | 工作单位提供养老保险＝1，否＝0 | 0.09 | 0.18 | 0.25 |
| 失业保险 | 工作单位提供失业保险＝1，否＝0 | 0.04 | 0.09 | 0.17 |
| 住房补贴 | 工作单位提供住房补贴＝1，否＝0 | 0.15 | 0.15 | 0.16 |
| 样本量 | | 1046 | 427 | 354 |

注：1. 国有企业包括中央、省国有独资和地方国有独资；2. 私营企业包括私营企业、个体经营户、中外合资企业、外商独资企业、国有控股企业、其他控股企业、乡镇私营企业、乡镇个体企业和其他所有制类型的企业。

### （二）就业待遇和就业保障

表4－1显示，近年来，农民工的年收入和小时工资在不断提高，并且工作时间在持续减少。与2002年相比，2006年农民工年收入同比增长88%，小时工资增加3.29元。并且，农民工的工作时间虽然仍普遍高于《劳动法》规定的每周44小时，但2002－2006年间年工作小时数下降了16%，相当于每周工作时间减少8.6小时。这说明政府的农民工政策在增加农民工工作收入的同时，降低了其工作强度。进一步的，将表4－1、表4－2对比后发现，户籍收入差异在我国城市劳动力市场仍普遍存在，但差异幅度呈缩小趋势。2002年城市农民工平均年收入额仅为城市工的72%，2006年该比例上升为83%，同期农民工与城市工小时工资之比上升了21个百分点。此外，农民工与城市工的工作时间差异也在逐步缩小，由2002年农民工每周工作时间高出19小时下降为2006年的7小时。

就业保障是劳动者工作权益的重要组成部分，包括劳动合同签订、各项社会保险的参保等。结合数据，本章选择从医疗保险、养老保险、失业保险、住房补贴等四方面分析城市工和农民工的就业保障差异。从表4－1可见，城市农民工的参保率在不断提升，农民工获得单位提供的医疗保险的比例由2002年的6%上升为2006年的31%，同期农民工享受单位提供养老保险、失业保险和住房补贴的比例也分别上升了16%、13%和1%。但是，对比表4－2我们发现，农民工与城市工在社会保障方面具有显著差异，并且差异在逐步扩大。2002年，城市工获得单位提供的医疗保险的比例为24%，超出农民工18个百分点，2006年差距扩大为35%。此外，

2005年城市工获得单位提供的养老保险、失业保险、住房补贴比例分别为57%、38%、36%，超出农民工39%、29%和21%。在此基础上，2006年城市工和农民工在此三项就业保障上的差距又分别上升了3%、1%和8%。

表4-2　　　　　　　　　　城市工特征变量描述

| 变量名称 | 2002 | 2005 | 2006 |
|---|---|---|---|
| 年收入 | 11203.56 | 16644.85 | 18295.19 |
| 年工作时间 | 2214.29 | 2503.25 | 2372.01 |
| 小时工资 | 5.44 | 7.21 | 8.32 |
| 受教育年限 | 11.62 | 12.28 | 11.79 |
| 大学及以上 | 0.06 | 0.20 | 0.13 |
| 大专 | 0.18 | 0.17 | 0.21 |
| 中专 | 0.12 | 0.04 | 0.15 |
| 高中 | 0.33 | 0.50 | 0.26 |
| 初中 | 0.28 | 0.05 | 0.22 |
| 小学及以下 | 0.03 | 0.03 | 0.03 |
| 工作经验 | 22.70 | 19.27 | 19.68 |
| 性别 | 0.57 | 0.56 | 0.57 |
| 汉族 | 0.96 | 0.96 | 0.96 |
| 党员 | 0.23 | 0.15 | 0.14 |
| 国有企业 | 0.52 | 0.53 | 0.48 |
| 城镇集体企业 | 0.11 | 0.09 | 0.11 |
| 私营企业 | 0.37 | 0.38 | 0.41 |
| 医疗保险 | 0.24 | 0.58 | 0.66 |
| 养老保险 | — | 0.57 | 0.67 |
| 失业保险 | — | 0.38 | 0.47 |
| 住房补贴 | — | 0.36 | 0.45 |
| 样本量 | 5800 | 2316 | 1496 |

需要指出的是，导致城市工和农民工就业机会、就业待遇和就业保障差异的原因不仅仅是户籍歧视，农民工自身人力资本的欠缺也是原因之一。通过表4-1、表4-2可见：第一，城市农民工受教育年限较少，学历水平较低。虽然近年来农民工受教育水平有所上升，但仍低于城市工。

农民工平均受教育年限约为9年，即初中水平，而城市工为12年，即高中程度。进一步的，按照学历水平分类后发现，城市工接受高等教育的人数和增长速度均远远高于农民工。2002年，城市工学历为大学及以上的比例为6%，2006年该比例上升为13%。但2006年农民工中接受过大学及以上教育的比例仅为4%，较2002年只上升3个百分点。第二，城市工的平均工作年限显著高出农民工，外出农民工的青年化是导致其较低工作年限的原因之一。第三，城市工党员比率高出农民工，而是否为中共党员通常被认为是衡量政治资本的重要指标。受教育水平、工作经验、政治资本作为人力资本的构成因素显著影响劳动力的就业现状。因此，农民工较低的受教育水平和工作经验、薄弱的政治资本可能是导致其较少的就业机会、较低的工资收入以及社会保障覆盖率的重要原因。以下将采用实证模型检验户籍差异的形成原因。

## 二、模型及估计结果

### （一）模型方法

本章采用 Oaxaca（1973）和 Blinder（1973）提出的差异分解方法，考察我国城市劳动力市场中的户籍收入差异和户籍就业保障差异，分析引起差异的原因。Oaxaca 分解方法将劳动力群体间的收入差距归咎于两方面的原因，一是劳动者人力资本特征和就业单位特征差异，二是劳动力市场对特定群体的歧视行为。

我们利用明瑟模型分析户籍收入差异。为将劳动时间考虑在内，本章选择衡量小时工资差异，而不是年收入差异（见下式）：

$$\ln W = X\beta + \mu \tag{4.1}$$

上式中，$W$ 代表劳动力小时工资，$X$ 为一向量，包括受教育年限、工作经验、工作经验平方项、党员身份、民族类型、婚姻状况、企业类型（国有企业和城镇集体单位企业）以及地域类型[①]（东部和中部）等影响个体劳动力工资的因素，$\mu$ 为模型扰动项。

---

① 东部地区：北京、天津、河北、辽宁、上海、江苏、浙江、福建、山东、广东、海南；中部地区：山西、吉林、黑龙江、安徽、江西、河南、湖北、湖南；西部地区：内蒙古、广西、重庆、四川、贵州、云南、西藏、陕西、甘肃、青海、宁夏、新疆。

假设 $\overline{\ln W_u}$ 和 $\overline{\ln W_r}$ 分别表示城市工和农民工的平均对数工资，$\overline{X}_u$ 和 $\overline{X}_r$ 表示影响劳动力工资水平的各项因素平均值，则户籍工资差异为：

$$\overline{\ln W_u} - \overline{\ln W_r} = \overline{X}_u \hat{\beta}_u - \overline{X}_r \hat{\beta}_r \tag{4.2}$$

将（4.2）式右侧进行分解可得：

$$\overline{\ln W_u} - \overline{\ln W_r} = (\overline{X}_u - \overline{X}_r)\hat{\beta}_u + \overline{X}_r(\hat{\beta}_u - \hat{\beta}_r) \tag{4.3}$$

$$\overline{\ln W_u} - \overline{\ln W_r} = (\overline{X}_u - \overline{X}_r)\hat{\beta}_r + \overline{X}_u(\hat{\beta}_u - \hat{\beta}_r) \tag{4.4}$$

（4.3）、（4.4）式即为 Oaxaca 分解公式。其中，（4.3）式假设城市劳动力工资方程的回归系数 $\hat{\beta}_u$ 为劳动力市场不存在歧视行为时的工资回报系数（Oaxaca1），而（4.4）式则将 $\hat{\beta}_r$ 视为不存在歧视的变量工资回报系数（Oaxaca2）。进一步的，我们假设无歧视的工资回报系数为 $\hat{\beta}_u$ 和 $\hat{\beta}_r$ 的线性函数，即 $\hat{\beta} = 0.5 \times \hat{\beta}_u + 0.5 \times \hat{\beta}_r$（Reimers, 1983），并采用 $\hat{\beta}$ 作为权重对工资差异进行分解。模型（4.3）和（4.4）等式右侧由两部分组成，第一部分为模型可解释的差异，即由劳动力本身的人力资本差异造成的工资差异，第二部分为模型不可解释的工资差异，称为歧视①。

进一步的，本章将明瑟工资模型进行了拓展，把模型中的对数工资替换为社会保险参保状态（医疗保险、养老保险、失业保险、住房补贴），以研究城市工和农民工的就业保障差异：

$$P(\text{Insurance} = 1 \mid x) = X^p b + u \tag{4.5}$$

在这里，Insurance 为二元因变量，当劳动力获得单位提供的保险时，Insurance 等于 1，反之，Insurance 等于 0。$X^p$ 代表所有解释变量，$u$ 为模型扰动项。根据 Oaxaca 方法，本章对户籍就业保障差异进行了分解，得到下式：

$$\overline{P}_u - \overline{P}_r = (\overline{X}_u^p - \overline{X}_r^p)\hat{b}_u - \overline{X}_r^p(\hat{b}_u - \hat{b}_r) \tag{4.6}$$

$$\overline{P}_u - \overline{P}_r = (\overline{X}_u^p - \overline{X}_r^p)\hat{b}_r - \overline{X}_u^p(\hat{b}_u - \hat{b}_r) \tag{4.7}$$

其中，$\overline{P}_u$ 和 $\overline{P}_r$ 分别为城市工和农民工获得单位提供各项保险的平均

---

① 劳动力市场上的歧视性行为是导致不可解释工资差异的原因之一，但不是唯一的原因，该工资差异也可能源于模型中未能包括的影响因素。由于缺失的解释变量在短期内不会有很大波动，因此进行不同期的对比分析时，由解释变量缺失造成的不可解释差异保持不变，那么引起差异变动的原因就是歧视程度的波动。

概率，$\overline{X}_u^p$ 和 $\overline{X}_r^p$ 表示（4.5）式中解释变量的平均值。模型（4.5）是线性概率模型，因此 $P$（Insurance $=1\mid x$）预测值可能大于 1 或小于 0，但是 Oaxaca 和 Reimer 分解方法中使用的是自变量的均值，因此个别预测值超出正常范围不会影响到分解结果。

### （二）差异分解结果

本章数据显示，农民工和城市工在就业待遇和就业保障方面存在显著差异。为进一步分析引起差异的原因，了解劳动力市场户籍歧视对差异的解释力度，我们采用 Oaxaca 方法对差异进行分解。具体的，按照对劳动力市场非歧视群体的不同假设，本章使用了三种差异分解方法。其中，Oaxaca1 以城市工估计参数为权重（模型（4.3）、（4.6）），Oaxaca2 则以农民工模型估计参数为权重（模型（4.4）、（4.7））。与此同时，本章借鉴 Reimer 在 1983 年提出的方法，将城市工和农民工模型回归系数的平均作为无歧视的工资回报系数，并采用此系数作为分解权重。表 4-3、表 4-4 分别列出了 2002 年、2006 年城市工和农民工小时工资差异分解结果。

由表 4-3 可见，2002 年城市工和农民工对数工资差异为 0.62，即城市工平均小时工资比农民工高出 86%（由（$e^{0.62}-1$）×100 计算而得）。根据 Reimer 分解结果，工资总差别中可由模型变量解释的部分占 39%，而剩余的 61% 则不能够由模型进行解释，该部分差异既可能源于劳动力市场的户籍歧视现象，也可能是由模型中部分影响因素的缺失造成。表 4-4 结果显示，2006 年城乡小时工资差异有较大幅度下降，农民工工资由 2002 年不足城市工的 20%，上升为城市工工资的 55%。其中，工资总差别的 53% 可由劳动力人力资本差异加以解释，模型不可解释部分占 47%，较 2002 年有所下降。因此，城市工和农民工工资差异在不断缩小，劳动力市场工资决定的户籍歧视现象在减少。

表 4-3　　　　　　　　2002 年工资差异分解结果

| | Oaxaca 1 | | Oaxaca 2 | | Reimer | |
|---|---|---|---|---|---|---|
| | 绝对值 | 百分比 | 绝对值 | 百分比 | 绝对值 | 百分比 |
| 总差别 | 0.62 | 100% | 0.62 | 100% | 0.62 | 100% |
| 不可解释部分 | 0.25 | 39% | 0.52 | 84% | 0.38 | 61% |
| 可解释部分 | 0.37 | 61% | 0.10 | 16% | 0.24 | 39% |

表4-4　　　　　　　　　2006年工资差异分解结果

|  | Oaxaca 1 | | Oaxaca 2 | | Reimer | |
| --- | --- | --- | --- | --- | --- | --- |
|  | 绝对值 | 百分比 | 绝对值 | 百分比 | 绝对值 | 百分比 |
| 总差别 | 0.37 | 100% | 0.37 | 100% | 0.37 | 100% |
| 不可解释部分 | 0.13 | 34% | 0.22 | 60% | 0.17 | 47% |
| 可解释部分 | 0.24 | 66% | 0.15 | 40% | 0.20 | 53% |

由上文可知，农民工和城市工不仅在收入方面存在差别，而且在就业保障的覆盖率方面也远远低于城市工。本章采用Reimer方法分别考察城市工和农民工获得医疗保险、养老保险、失业保险、住房补贴的概率差别，表4-5、表4-6分别给出了2005年和2006年的差异分解结果。对比表4-5、表4-6可见，2005年和2006年城乡劳动力就业保障差别的绝对值基本相同，仅有极少幅度的升降，但人力资本差异对总差别的解释力度却有较大变动。2005年农民工和城市工获得单位提供医疗保险的概率总差异为0.37，城乡劳动力人力资本差异解释了其中的61%，而2006年总差异变为0.35，人力资本差异解释部分下降为49%。相应的，不能由模型解释的医疗保险差异由39%变为51%，上升了12个百分点。养老保险、失业保险和住房补贴差异也呈相同变动趋势：与2005年相比，2006年由户籍歧视解释的部分分别上升16%、7%、28%。

表4-5　　　　　　　　2005年就业保障差异分解结果

| | | 总差别 | 可解释部分 | 不可解释部分 |
| --- | --- | --- | --- | --- |
| 医疗保险 | 绝对值 | 0.37 | 0.22 | 0.15 |
| | 百分比 | 100% | 61% | 39% |
| 养老保险 | 绝对值 | 0.40 | 0.22 | 0.18 |
| | 百分比 | 100% | 55% | 45% |
| 失业保险 | 绝对值 | 0.29 | 0.14 | 0.15 |
| | 百分比 | 100% | 49% | 51% |
| 住房补贴 | 绝对值 | 0.21 | 0.16 | 0.05 |
| | 百分比 | 100% | 77% | 23% |

总结以上可知，我国农民工和城市工的就业待遇差异在逐年缩小，户籍对工资的影响也在相应降低。但是，户籍因素显著作用于城市工和农民工的就业保障差异，2006年户籍歧视解释了就业保障差异的50%以上。

表 4-6　　　　　　　　2006 年就业保障差异分解结果

|  |  | 总差别 | 可解释部分 | 不可解释部分 |
|---|---|---|---|---|
| 医疗保险 | 绝对值 | 0.35 | 0.17 | 0.18 |
|  | 百分比 | 100% | 49% | 51% |
| 养老保险 | 绝对值 | 0.42 | 0.17 | 0.25 |
|  | 百分比 | 100% | 39% | 61% |
| 失业保险 | 绝对值 | 0.30 | 0.12 | 0.18 |
|  | 百分比 | 100% | 42% | 58% |
| 住房补贴 | 绝对值 | 0.28 | 0.13 | 0.15 |
|  | 百分比 | 100% | 49% | 51% |

## 三、结论

本章利用最新的中国住户抽样调查数据（CHIP-2002）和综合社会调查数据（CGSS-2005、2006）研究城市工和农民工的就业待遇差异和就业保障差异，并采用 Oaxaca 和 Reimer 方法对总差异进行分解，考察户籍歧视对差异的解释力度及其变动。研究结果显示，城市工和农民工就业待遇差异在逐年缩小，户籍歧视对农民工工资收入的影响也在相应降低。然而，城市工和农民工就业保障差异逐年扩大，户籍歧视的解释力度不断上升。

基于上述理论与实证分析，缩小我国城市劳动力市场户籍差异需要从以下方面着手：

第一，加大农村教育投入，发展农民工技能培训，提高城市农民工竞争力。

我国农民工受教育水平远远低于城市工，农村公共教育投入不足是原因之一。现行的公共教育投入存在城乡不平等现象，占全国 80% 的农村人口，只获得全国 55% 左右的义务教育经费（张海峰，2006；杨俊和李雪松，2007）。教育投入的缺乏不仅导致农民工受教育水平普遍较低，而且降低了农民工参加技能培训的机会。直至 2009 年，外出农民工仍以初中文化程度占多数，其中的 51.1% 没有接受过任何形式的技能培训。这使得农民工在劳动力市场竞争中始终处于劣势地位，只能从事脏、苦、累的下游职业，而这类职业往往工作时间长、收入水平低。农民工较低的收入水平进一步限制了个人对教育的投资，如此反复形成一个恶性循环。如何跳出该循环，根本在于加大农村公共教育投入、发展农民工技能培训。这样不仅能够弥补农村私人教育投入的不足，提高新一代农民的受教育水平，而且可以改善当前农民工的技能水平，切实增加农村劳动力的竞争力。

第二，加大劳动法规的宣传和贯彻，保障农民工合法权益。农民工寻找工作的普遍途径是熟人介绍，由于缺乏相关法律意识，又急于找到工作，往往在不签订劳动合同的情况下就开始工作，这导致农民工的很多合法权益得不到保障。一些用人单位拖欠、克扣民工工资，甚至在农民工患上职业病或遭遇工伤之后，否认雇用事实，拒不支付相关费用。而农民工由于没有签订劳动合同，往往百口莫辩，成为受害群体。政府可从两方面着手改变这一现状：一方面对农民工加大劳动法规宣传，增加农民工法律意识；另一方面切实贯彻实施劳动合同法，激励用人单位与员工签订劳动合同。值得注意的是，各级政府针对农民工工资拖欠问题的政策措施已取得明显成效。调查结果显示，2009年以受雇形式从业的外出农民工中，被雇主或单位拖欠工资的仅占1.8%，比2008年的4.1%下降了2.3个百分点。

第三，完善各类社会保障，改善农民工工作生活质量。就业保障覆盖率的高低影响到农民工的就业成本和就业风险。2009年农民工监测调查发现雇主或单位为农民工缴纳养老保险、工伤保险、医疗保险、失业保险的比例分别为7.6%、21.8%、12.2%、3.9%。如此低的参保比率极大地增加了农民工的就业风险，不敢生病、担心受伤、失业自保、莫提养老正是农民工工作现状的真实写照。只有加快发展城乡一体的社会保障体系，才能够逐步降低农民工的就业风险，改善城市农民工的工作生活质量。

第四，减少户籍歧视，提高农民工社会地位。众所周知，农民工群体为我国城市建设乃至世界经济发展都做出了巨大贡献，2010年美国《时代》杂志把中国农民工评为"年度人物"第二名。然而现实中，传统社会等级观念、户籍制度的存在，硬生生将农民工推向社会的边缘地位。这一巨大落差不仅将抑制农民工的工作热情，影响经济发展，甚至会对社会稳定形成威胁。因此减少户籍歧视，提高农民工社会地位成为当务之急。政府应当大力推进户籍制度改革，制定城乡平衡的政策措施，逐步消除城乡经济社会发展的差距，只有这样才能从根本上提高农民工社会地位，真正实现社会主义和谐社会。

# 第五章　教育匹配程度与收入差异研究

自1996年起，我国开始对高等教育进行并轨改革，高等教育规模得到空前发展。1999年国务院高校扩招政策的出台，进一步推动我国高等教育踏上扩张之旅。从招生人数来看，高校招生规模由1996年的96.6万人上升到2009年的629万人。从毕业生数来看，2009年高校毕业生人数为611万人，较1996年增长6倍。然而，伴随着高等教育逐步由精英化向大众化转变，高校毕业生就业难问题日益突出。数据显示，近年来大学毕业生就业率急剧下滑，由2001年的90%下降为2009年的68%。大学生毕业即失业的现象引起了社会对高等教育价值的质疑，甚至出现了读书无用论的观点。严峻的现实迫使毕业生降低就业期望，就职于低水平行业和职位，导致了过度教育现象的出现。在这一背景下，研究过度教育问题，揭示该现象的深层次原因及其产生的后果具有重大现实意义。

劳动经济学认为：在完全竞争的假设前提下，劳动力和商品一样，其就业率和工资高低取决于劳动力市场供给和需求两方面。当劳动力供给等于需求时，市场达到均衡状态，此时劳动力与工作岗位一一对应，社会实现了充分就业。但是当劳动力供过于求时，市场提供的工作岗位不能容纳所有劳动力，失业现象便不可避免。结合我国现状，改革开放以来，中国经济发展势头强劲，1999－2009年间GDP平均增长率高达9.6%。根据奥肯法则①，GDP的持续增长将创造新的就业机会，提高劳动力需求。与此同时，经济增长方式由粗放型向集约型的转变，进一步增加了市场对高等人才的需求。因此，高等教育的扩张适时解决了人才的需求问题。然而高校毕业生年均22%的增长率远远超出经济发展提供的工作岗位增长率，特

---

① 奥肯法则由美国经济学家阿瑟·奥肯提出，用于描述GDP与失业率之间相对稳定的变动关系，即GDP每增加2%，失业率大概下降1%。

别是高层次岗位增长率。人才供给和需求在数量及结构上的不协调,导致高校毕业生理想就业几率的降低,过度教育现象应运而生。此外,由于户籍、地方政策等制度壁垒的存在,我国劳动力并不能实现完全自由流动,高学历人才只能在有限的范围内寻找工作,就业地域的局限性进一步加深了过度教育程度。

过度教育是指劳动力实际受教育水平超过就职岗位所需水平的一种就业状态,与之相对应的还包括教育适度和教育不足,它们分别指劳动力实际受教育水平等于或低于就职岗位的需求(Freeman,1976;Duncan 和 Hoffman,1981)。研究表明,我国劳动力过度教育比率介于 13%—40% 之间(武向荣,2005、2007),而美国过度教育比率达到 45%(Groot 和 Maassen van den Brink,2000),英国为 30% 左右(Mason,1996),澳大利亚 27.1%(Linsley,2005)。由于过度教育现象会对工作收入产生负面影响,因此将降低劳动者的工作积极性和工作效率,抑制经济发展(文东茅,2002;Tsang et al,1991)。

由于数据的匮乏,国内过度教育研究大多仍停留在理论层面,本章将采用最新的全国综合社会调查数据(CGSS)实证分析过度教育现象及其产生机理。本章的结构安排如下:首先介绍过度教育的衡量方法,并概述主要的过度教育理论;继而构建过度教育收入模型,通过实证方法判别适合我国国情的过度教育理论;最后得出结论。

## 一、过度教育衡量及理论概述

### (一)过度教育衡量

过度教育概念的核心是劳动力所受教育与工作所需教育的对比,劳动力所受教育信息容易准确获取,因此衡量过度教育的关键在于如何确定某一工作或职位所需的教育水平。根据工作岗位所需教育测量方法的不同,过度教育衡量方法大体包括工作评价法、标准方差法和自我评估法三种。其中:①工作评价法以职业评估专家的评估结果(如职业分类词典)为标准确定职业所需受教育水平。但由于评估结果在较长时间内保持不变,并且不能具体到相同职业的不同岗位,因此缺乏时效性和准确性;②标准方差法依据当前同类职业员工实际受教育水平的分布,选择其中的众数、中位数或平均值加减一个标准差确定职业所需教育水平，然而这种方法存在内生性问题，显著低估过度教育程度；③自我评估法通过问卷调查直接从员工处获得职业所需受教育水平信息，由于该方法具体到被调查者实际从事的岗位，被认为是最准确的衡量方法，在研究中使用也最为频繁。国内以往研究大多采用标准方差法，本章将采用自我评估法更加准确的衡量我国过度教育程度。

本章采用的数据为综合社会调查数据（CGSS－2003），CGSS是由国务院发展研究中心社会发展研究部与中国人民大学联合举行的全国性的社会基本状况调查，该数据覆盖了除青海、宁夏、西藏之外的全国28个省份和自治区。CGSS提供了企业招聘的学历要求数据，这使得本部分采用自我评估法衡量过度教育成为可能。本章假设企业招聘的最低学历要求等于岗位所需教育水平，同等学历劳动力质量相同①。据此，过度教育就等于劳动力学历水平减去就职岗位招聘时的最低学历要求。

我们将问卷调查时失业、离退休以及学生和私营企业主样本剔除，仅考察年龄在18岁和60岁之间、并且拥有工作的样本。总体上，39%的被考察样本处于过度教育状态，教育适度的样本比例为55%，教育不足的样本仅占6%。进一步说，表5－1给出了细分的各学历劳动力就业状态。从表中可见，各学历劳动力都存在过度教育现象，并且随着学历层次的上升过度教育程度也在不断增加。高中学历劳动力的过度教育比例为31%，大专为53%，本科达到55%。虽然如此，适度教育仍是各学历员工主要的就业状况。大专和本科学历员工的适度教育比例均为45%，高中学历达到67%。

表5－1　　　　　　实际学历与工作所需学历匹配比例

| 实际学历＼工作所需学历 | 初中 | 高中 | 大专 | 本科 | 总和 |
| --- | --- | --- | --- | --- | --- |
| 高中 | 31% | 67% | 1% | 1% | 100% |
| 大专 | 8% | 45% | 45% | 2% | 100% |
| 本科 | 5% | 16% | 34% | 45% | 100% |

---

① 需要指出的是，在招聘时企业可能刻意提高学历要求，使其高出岗位本身所需教育水平，这会导致过度教育的低估。与此同时，由于扩招和毕业院校档次的不同，相同学历的毕业生质量存在差异，这又会使得过度教育被高估。由于数据的局限，本书并不能完全解决过度教育的估计偏差问题，因此做出以上假设。尽管如此，与存在内生性的标准方差法相比，本书的衡量方法仍然更为可靠。

### (二) 过度教育理论概述

针对过度教育的产生原因及其影响因素，经济学家提出了诸多理论进行解释，以下将具体介绍四种主要的过度教育理论。

1. 人力资本理论。

人力资本理论以劳动者生产率是自身人力资本水平的增函数为假设前提。该理论认为，人力资本不仅包括正式教育经历，也包括工作经验和在职培训。劳动力实际工资等于边际产品，并且由自身受教育水平、工作经验和培训共同决定。这意味着，在人力资本模型中决定劳动力工资的主要因素为劳动力供给，劳动力需求只有通过外部冲击才能影响实际工资（Becker, 1964）。

与此同时，人力资本模型指出，过度教育的产生源于劳动者受教育水平的提高，以及由此导致的高学历工人相对工资的减少。从需求角度来看，面对较低的高学历工人工资，厂商将用高学历工人代替低学历工人，即高学历劳动力会被安排在起初由低学历劳动力从事的岗位。从供给角度而言，由于教育收益率的降低，理性的个体将减少人力资本投资。因此，在人力资本模型中，存在过度教育现象的劳动力市场是非均衡的，过度教育以及与其相联系的经济成本都是暂时的。高学历工人相对收入的下降，一方面促使企业调整生产程序和员工配置，另一方面抑制工人的教育投资，二者共同作用使劳动力市场最终恢复均衡。

2. 职业流动理论。

与人力资本理论相同，职业流动理论认为教育、工作经验和培训三者能够相互替代，它们共同构成个体人力资本，并且劳动力人力资本与生产效率和工资收入之间呈正向变动关系。与人力资本理论不同的是，职业流动理论将过度教育视为劳动力市场均衡的结果。具体的，职业流动模型指出，劳动力在最初进入市场时接受低于自身受教育水平的工作岗位是理性选择，因为它有利于劳动者积累工作经验，并获得与具体职业相关的人力资本培训机会，这样的经历将极大地提高劳动力总体人力资本水平，帮助其流动到与自身受教育程度相符的工作岗位，此时过度教育现象自动消失。由此可见，在职业流动模型中，过度教育现象是劳动力市场正常运作的结果，它的出现源于劳动者的优化选择，与之相联系的经济成本可忽略不计。

3. 工作竞争理论。

工作竞争理论从需求角度出发对过度教育现象进行解释（Thurow，1975）。该理论假设劳动力之间通过竞争获取高收入岗位，他们竞争的岗位形成了工作队列，其中的工作按照收入高低依次排列。从劳动力需求来看，企业之间对高生产率劳动力的争夺形成了劳动力队列，其中的劳动力按照企业仍需支付的培训成本进行排列。由于教育与在职培训互补，因此受教育水平较高的劳动力培训成本较低。这样，劳动力队列也可按照受教育水平进行排列，高学历劳动力与高工资工作相对应。

与此同时，工作竞争理论认为劳动力生产效率和收入高低主要由工作岗位特点决定，而不是劳动力人力资本水平。这意味着，劳动力收入仅由需求方面因素决定，自身受教育程度对收入不能产生影响。工作竞争模型进一步指出，劳动力受教育水平的上升会导致过度教育现象的出现。具体的，工人受教育水平上升将导致劳动力队列分布的变动，低学历劳动者被压至低收入岗位甚至被挤出劳动力市场，高学历劳动力也被迫接受低水平工作。尽管教育投资回报率降低，但是理性个体还是会增加人力资本投资，因为只有这样才能捍卫自己在劳动力队列中的位置，保证不被淘汰出局。因此，在工作竞争模型中，过度教育现象将长期存在，与之相联系的经济成本包括：次优的教育投资、劳动力配置低效率和收入不平等的恶化。

4. 分配理论。

分配模型运用匹配理论从劳动力市场供给和需求两方面考察过度教育现象（Sattinger，1993）。该模型的核心假设是教育促进工人生产效率的提高，但是受教育程度相同的劳动力生产效率也存在差异，每个劳动者都只在某一岗位上具有比较优势。过度教育的出现源于劳动力未能分配到具有比较优势的岗位，工人技能不能得到充分利用。因此，过度教育是劳动力配置低效率的一种体现，这将抑制工人的生产效率。在分配理论框架下，过度教育将持续存在，直至更为有效的劳动力分配模式出现。

除去以上四种理论之外，工作信号理论、空间流动理论、资格过剩理论也分别从不同角度对过度教育现象进行了阐释。工作信号理论认为企业和劳动力之间的信息不对称导致过度教育现象的出现（Spence，1973），并且此时劳动力市场均衡是帕累托次优的。空间流动理论则认为缺乏流动性的劳动力过度教育的可能性更高。资格过剩理论也指出空间的局限性是引起过度教育的重要原因。

由上可知,经济学家提出了诸多过度教育理论,但各种理论之间存在较大差异。鉴于此,在考察过度教育现象时,需要对各种理论进行甄别,寻找真正适合考察地区情况的过度教育理论。出于数据的局限性,本章将重点探讨人力资本理论、工作竞争理论和分配理论。

## 二、模型设定及回归结果

### (一) 模型设定

本章将采用过度教育收入模型(ORU模型)对人力资本理论、工作竞争理论和分配理论在中国的适用性进行检验。ORU模型是衡量过度教育收入决定的常用模型,它由Duncan和Hauffman(1981)在明瑟模型((5.1)式)基础上发展而来。具体的,他们将明瑟模型中的个体受教育年限($S$)细分为过度教育年限、工作所需教育年限和教育不足年限三部分,因此过度教育收入模型又被称为ORU模型(见(5.2)式)。式中Y代表工资收入,$S^o$指过度教育年限,$S^r$指工作所需教育年限,$S^u$指教育不足年限,它们与$S$之间的关系见(5.3)、(5.4)、(5.5)式。X代表其他影响个体收入的因素(如工作经验、培训等),$\varepsilon$是模型扰动项。

$$\ln Y = a_0 + a_1 S + Xb + u \quad (5.1)$$

$$\ln Y = \alpha_0 + \alpha_1 S^o + \alpha_2 S^r + \alpha_3 S^u + X\beta + \varepsilon \quad (5.2)$$

$$S = S^o + S^r - S^u \quad (5.3)$$

$$S^o = \begin{cases} S - S^r & \text{若 } S > S^r \\ 0 & \text{其他} \end{cases} \quad (5.4)$$

$$S^u = \begin{cases} S^r - S & \text{若 } S < S^r \\ 0 & \text{其他} \end{cases} \quad (5.5)$$

上文提到,人力资本理论和工作竞争理论持有相反的收入决定观点。人力资本理论认为劳动力自身受教育水平决定工资收入,而工作竞争理论则认为工作岗位特征才是决定收入的主要因素。与上述两种理论都不同的是,分配理论假设相同人力资本水平的劳动力存在生产效率差异,并且其生产效率的高低取决于就职岗位,因此劳动力实际教育和就职岗位所需教育都将对工人收入产生影响。据此,我们在ORU模型的基础上,通过以下三个假设对人力资本模型、工作竞争模型和分配模型进行检验，假设中的 $\alpha_1$、$\alpha_2$、$\alpha_3$ 分别代表过度教育、工作所需教育、教育不足的回报率。

假设 1　　　　　$H1$：$\alpha_1 = \alpha_2 = -\alpha_3$
假设 2　　　　　$H2$：$\alpha_1 = \alpha_3 = 0$
假设 3　　　　　$H3$：$\alpha_1 = \alpha_2 = \alpha_3 = 0$

假设 1 中过度教育和教育不足的回报率与适度教育回报率相等，此时劳动力实际受教育水平决定工资收入，而工作所需教育对收入没有影响。因此，若检验结果不能拒绝假设 1，人力资本理论适用。相反的，若假设 2 成立，则过度教育、教育不足的回报率均等于零，只有工作岗位所需教育决定工人收入，此时工作竞争理论适用。最后，假设 3 代表过度教育、教育不足以及适度教育的回报率相等且均为零，这意味着工人实际教育和工作所需教育都不能对收入产生影响。因此，当假设 3 被拒绝时（或假设 1 和假设 2 同时被拒绝），分配理论适用。以下将实证分析各因素对个体收入的影响，并检验主要的过度教育理论在我国的适用性。

### （二）回归结果

本章实证分析围绕 ORU 模型展开，考察对象为年龄在 18 岁和 60 岁之间、并且拥有工作的样本。本章采用自我评估法测算样本的过度教育和教育不足年限，并在 ORU 模型中加入了其他影响个体收入的变量，如：工作经验、技能状况、性别、婚姻、子女等个体特征变量，以及企业规模、企业所有制类型等工作单位特征变量。表 5-2 给出了变量的统计性描述。

由表 5-2 可见，本章考察样本的平均受教育年限为 13 年，其中平均过度教育年限在 1.18 年左右，平均教育不足年限只有 0.14 年，这也验证了前一部分的结论，即我国劳动力市场存在过度教育现象，但适度教育仍是主要的就业状况。特别的，根据过度教育的定义，本章提出了过度技能、适度技能、技能不足三个概念，它们分别指劳动力自身技能水平超出、等于和低于工作岗位所需水平。以上技能概念的提出有助于更为全面的考察个体收入决定，分析发现，适度技能劳动力比重远远超出过度技能和技能不足劳动力。

进一步的，表 5-2 分别列出了适度教育、过度教育样本的特征描述。通过比较发现，过度教育劳动力的受教育年限较高，但技能水平和工作经验普遍较低。具体的，过度教育工人平均受教育年限超出适度教育样本约

1.8 年，而技能不足比率却高出 2 个百分点，并且工作经验低于适度教育工人 2.4 年。这些结论与前文职业流动理论的基本假设一致，即教育、技能和工作经验之间具有相互替代性，工作经验和技能的不足可以由较高的教育水平来弥补。随着工作经验的上升，劳动力将逐渐流动到适度教育的岗位，过度教育现象得到改善。

表 5 - 2    变量统计性描述

| 变量名称 | 变量定义 | 平均值 | | |
|---|---|---|---|---|
| | | 全部样本 | 适度教育样本 | 过度教育样本 |
| 小时工资 | 2003 年收入/年工作小时数 | 7.69 | 7.35 | 8.23 |
| 受教育年限 | 被调查者实际受教育年限 | 13.06 | 12.46 | 14.28 |
| 工作所需教育 | 工作招聘最低教育年限要求 | 12.03 | 12.46 | 11.34 |
| 过度教育 | 受教育年限 - 工作所需教育年限 ≥ 0 | 1.18 | 0.00 | 2.95 |
| 教育不足 | 工作所需教育年限 - 受教育年限 ≥ 0 | 0.14 | 0.00 | 0.00 |
| 过度技能 | 劳动力技能超过工作要求 = 1，其他 = 0 | 0.04 | 0.05 | 0.03 |
| 技能不足 | 劳动力技能与工作要求有差距 = 1，其他 = 0 | 0.02 | 0.01 | 0.03 |
| 适度技能 | 劳动力技能符合工作要求 = 1，其他 = 0 | 0.33 | 0.30 | 0.37 |
| 工作经验 | 年龄 - 受教育年限 - 6 | 15.64 | 16.46 | 14.08 |
| 性别 | 男性 = 1，女性 = 0 | 0.55 | 0.51 | 0.58 |
| 汉族 | 汉族 = 1，少数民族 = 0 | 0.95 | 0.96 | 0.94 |
| 党员 | 中共党员 = 1，其他 = 0 | 0.24 | 0.19 | 0.30 |
| 婚姻状况 | 已婚 = 1，其他 = 0 | 0.76 | 0.75 | 0.78 |
| 子女数 | 被调查者拥有的子女数 | 0.64 | 0.64 | 0.62 |
| 企业规模 | 企业雇佣人数 > 300，企业规模 = 1；其他 = 0 | 0.30 | 0.31 | 0.29 |
| 国有企业 | 就职于国有企业 = 1，其他 = 0 | 0.67 | 0.64 | 0.72 |
| 城镇集体企业 | 就职于城镇集体企业 = 1，其他 = 0 | 0.09 | 0.11 | 0.07 |
| 私营企业 | 就职于私营企业 = 1，其他 = 0 | 0.22 | 0.23 | 0.20 |

注：过度技能、技能不足、适度技能三者的平均值即为各对应样本在总样本中所占的百分比，但它们的百分比之和不等于 100%，这是因为本章仅有约 40% 的样本对技能问题进行了回馈。因此，模型回归时的基准组包括适度技能样本和未提供技能信息的样本两部分。

表 5 - 3 给出了过度教育收入模型的回归结果。其中，第 1 列为简化的 ORU 模型回归结果，它只包括工作所需教育、过度教育和教育不足三个解释变量；第 2 列为扩展的 ORU 模型回归结果，其中不仅包括教育年限变

量,还涵盖了其他影响收入决定的个体特征和企业类型变量。对比表5-3第1列和第2列可见,三种就业状态工人的教育回报率均有明显改变,这表明教育以外的其他个体特征及企业特征因素对收入具有重要影响。当控制这类因素之后,工作所需教育、过度教育、教育不足回报率分别下降了2%、0.8%和0.7%。

由表5-3第2列可见,过度教育回报率为10%,显著低于14.9%的工作所需教育回报率,这表明过度教育劳动力正在承受收入上的损失,他们的收入水平远远低于同等学历水平但适度就业的劳动力。与此同时,由于过度教育回报率仍为正数,因此这类工人的收入仍高于本岗位适度就业的工人,这也是人们仍然持续增加教育投资的原因之一。此外,自身技能超出工作要求的劳动力收入高出适度技能劳动力8.3%,而技能不足的工人收入则低于适度技能工人9.8%。企业规模和所有制类型也显著影响劳动力收入,大型企业员工工资水平高于小型企业,国有企业劳动力工资显著高于城镇集体企业和私营企业。

表5-3 模型回归结果

| 变量名称 | (1) | (2) |
| --- | --- | --- |
| 工作所需教育 | 0.169*** | 0.149*** |
|  | (0.013) | (0.014) |
| 过度教育 | 0.108*** | 0.100*** |
|  | (0.020) | (0.019) |
| 教育不足 | -0.026 | -0.033 |
|  | (0.043) | (0.040) |
| 过度技能 |  | 0.083 |
|  |  | (0.137) |
| 技能不足 |  | -0.098 |
|  |  | (0.192) |
| 工作经验 |  | 0.009 |
|  |  | (0.013) |
| 工作经验平方项 |  | 0.00003 |
|  |  | (0.0003) |
| 性别 |  | 0.058 |
|  |  | (0.056) |

续表

| 变量名称 | (1) | (2) |
|---|---|---|
| 汉族 |  | -0.062 |
|  |  | (0.139) |
| 党员 |  | 0.047 |
|  |  | (0.070) |
| 婚姻状况 |  | 0.159* |
|  |  | (0.089) |
| 子女数 |  | -0.063 |
|  |  | (0.058) |
| 企业规模 |  | 0.145** |
|  |  | (0.062) |
| 国有企业 |  | 0.158** |
|  |  | (0.072) |
| 城镇集体企业 |  | -0.033 |
|  |  | (0.109) |
| 常数项 | -0.469*** | -0.278 |
|  | (0.173) | (0.288) |
| F-test | F(3,612)=53.88 | F(42,573)=11.08 |
| P值 | 0.000 | 0.000 |
| R-squared | 0.209 | 0.448 |
| 观测值 | 616 | 616 |

注：第（2）列回归模型中还包括各省份虚拟变量，以考虑地域因素对收入的影响，此处出于篇幅考虑未将结果列出。

针对表5-3第2列的回归结果，我们对三个假设分别进行了检验（结果见表5-4）。表5-4中的P值显示，Wald检验显著拒绝了假设1、假设2和假设3[①]。根据上文分析可知，与人力资本理论和工作竞争理论相比，分配理论更加适用于我国国情。因此，我们的分析结果表明，劳动力实际教育和工作岗位所需教育都将作用于个体的收入决定，过度教育现象由劳动力市场供求两方面的共同作用形成。

---

① Wald检验是用来处理有关解释变量系数约束的假设检验，它能够同时用于线性和非线性约束条件的检验。Wald检验的原理是估计约束模型和无约束模型之间的距离，它渐近等价于似然比检验。本书运用Wald检验对过度教育、适度教育和教育不足的回报率进行联合检验，表4给出了检验的F统计量和相应P值。

表 5-4　　　　　　　　　　　检验结果

| | 假设 1 | 假设 2 | 假设 3 |
|---|---|---|---|
| Wald 检验 | $F(2, 573) = 8.32$ | $F(2, 573) = 14.09$ | $F(3, 573) = 35.54$ |
| P 值 | 0.000 | 0.000 | 0.000 |

## 三、结论

本章采用全国综合社会调查数据（CGSS-2003）研究我国劳动力市场的过度教育问题，并实证检验了主要的过度教育理论在我国的适用性。研究结果显示，各学历劳动力都存在不同程度的过度教育现象，但适度教育仍是主要的就业状况。与此同时，在诸多理论中，分配理论与我国国情相符，能够用于解释我国过度教育现象的产生机理。由于过度教育显著抑制个体的收入水平，因此必将影响到劳动力的生产效率及工作积极性，并最终对整体经济的发展产生不利影响。

综合以上，解决我国劳动力市场过度教育问题势在必行，可从以下方面着手：

第一，加快劳动力市场改革，提高劳动力配置效率。

分配理论认为，过度教育的产生是由于劳动力未能分配到自身具有比较优势的岗位，是劳动力配置低效率的一种体现。并且过度教育现象将持续存在，直至更为有效的劳动力分配模式出现。结合我国实际，由于户籍制度和地方政策等制度性壁垒的存在，我国劳动力不能实现自由流动，社会保障体系的不完善则进一步限制了劳动力的择业区域。考虑到以上因素，高校毕业生就业时过多的集中于发达地区，而发达地区可提供的高技术就业岗位有限，过度教育现象便不可避免。与此同时，已经处于过度教育状态的工人不能够流动到匹配的工作岗位，致使过度教育现象持续存在。因此，只有加快户籍制度和社会保障体系改革，取消限制性地方就业政策，才能促进人才在各地区间的自由流动，改善劳动力市场过度教育问题。

第二，大力推进高校改革，提高办学质量，形成市场导向的人才培养机制。

当前我国毕业生供求存在明显的结构性失衡，表现在不同学历层次、不同学科专业、不同地区和院校毕业生就业状况差异十分显著（文东茅，

2000)。高校毕业生质量的下降和人才培养机制的固化是导致毕业生供求不对称的主要原因。具体的，部分高校在扩招的同时，并未相应增加师资、教学设施等各方面的投入，导致毕业生质量下降。并且，某些专业的设置拘于老套，与现代社会脱节，不能满足社会工作的需要。因此，为改善毕业生就业现状，高校在提高师资和基础设施建设的同时，应当以市场为导向设置专业、课程，并有针对性的增加或减少相关专业的招生人数。只有这样，高校毕业生才会在就业时真正处于优势地位，劳动力市场人才供求结构才能逐步趋于平衡，过度教育现象方能得到解决。

第三，改变企业用人观念，避免人才高消费。

随着我国高等教育大众化进程的逐步深入，各地区都出现了不同程度的人才高消费状况。人才高消费指企业在招聘时刻意提高学历门槛，使其高出岗位实际所需水平。人才高消费一方面必然导致企业用人成本的增加，另一方面也会加剧劳动力市场过度教育程度，这不仅降低过度教育员工收入水平，而且有悖于企业投入产出效益最大化的经营目标。因此，相关部门应当制定政策鼓励企业改变用人观念，避免人才高消费，从劳动力需求层面缓解过度教育问题。

# 第六章　高等教育大众化的收入影响研究

自1999年起，我国高等教育开始逐步由精英化向大众化转变，高等教育发展踏上快车道。1998年我国大学生毛入学率仅为6.2%，同期美国大学毛入学率达到77%，日本为43.9%。至2007年，我国大学入学率上升为22.9%，与中等收入国家23.1%的水平基本持平，高校扩招政策取得了明显成效。但是同期高收入国家大学入学率为67.2%，对比而言，我国高等教育距大众化仍相差一段距离。即便如此，高等教育大众化进程所产生的问题已经日益凸显，如教育质量下滑、大学生就业难等（潘懋文，2000）。如何正确认识这些问题，寻找合适的解决方案，对高等教育下一步的健康发展至关重要。本文旨在通过实证研究，揭示高等教育大众化进程的现状及其影响。

众所周知，人力资本是推动经济社会发展的最根本源泉，而高等教育作为培养高层次人才的载体，其重要性毋庸置疑。就我国而言，经济发展方式正逐步由粗放型向集约型转变，知识和技术密集型产业的优势日益凸显。研究表明，高技术工人的边际产出远远高于低技术工人，前者不仅对新兴技术的接受能力强，而且具备技术创新能力（Fleisher etal, 2009；刘智勇和胡永远，2009）。因此，加快发展高等教育，保障高技术人才的供给，是推动经济转型的必然需要，符合我国的基本国情。

然而，评价高等教育的发展不仅要看速度，更要看毕业生的培养质量。如果一味注重速度，在人口不断增长的前提下，大学生入学率可以持续增长。但是，若师资力量、教育经费投入以及其他与大学生培养息息相关的环节未以同等速度增长，那么高校毕业生质量将下滑。产生的直接后果表现为：与其他学历层次劳动力相比，大学毕业劳动力的优势缩减，大学毕业生就业难或低就业（武向荣，2007；张晓蓓和亓朋，2010）。这不仅违背了我们发展高等教育的初衷，而且将抑制社会公众对高等教育的信心和投资热情,减缓高等教育大众化进程。因此,政府当局在决策时应当权衡高等教育发展速度和发展质量之间的关系,在确保质量的前提下推进速度,此为长远之道。

本章的结构安排如下:第二部分描述当前高等教育的发展现状;第三部分实证研究高校毕业生工资决定,并对比分析扩招前后大学毕业生的工资优势程度;最后总结全文并给出政策建议。

## 一、高等教育的发展现状

本章将从发展速度和发展质量两个角度出发,描述扩招以来我国高等教育的发展状况。

### (一) 发展速度

以往文献中,衡量发展速度的指标通常包括普通高等学校招生人数、在校生人数、毕业生人数、高校机构数等(陈汉聪,2007;毛勇,2005)。本文采用以上指标的年增长率,以更为清晰的体现指标变动趋势。此外,本文还计算了历年参加高考的人数增长率,从需求角度考察高等教育的发展(见表6-1)。

表6-1数据显示,扩招初期,普通高等学校招生人数、在校生人数迅猛增长,2006年之前二者的平均年增长率均达到25%。直至近年,高校招生人数和在校生人数增长趋势才有所缓和。相对应的,高校毕业生人数也在逐年增加。考虑到扩招政策对毕业生影响的滞后,我们发现,毕业生的大规模增加始于2002年,平均年增长率为27%。与此同时,普通高校机构数除2000年以外,亦保持平稳增长势头。

表6-1 高等教育发展速度指标

| 年份 | 参加高考人数增长率 | 招生人数增长率 | 在校生人数增长率 | 毕业生人数增长率 | 普通高校机构数增长率 |
| --- | --- | --- | --- | --- | --- |
| 1999 | 30% | 47% | 21% | 2% | 5% |
| 2000 | 21% | 38% | 35% | 12% | -3% |
| 2001 | 12% | 22% | 29% | 9% | 18% |
| 2002 | 20% | 19% | 26% | 29% | 14% |

续表

| 年份 | 参加高考人数增长率 | 招生人数增长率 | 在校生人数增长率 | 毕业生人数增长率 | 普通高校机构数增长率 |
| --- | --- | --- | --- | --- | --- |
| 2003 | 19% | 19% | 23% | 40% | 11% |
| 2004 | 20% | 17% | 20% | 27% | 12% |
| 2005 | 8% | 13% | 17% | 28% | 4% |
| 2006 | 6% | 8% | 11% | 23% | 4% |
| 2007 | 3% | 4% | 8% | 19% | 2% |
| 2008 | 30% | 7% | 7% | 25% | 19% |

注：1. 表中数据仅涵盖普通高等学校，即本科院校和专科院校；2. 表中增长率均指与上年相比的增长率；3. 招生人数、在校生人数以及毕业生人数增长率根据中国统计年鉴数据计算而得，参加高考人数增长率根据作者收集的数据计算而得。

从高等教育需求角度看，1999年至2008年，参加高考的人数由288万人上升为1045万人，翻了将近三番，平均年增长率达到16%。这表明公众对高等教育的需求在不断增长，也体现了我国高等教育发展的巨大潜力。用招生人数除以参加高考人数即可获得高考录取率，计算结果显示，1999－2008期间，平均高考录取率达到59%。

综合以上可知，1999年以来，我国高等教育飞速发展，截至2008年，招生人数已达到607.7万。然而，同期美国招生人数为1825万，是我国的三倍。考虑到中美总人口的差距，我国高等教育要实现大众化目标仍需长期努力。

### （二）发展质量

师资力量和经费投入是影响学生培养质量的主要因素，据此本文选取生师比、生均教育经费、本年图书购置金额和专用设备购置金额对高等教育发展质量加以衡量。进一步的，本文将大学毕业生就业率纳入进来，从产出方面判别高等教育发展质量的变化（见表6－2）。

表6－2　　　　　　　高等教育发展质量指标

| 年份 | 生师比 | 生均教育经费（元） | 本年图书购置金额（千元） | 本年专用设备购置金额（千元） | 就业率 |
| --- | --- | --- | --- | --- | --- |
| 1999 | 13.37 | 15231.24 | 524296 | 4574456 | 79.3% |
| 2000 | 16.3 | 15974.32 | 814367 | 6387880 | 82% |

续表

| 年份 | 生师比 | 生均教育经费（元） | 本年图书购置金额（千元） | 本年专用设备购置金额（千元） | 就业率 |
|---|---|---|---|---|---|
| 2001 | 18.22 | 15445.23 | 5685519 | 9630162 | 90% |
| 2002 | 19 | 15119.56 | 3487000 | 10515437 | 80% |
| 2003 | 17 | 12167.35 | 1703804 | 14212765 | 70% |
| 2004 | 16.22 | 14928.92 | 2358578 | 15081520 | — |
| 2005 | 16.85 | 15025.47 | 5224173 | 16039421 | — |
| 2006 | 17.93 | 15332.80 | 5236568 | 17841379 | — |
| 2007 | 17.28 | 16319.95 | — | — | — |
| 2008 | 17.23 | 17972.13 | — | — | — |

注：1. 表中数据仅涵盖普通高等学校，即本科院校和专科院校；2. 生师比数据来源于中国教育统计年鉴，其他数据来源于中国教育经费统计年鉴，或由年鉴中数据计算而得；3. 就业率数据来源于：中国教育，载经济参考报，2004年1月30日。

以往文献通常将生师比看作衡量高校人力资源利用效率的指标，认为生师比的提高对降低生均成本和实现高等教育大众化具有重要意义（黑建敏，2009；杜智敏，王静和周萍，1998）。然而，这一论据需要建立在学生培养质量相同的前提下，盲目的提高生师比不仅会加大教师的工作负担，降低其工作积极性；而且意味着教师投注在单个学生身上的精力减少，授课传业的最终效果将打折扣。由表6-2数据可见，扩招以来，我国普通高等学校生师比持续上升，2006年达到17.93，而同年美国高校生师比仅为13.55。

表6-2显示，总体上，我国高校生均教育经费稳中有升，专用设备和图书购置投入也在增加。但是，就中美比较而言，2006年美国高等教育生均经费支出为167012.51元[①]，超出我国将近十倍。事实上，我国教育支出无论在绝对量还是相对比率上都与发达国家存在巨大差距。根据美国中情局公布的182个国家数据，公共教育支出占GDP比率最高的国家为基里巴斯（17.8%），美国位列第56（5.3%），英国排名第47（5.6%），德国第81（4.1%），而我国仅列第170位（1.9%），距离4%的目标还相差甚远。

作为高等教育的产品，毕业生的就业率、就业匹配度以及发展前景是

---

① 采用2006年12月31日中国银行美元基准汇率6.6515折算；

衡量教育质量的最佳指标。从表6-2数据来看,随着首批扩招本、专科生的毕业,高校毕业生就业率从2001年的90%下降到80%,并进一步减少为70%。此外,面临严峻的就业形势,诸多毕业生降低求职标准,在低水平行业就业,导致过度教育现象的出现和恶化。当然,我们不能就此得出结论,认为就业率降低的原因就是毕业生培养质量的下滑,宏观经济环境等其他因素也显著影响毕业生就业。

长期来看,工资待遇将直接反映高校毕业生的就业现状。那么,扩招政策实施后的高校毕业生工资待遇与扩招前是否存在差异?与其他教育层次的劳动力相比,他们的工资优势是否发生变化?本文将在以下部分对比分析扩招前后高校毕业生的工资收入情况,实证研究高等教育扩招对毕业生的工资影响效应。

## 二、模型及回归结果

### (一) 模型设定

本章采用的数据为全国综合社会调查数据(CGSS-2006),CGSS-2006是由国务院发展研究中心社会发展研究部与中国人民大学联合举行的全国性的社会基本状况调查,该数据覆盖了除青海、宁夏、西藏之外的全国28个省份和自治区,被调查样本达到10151人。CGSS-2006中包含了详细的样本特征数据,如工资、受教育程度、婚姻状况等,并且提供了样本获得最高学历的时间,使本文比较分析扩招前后毕业生的工资决定成为可能。

具体的,考虑到扩招政策对毕业生就业的滞后影响,本文选择2001年作为分界点,将被调查样本划为两组:第一组为扩招前样本,即获得最高教育学历文凭的时间早于2001年(包括2001年);第二组为扩招后样本,即在2001年以后获得最高学历文凭。本文将构建实证模型分别考察两组劳动力的工资决定。

有关劳动力工资差异的研究通常采用明瑟工资模型,该模型着重考虑了受教育水平和工作经验两种因素对个人工资收入的影响:

$$\ln W = \alpha + \beta_1 S + \beta_2 Exp + \beta_3 Exp^2 + e \qquad (6.1)$$

其中 $W$ 表示劳动力工资水平,$S$ 为受教育程度,$Exp$ 表示劳动力的工作经验，$e$ 为模型误差项。为便于考察高等教育毕业生与其他学历层次劳动力之间的工资差异，本文采用学历层次虚拟变量来体现劳动力间的教育差异，而以往文献通常使用受教育年限指标。

此外，诸多研究显示，除教育、工作经验等人力资本因素外，个体工资水平还受到其他特征变量的影响。首先，劳动力工资在性别间和民族间存在较大差异，歧视是导致差异的可能原因（张晓蓓和亓朋，2010；Maurer-Fazio, Hughes 和 Zhang, 2007）。其次，就业单位类型不同，劳动力的工资决定机制也不尽相同。具体到我国，国有企业、集体企业和私营企业的劳动力工资决定存在显著差异（Li，2003）。再次，政治面貌、婚姻状况等因素可能会影响到劳动力的工作积极性，进而影响其工资水平（李实和丁赛，2003）。最后，地区间物价水平的差异导致生活成本的不同，而个体工资水平的高低与生活成本息息相关，因此就业地域也将影响个体工资水平（Wang 和 Cai，2006）。

$$\ln W = \alpha + \beta' S + \gamma_1 Exp + \gamma_2 Exp^2 + \delta' Z + v \quad (6.2)$$

根据上文分析，本文设定模型（6.2）为工资估计模型，$S$ 是受教育层次列向量，包括普通高等教育、成人高等教育、中专、高中、初中，小学及以下学历为基准组。$Z$ 为个体特征向量，包括性别、民族、政治面貌、婚姻状况、企业类型（国有企业和城镇集体单位企业）以及就业省份等变量。本文将问卷调查时失业、离退休以及学生和私营企业主样本剔除，仅考察年龄在 18 岁和 60 岁之间①、并且拥有工作的样本，变量统计性描述见表 6-3。

表 6-3　　　　　　　　　　　变量统计性描述

| 变量名称 | 变量定义 | 平均值 | |
| --- | --- | --- | --- |
| | | 扩招前 | 扩招后 |
| 小时工资 | 2006 年收入/年工作小时数 | 7.74 | 9.21 |
| 普通高等教育 | 学历为普通高等教育 = 1，其他 = 0 | 0.16 | 0.33 |
| 成人高等教育 | 学历为成人高等教育 = 1，其他 = 0 | 0.16 | 0.28 |
| 中专 | 中专 = 1，其他 = 0 | 0.22 | 0.14 |
| 高中 | 高中 = 1，其他 = 0 | 0.21 | 0.12 |

① 由于男女退休年龄不同，本文将考察范围设定为：男性：18—60 岁，女性：18—55 岁。

续表

| 变量名称 | 变量定义 | 平均值 | |
|---|---|---|---|
| | | 扩招前 | 扩招后 |
| 初中 | 初中 = 1，其他 = 0 | 0.22 | 0.10 |
| 小学及以下 | 小学及以下 = 1，其他 = 0 | 0.02 | 0.02 |
| 工作经验 | 年龄 - 受教育年限 - 6 | 12.46 | 7.36 |
| 性别 | 男性 = 1，女性 = 0 | 0.53 | 0.45 |
| 汉族 | 汉族 = 1，少数民族 = 0 | 0.94 | 0.95 |
| 政治面貌 | 中共党员 = 1，其他 = 0 | 0.11 | 0.12 |
| 婚姻状况 | 已婚 = 1，其他 = 0 | 0.74 | 0.37 |
| 国有企业 | 就职于国有企业 = 1，其他 = 0 | 0.32 | 0.31 |
| 集体企业 | 就职于城镇集体企业 = 1，其他 = 0 | 0.10 | 0.08 |
| 私营企业 | 就职于私营企业 = 1，其他 = 0 | 0.58 | 0.60 |

注：1. 普通高等教育包括：正规高等教育大学专科和大学本科，成人高等教育包括：成人高校大学专科和大学本科；2. 扩招前指 1992 - 2001 年（包括 2001 年），扩招后指 2001 年之后。

对比表 6-3 数据，我们发现，扩招前毕业的劳动力平均小时工资低于扩招后毕业的劳动力，这是因为扩招前后劳动力受教育程度构成存在显著差异。扩招前的劳动力样本中，仅有 16% 为普通高等教育毕业，而扩招后该比例翻了一番，达到 33%。成人高等教育劳动力比率也呈相同变动趋势，扩招后上升了 12 个百分点。相对应的，扩招政策实施后，中专、高中、初中等教育层次的劳动力比率均有所下降，分别降低 8%、9%、12%。表 6-4 进一步给出了扩招前后各教育层次劳动力的平均小时工资。可以看出，无论是 2001 年前还是 2001 年后毕业的高等教育劳动力小时工资都大体相同，并且普通高等教育工资高于成人高等教育。此外，扩招前中专、初中和小学劳动力工资超出扩招后毕业的劳动力，但扩招后毕业的高中劳动力小时工资更高。

表 6-4　　　　　　　　　分教育程度工资待遇

| 教育层次 | 小时工资（元） | |
|---|---|---|
| | 扩招前 | 扩招后 |
| 普通高等教育 | 11.58 | 11.94 |
| 成人高等教育 | 8.47 | 8.06 |
| 中专 | 7.11 | 5.15 |

续表

| 教育层次 | 小时工资（元） | |
|---|---|---|
| | 扩招前 | 扩招后 |
| 高中 | 5.88 | 8.07 |
| 初中 | 5.01 | 4.02 |
| 小学及以下 | 3.57 | 2.09 |

## 二、回归结果

本文以模型（2）为主要分析模型，考察对象为年龄在 18—60 岁之间，并且拥有工作的样本。表 6-4 显示，扩招前和扩招后毕业的劳动力群体性别构成、民族类型及政治面貌分布一致，并且工作单位类型均以私营企业为主。但扩招前劳动力已婚的比例高于扩招后劳动力，二者的年龄差距决定了这一点。表 6-5 给出了模型（6.2）的回归结果，其中，第 1 列为所有样本的模型估计结果，第 2 列和第 3 列分别为扩招前和扩招后毕业的劳动力工资模型回归结果。

由表 6-5 第 1 列可见，受教育程度对工资水平具有显著影响，除初中外，其他学历对小时工资的影响均在 1% 水平下显著为正。并且，随着学历层次的提高，工资差距也相应扩大。具体的，与小学及以下教育程度劳动力相比，接受过普通高等教育的劳动力工资高出 104.1%，成人高等教育劳动力高出 74.3%，高中学历劳动力工资高出 41.2%，而初中学历劳动力仅高出基准组 5.6%。此外，随着工作经验的上升，起初小时工资显著增加，但是当工作经验达到某一临界值后，它的进一步上升将导致工资的下降，这一结论与以往研究一致（Zhang，Liu 和 Yung，2007）。

对比表 6-5 第 2 列和第 3 列，我们发现，无论是普通高等教育还是成人高等教育，扩招前劳动力工资优势均超出扩招后劳动力。首先，与基准组相比，扩招前普通高等教育劳动力的小时工资高出小学及以下 108.7%，成人高等教育劳动力高出 73.7%，而扩招后二者小时工资超出比率为 93.8%、61.6%，工资优势分别下降了 15%、12%。其次，与高中学历劳动力相比，扩招前普通高等教育和成人高等教育小时工资分别高出 60.1%、25.1%，扩招后工资优势仅为 55.7%、23.5%。

与此同时，性别工资差异在我国劳动力市场普遍存在，男性工资显著高于女性。扩招前男性工资优势达到30.2%，扩招后减少至24.1%，降低了6个百分点。就高等教育劳动力而言，这表明虽然性别差异现象有所改善，但是女性毕业生面临的就业环境更加严峻，并且不能享受与男性平等的工资待遇（Dong 和 Zhang，2009）。而扩招前后的民族工资差异则得出了不一致的结论：扩招后样本回归结果显示，劳动力市场存在民族歧视，汉族劳动力工资显著高于少数民族，但扩招前结果则显示，少数民族存在工资优势，即汉族受到歧视，这一结果在统计上并不显著。

根据前文所述，政治面貌和婚姻状况将通过作用于劳动力工作积极性来影响工资水平。本文回归结果显示，中共党员的工资水平高于非党员，已婚劳动力工资水平则低于未婚劳动力。针对第一个结论，由于能否成为中共党员与个体综合素质密切相关[①]，因此党员身份可以看作是个体素质的代理变量（Proxy variable），而个体素质与工资正向相关，并且党员身份可能会提高劳动力的工作积极性[②]，据此党员工资水平将高于非党员。婚姻对劳动力的影响表现为两种相反方向的作用：一方面，婚姻意味着承担更多的家庭责任，这将激励已婚劳动力努力工作以供给家用。另一方面，婚姻同时代表个体羁绊的增加，如家庭关系处理、家务劳动分担、生育教养子女等，劳动力的工作积极性和效率将不可避免的受到影响。最终，婚姻对劳动力工作的影响方向取决于两方面作用的对比，若激励大于羁绊，已婚将促使劳动力工作积极性上升，从而工资水平上升，反之相反。值得注意的是，政治面貌在扩招前对工资的影响程度要大于扩招后，而婚姻则对扩招后毕业的样本工资有更大影响，以上影响在统计上均不显著。

表6-5　　　　　　　　　　　回归结果

| 变量名称 | 全部样本 | 扩招前 | 扩招后 |
| --- | --- | --- | --- |
| 普通高等教育 | 1.041*** <br> (0.157) | 1.087*** <br> (0.204) | 0.938*** <br> (0.289) |
| 成人高等教育 | 0.743*** <br> (0.155) | 0.737*** <br> (0.204) | 0.616** <br> (0.287) |
| 中专 | 0.478*** <br> (0.154) | 0.567*** <br> (0.198) | 0.278 <br> (0.295) |

---

① 发展党员工作遵循"坚持标准，保证质量，改善结构，慎重发展"的十六字方针。
② 党员要发挥模范带头作用。

续表

| 变量名称 | 全部样本 | 扩招前 | 扩招后 |
| --- | --- | --- | --- |
| 高中 | 0.412*** <br> (0.155) | 0.486** <br> (0.197) | 0.381 <br> (0.295) |
| 初中 | 0.056 <br> (0.153) | 0.200 <br> (0.193) | -0.330 <br> (0.292) |
| 工作经验 | 0.030*** <br> (0.011) | 0.018 <br> (0.018) | 0.056*** <br> (0.018) |
| 工作经验平方项 | -0.001*** <br> (0.0003) | -0.0004 <br> (0.0005) | -0.002*** <br> (0.0005) |
| 性别 | 0.284*** <br> (0.044) | 0.302*** <br> (0.055) | 0.241*** <br> (0.078) |
| 汉族 | 0.039 <br> (0.107) | -0.152 <br> (0.130) | 0.453** <br> (0.197) |
| 政治面貌 | 0.103 <br> (0.077) | 0.084 <br> (0.099) | 0.041 <br> (0.129) |
| 婚姻状况 | -0.098* <br> (0.057) | -0.084 <br> (0.069) | -0.143 <br> (0.110) |
| 国有企业 | 0.067 <br> (0.053) | 0.097 <br> (0.066) | -0.015 <br> (0.093) |
| 集体企业 | 0.045 <br> (0.078) | -0.034 <br> (0.094) | 0.213 <br> (0.145) |
| 常数项 | 1.221*** <br> (0.207) | 1.274*** <br> (0.280) | 1.067*** <br> (0.383) |
| 观测值 | 1290 | 869 | 421 |
| R-squared | 0.345 | 0.339 | 0.427 |

注：1. 括号内为标准误；2. * 表示在10%的显著性水平下显著，** 表示在5%的显著性水平下显著，*** 表示在1%的显著性水平下显著。3. 回归模型中还包括各省份虚拟变量，此处出于篇幅考虑未将结果列出。

此外，不同就业单位类型的工资存在较大差异。从全部样本来看，国有企业和集体企业的员工工资均高于私营企业，但是当把样本划分为扩招前和扩招后两部分后，结论发生了变动。具体的，对扩招前样本而言，国有企业员工的工资水平高于私营企业，集体企业工资水平则低于私营企业。而扩招后样本中，按照员工工资水平对企业类型进行排列，由高到低依次为：集体企业、私营企业和国有企业，国企改革和市场化进程的加快是导致国有企业和私营企业工资变动的关键原因，而集体企业工资偏高可能源于样本数量偏少，无法反映集体企业内部的真实工资分布。

### 三、结论和政策建议

本章采用最新的全国综合社会调查数据（CGSS-2006）考察我国高等教育大众化进程的现状及其影响。首先，依据以往文献，本章分别从速度和质量两个角度选取指标衡量我国高等教育的发展。数据显示，扩招政策实施以来，我国高等教育飞速发展，高校招生人数、在校生人数和毕业人数大幅增长。相应的，国家针对高等教育的经费投入也逐年增加，高校师资力量不断增强。但是，伴随着高校规模的迅速扩张，高校生师比持续上升，近年已超出同期发达国家水平，而生均教育投入则远远低于美国等发达国家。与此同时，高校毕业生就业率呈逐年下降趋势，就业现状不容乐观。

进一步的，本章构建模型比较研究扩招前后高等教育毕业生的小时工资差异，从收入角度考察扩招政策对高等教育毕业生的长期影响。实证结果表明，扩招政策实施后，与其他教育层次劳动力相比，高等教育劳动力虽然仍存在工资优势，但是较扩招前优势幅度下降。

正如前文所述，高等教育的大众化是我国经济发展方式转变的必然选择，是经济持续稳定增长的人才保障。因此，政府应当尽一切可能推动高等教育的大众化进程。但是，本部分研究显示：截至目前，高等教育扩招已经导致毕业生短期内就业率的降低，长期工资优势的缩小，这意味着高等教育投资对毕业生产生的效益回报正在减少。如何改善这一趋势，确保高等教育大众化进程的持续推进，我们认为可从以下方面着手：

首先，加大高等教育经费投入，推进高校改革，保证毕业生培养质量。

教育经费投入能够确保高校的师资建设和基础设施建设正常开展，为大学生创造良好的软硬件环境。近年来，我国高等教育经费支出不断增加，2007年达到3762亿元，但生均教育经费增长缓慢，某些年份甚至出现下降的情况。此外，与发达国家相比，我国教育经费支出无论在总量还是生均数量上都存在很大差距。因此,政府应当进一步加大高等教育经费投入,从财力上保障毕业生培养质量。与此同时,毕业生实际培养环节亟待改善,高校改革势在必行。高校应当形成市场导向的人才培养机制,剔除掉那些严重与社会脱节的课程、专业,集中于传授符合市场需求的知识或技能,这样学生质量才能被市场认可,毕业生就业才会得到改善。

其次,健全高校毕业生就业指导机构,切实高效地为毕业生服务。

对多数毕业生而言,尤其是本、专科毕业生,毕业求职是他们第一次踏入社会,因此缺乏必要的经验,此时高校就业指导部门的作用就极为重要。这些机构应当充分发挥自身职能,在用人单位和学生之间做好桥梁工作,为毕业生就业保驾护航。然而,我国高校就业指导与人才培养和市场需求相脱节,并且就业指导机构不健全,人员专业化程度不高(马晓春,2009;陈敏,2006)。这一现状必然导致就业指导效果不佳,对毕业生就业产生消极影响。鉴于此,高校必须改善当前就业指导工作现状,健全就业指导机构,提高人员专业化水平,做到切实、专业地为毕业生就业服务。

最后,加快经济发展方式转变,增加高水平岗位供给。

毕业生就业状态及工资水平由劳动力市场供给和需求两方面共同决定。在高校扩招的背景下,市场上高水平劳动力的供给将持续增加,由于我国经济仍以劳动密集型等低技术产业为主,因此高校毕业生失业或过度教育的现象就不可避免。相反,经济发展方式由粗放型向集约型转变,能够产生诸多高水平工作岗位,此时扩招产生的毕业生供给和经济转型产生的岗位需求将实现匹配,毕业生就业现状将得到改善。

# 第七章 人力资本、收入差异与择偶标准

在传统中国社会,郎才女貌是适婚男女择偶的重要标准之一。男尊女卑观念的盛行,尤其是主流社会对"女子无才便是德"观点的认同,促使传统家庭实现了完全专业化分工,男性婚后专注于工作,提供家庭经济来源,而女性则成为全职家庭主妇,负责料理家庭事务。这一家庭模式也反映在当时青年男女的择偶标准上,男性在选择配偶时关注女性的外貌等与工作能力无关的特征,而女性则更看重未来伴侣的经济收入能力。随着新中国的成立,尤其是改革开放的实施,传统社会观念在国内改革和外来文化的双重冲击下发生了翻天覆地的变化。男女平等思想日益深入人心,传统的家庭分工模式逐渐被取代,女性不再局限于家庭事务,而更加积极地参与到社会工作中来。那么家庭模式的改变是否影响到适婚男女的择偶标准?郎才女貌在当今中国婚姻市场是否仍然适用?本章将就以上问题进行探讨。

家庭是构成人类社会的基本单位,婚姻和亲情则是联结家庭的两个重要纽带。婚姻的稳固与否直接影响到家庭的和谐程度,并进一步对社会和谐造成影响。Becker(1973)开创了婚姻经济学的先河,该研究指出,在有效率的婚姻市场上,适婚男女通过择偶实现家庭分工专业化,并最终实现社会婚姻产出总和最大化。进一步的,Becker 预测择偶标准表现为两方面:收入、工作时间等替代特征的择偶异质性,以及受教育水平、年龄、健康状况等互补特征的择偶同质性。后来的诸多研究验证了互补特征的择偶同质性,但是有关收入的择偶异质性研究却得到了不一致的结论。Watkins 和 Meredith(1981)的研究认为经济收入能力高的适婚男女倾向于选择和他们收入水平相当的配偶,即择偶标准存在收入同质性,这与 Becker 预测的结论相反。Lam(1988),Lui(1999),Nakosteen 和 Zimmer(2001)等验证了以上结论。

相对于国外婚姻经济学的快速发展，我国的研究进展比较缓慢。直至今日，更多的研究仍然集中于对未婚群体，尤其是大学生以及征婚青年的描述性研究（秦季飞，1995；吴雪莹和陈如，1996等），有关已婚青年的研究较少。大学生作为特殊群体，其受教育水平高出适婚男女平均水平，并且择偶标准具有理想化的特点。此外，现实生活中通过征婚组成家庭的比例较低。因此，大学生和征婚青年的择偶标准具有特殊性，不能全面反映当前我国社会择偶标准的变动。另外，受到数据的限制，国内研究在区域上存在局限性，大多针对某一大型城市开展调查研究（纪秋发，1995；尚会鹏，1997；徐安琪，1997等），并且这类研究通常只是对问卷调查数据的简单分析整理，从实证角度探讨我国择偶标准问题的研究较少。

在以往研究基础上，本部分将构建模型，从实证角度探讨当前我国适婚男女的择偶标准，特别是青年择偶的收入观。与此同时，本章将突破以往研究的区域局限性，将研究范围扩展为全国12个省份和直辖市。本章的结构安排如下：第二部分介绍文章使用的数据，并设定计量模型。第三部分给出实证结果和分析，第四部分得出结论及其启示。

## 一、数据与估计方法

### （一）数据简介

本章的研究重点是适婚男女的择偶标准，理想的数据集应当包括适婚男女婚前和婚后两部分，婚后数据用来确定最终成为夫妻的样本，通过反向追溯，从婚前数据中找出夫妻样本未婚时的各项特征，得出总体择偶标准。但是，在笔者可知的范围内，国内还未构建这种微观层面的面板数据，因此已婚夫妇婚前的特征记录仍无从获得。以往研究一般采用已婚夫妇数据近似分析适婚男女择偶标准，但是，在婚姻市场有效的前提下，组成家庭时间较长的夫妻双方已经获取了婚姻收益，他们的收入等特征较结婚之前已然发生变化，不能体现择偶时的状态。为避免上述状况，我们选取已婚但没有子女的夫妇作为研究对象，这类夫妇结婚时间较短，现时的特征与择偶时的状态更为接近，能够用来研究双方的择偶倾向。

本章所使用的数据是中国社会科学院经济研究所收入分配课题组和城镇贫困研究课题组与西方学者合作的2002年住户抽样调查（CHIP -

2002)。此次抽样调查覆盖了 12 个省份和直辖市，包括北京市、重庆市、山西、辽宁、江苏、安徽、河南、湖北、广东、四川、云南和甘肃。住户样本数为 6398 个，个人样本数为 20632 个。CHIP-2002 数据提供了被调查样本的婚姻状况，以及在家庭中的身份①，使得我们能够识别已婚夫妇样本的特征数据。具体的，我们按照调查问卷生成了一一对应的丈夫、妻子特征变量，并选取其中无子女的样本进行研究。最终本章得到 648 对无子女夫妇样本，表 7-1 给出了这些夫妇在年龄和受教育年限方面的差别描述。

表 7-1　　　　　　　夫妻双方年龄、受教育年限差别分布

| 变量名称 | 平均值 | 标准差 | 最小值 | 最大值 |
| --- | --- | --- | --- | --- |
| 年龄差别 | 3.181 | 3.435 | 0 | 28 |
| 受教育年限差别 | 2.535 | 2.779 | 0 | 16 |

注：1. 年龄差别＝｜丈夫的年龄－妻子年龄｜；受教育年限差别＝｜丈夫受教育年限－妻子受教育年限｜。

表 7-1 显示，本章所考察的已婚夫妻平均年龄差距为 3 岁左右，平均受教育年限相差约 2.5 年。具体而言，夫妇双方年龄相同的比率为 16%，年龄差距介于 0—3 年的占 67%，年龄相差 10 年及以上的仅占总样本的 3%。与此同时，33% 的夫妻受教育年限相同，其中受教育年限差别小于 4 年的比例达到 75%，仅有 3% 的已婚夫妇受教育年限相差 10 年或以上。进一步，我们按照我国现行的教育体系将受教育水平分为六类：大学及以上、大专、中专、高中、初中、小学及以下（见表 7-2）。分析发现，丈夫和妻子的受教育水平分布大体相同，二者中最低学历水平为初中的样本比例分别为 88%、78%。值得注意的是，从大专学历开始，丈夫和妻子受教育水平开始出现较大差距，丈夫和妻子中最高学历为大专的比率相差 9 个百分点。与此同时，丈夫中接受过大学及以上教育的比率为 12%，而妻子仅有 5%。

此外，夫妻双方在就业、政治成分、民族类型和健康方面的特征也趋向于一致。已婚夫妇中一方有工作、另一方无工作的情况仅占全部样本的 29%。夫妻政治成分相同②的样本达到 60%。并且，仅有 3.7% 的夫妻分

---

① 指被调查人员与家庭户主的关系，包括：户主本人、户主配偶、户主子女、户主父母等。
② 都是党员或都不是党员。

表7-2　　　　　　　　　夫妻双方受教育水平分布

|  | 丈夫（%） | 妻子（%） |
| --- | --- | --- |
| 大学及以上 | 12 | 5 |
| 大专 | 17 | 8 |
| 中专 | 13 | 13 |
| 高中 | 18 | 21 |
| 初中 | 28 | 31 |
| 小学及以下 | 12 | 22 |

属不同民族。

总结以上，我们可以得到这样一个结论，适婚男女在择偶时倾向于选择与自己特征相似的对象，即受教育水平较高、拥有工作的样本也希望自己未来的配偶接受过相同程度的教育，并且拥有工作。这一结论验证了Becker对于择偶过程中互补性特征的预测，即人们在择偶时存在互补特征上的同质性。那么，在收入、工作时间等替代性特征上我国男女的择偶标准表现为同质性还是异质性？本章首先通过表7-3来直观的了解已婚夫妇在收入和工作时间方面的差别。

表7-3　　　　　　　夫妻双方工作时间和工作收入差别分布

|  | 工作时间差别（%） | 工作收入差别（%） |
| --- | --- | --- |
| 0—5% | 60 | 8 |
| 6%—15% | 7 | 10 |
| 16%—30% | 8 | 19 |
| 31%—50% | 6 | 16 |
| 大于50% | 19 | 47 |

注：工作时间差别=（丈夫年工作小时-妻子年工作小时）/妻子年工作小时；工作收入差别=（丈夫年工作收入-妻子年工作收入）/妻子年工作收入。

由表7-3可知，已婚夫妇的工作时间长度类似，60%的样本工作时间差异维持在0—5%的范围内，这意味着夫妻双方能够用于家务劳动的时间相同，传统的完全专业化分工家庭模式已经逐渐被取代。与此同时，仅有8%的已婚夫妇工作收入差别介于0—5%之间，虽然收入差异小于50%的样本数量占总体的53%，然而差异大于50%的样本数量也接近总体一半，因此从表7-3中不能直接判定夫妻双方在收入上是同质性还是异质性。以下将通过实证模型进行研究。

**（二）模型方法**

本章采用经典明瑟工资模型考察夫妻双方的收入决定（见下式）：

$$\ln W_i = \alpha + \beta Z_i + \varepsilon_i \tag{7.1}$$

模型（1）中，$W$ 表示劳动力年收入水平，$Z_i$ 为一向量，包含一系列影响样本收入水平的可观测变量。具体为：受教育水平（大学、大专、中专、高中、初中）、工作经验及其平方项、政治身份、健康状况、民族类型、企业类型（国有企业和城镇集体单位企业）、职业类型（个体经营者、办公室职员、技术工人）以及地域类型（东部和中部）以及性别等，其他不可测量的因素体现在模型扰动项中。需要注意的是，$\varepsilon$ 所包含的因素不仅会影响被调查样本的工资收入，同时也影响到样本对潜在配偶的吸引力。假设样本拥有自信的性格、出色的外表、合理的人生规划以及强大的家庭背景，以上因素都将对样本收入能力产生正面影响，使得模型（1）存在正的不能被 $Z_i$ 所解释的扰动项 $\varepsilon_i$。如果该样本在择偶时偏向寻找和自身特征类似的对象，那么他未来的配偶也将存在正的模型扰动项 $\varepsilon_j$。这意味着适婚样本的模型扰动项 $\varepsilon_i$ 与其未来配偶的扰动项 $\varepsilon_j$ 正相关。另一方面，如果样本的理想婚姻是完全专业化分工的家庭，即丈夫外出工作，妻子操持家务，那么适婚男子就会倾向于寻找擅长家务劳动的女子，适婚女子则会选择工作能力较强的男性作为伴侣，二者收入模型的扰动项 $\varepsilon_i$ 与 $\varepsilon_j$ 将负向相关，这正是 Becker（1973）预测的择偶标准。

本章选择 CHIP-2002 中没有生育子女的夫妻样本作为研究对象，考察当前我国适婚男女的择偶标准。模型有效的前提是这类夫妻此时的特征与择偶时的特征大体相同。由于没有生育子女的夫妻结婚时间较短，因此短期内其收入水平还未受到婚姻生活的影响，能够作为择偶时的近似体现。另一方面，由于模型的扰动项不可观测，我们采用误差项的估计值 $\hat{\varepsilon}_i$ 来替代实际值。$\hat{\varepsilon}_i$ 可以用来识别个体的收入潜能，若适婚男女在选择配偶时确实存在收入方面的标准，那么他们各自在模型（1）中的误差项之间就会存在联系，由前文可知，二者之间的关系存在不确定性（Nakosteen 和 Zimmer，2001）。我们用 $rh$ 来表示丈夫的模型误差项，$rs$ 表示妻子的模型误差项。本章的模型设定如下：

$$rh_{hi} = \delta_{h0} + \delta_{h1} rs_{ei} + \eta_{hi} \tag{7.2}$$

$$s.t. \quad i \neq j$$

本章所关注的系数为 $\delta_{h1}$，如果 $\delta_{h1}$ 符号为正，则在控制了可衡量的模型解释变量后，收入水平相当的男女更可能结为夫妻。反之，若符号为负，那么婚姻正如 Becker 预测的那样运行，收入水平较高的男性将选择收入水平较低、但擅长家庭事务的女性作为伴侣。

## 二、估计结果及分析

在本章选取的 648 对夫妻中，有 556 对夫妻双方均参加工作，由于没有参加工作的样本收入我们无从观测，因此本章将模型 (7.1) 的考察范围限定在双方均参加工作，且年收入为正数的夫妻样本上，这可能导致样本选择偏差[①]。本章采用 Heckman (1979) 的方法进行了检验，结果排除了样本选择问题，因此 OLS 估计的结果是无偏的，本章仍采用 OLS 方法估计收入决定模型。

表 7-4 为已婚夫妇各自的明瑟收入方程估计结果。从表 7-4 中，我们可以看出，受教育水平显著影响工资收入，受教育水平越高的劳动者工资水平越高，并且妻子的教育回报率远远高于丈夫。这与以往研究结论一致，即女性教育回报率高于男性（李实和丁赛，2003；Li，2003；Zhang，Liu 和 Yung，2007 等）。与此同时，年龄对工资的影响在 1% 的水平上显著为正，即随着年龄的上升，丈夫和妻子的工资都将增加，中共党员身份对妻子工资有显著正面影响，但对丈夫工资影响并不显著。此外，东部省份的工资水平高于西部，而中部地区低于西部。经理、个体经营者及专业人员在所有职业中的工资水平最高，非技术人员工资水平最低。模型中其他解释变量，如民族、健康等对工资的影响均不显著。

表 7-4　　　　　　　　丈夫及其妻子明瑟模型估计结果

| 变量名称 | 丈夫 | 妻子 |
| --- | --- | --- |
| 大学及以上 | 0.591*** | 0.963*** |
|  | (0.103) | (0.181) |

---

[①] 不幸的是，全职家庭主妇也被剔除出考察范围，因此，本书模型 (7.2) 的回归结果只适用于分析青年对未来配偶收入高低的偏好，而不能分析青年对未来配偶工作与否的偏好。

续表

| 变量名称 | 丈夫 | 妻子 |
| --- | --- | --- |
| 大专 | 0.440*** | 0.926*** |
|  | (0.094) | (0.143) |
| 中专 | 0.332*** | 0.690*** |
|  | (0.10) | (0.119) |
| 高中 | 0.177** | 0.500*** |
|  | (0.088) | (0.117) |
| 初中 | 0.120 | 0.300*** |
|  | (0.081) | (0.101) |
| 年龄 | 0.017*** | 0.020*** |
|  | (0.003) | (0.004) |
| 工作经验 | 0.008 | 0.028* |
|  | (0.011) | (0.016) |
| 工作经验平方项 | −0.0002 | −0.001 |
|  | (0.0003) | (0.0005) |
| 党员 | 0.074 | 0.157** |
|  | (0.052) | (0.077) |
| 健康状况 | 0.015 | 0.112 |
|  | (0.083) | (0.108) |
| 汉族 | −0.259* | −0.315 |
|  | (0.150) | (0.209) |
| 东部地区 | 0.159*** | 0.075 |
|  | (0.060) | (0.084) |
| 中部地区 | −0.145** | −0.180** |
|  | (0.060) | (0.085) |
| 中央及省级国有企业 | 0.115 | 0.003 |
|  | (0.104) | (0.206) |
| 地方国有企业 | −0.124 | −0.178 |
|  | (0.092) | (0.150) |
| 城镇集体企业 | −0.332** | −0.284 |
|  | (0.156) | (0.204) |
| 经理、个体经营者及专业人员 | 0.366*** | 0.500*** |
|  | (0.113) | (0.154) |

续表

| 变量名称 | 丈夫 | 妻子 |
|---|---|---|
| 办公室职员 | 0.376*** | 0.381** |
|  | (0.112) | (0.158) |
| 技术工人 | 0.266** | 0.371* |
|  | (0.125) | (0.219) |
| 常数项 | 8.133*** | 7.386*** |
|  | (0.259) | (0.366) |
| 观测值 | 556 | 556 |
| R-squared | 0.254 | 0.275 |

注：1. 除年龄、工作经验及其平方项之外，其他变量均为虚拟变量。如：学历为大学及以上，则大学及以上 =1，学历为其他，大学及以上 =0；2. 虚拟变量基准组依次为学历水平为小学及以下、非党员、健康状况差和非常差样本、少数民族、私营企业、非技术工人、女性；3. 括号内为标准差，* 表示在10%的显著性水平下显著，** 表示在5%的显著性水平下显著，*** 表示在1%的显著性水平下显著。

将表7-4中收入模型的扰动项代入模型（7.2）便得到如下表7-5的回归结果。根据Murphy和Welch（1990），收入模型若仅包括工作经验平方项，模型扰动项将存在系统性偏误，而在模型中加入更高阶的工作经验项能够降低该偏误。因此，本章在模型（7.1）中加入工作经验的三次方和四次方项，回归结果见表7-5第（7.2）、（7.3）列。由表7-5第（7.1）列可知，丈夫的收入方程扰动项与其妻子扰动项在1%的显著性水平下正相关，妻子收入误差项增加一个单位将会使得丈夫的收入误差项上升0.10个单位。当我们将受教育年限的更高阶加入模型（7.1）后，第（7.2）、（7.3）显示，已婚夫妇工资模型扰动项之间仍保持显著的正向变动关系，并且影响幅度与（7.1）列大体相同。

表7-5　　　　　　　　模型（7.2）估计结果

| 变量 | (1) | (2) | (3) |
|---|---|---|---|
| $rs$ | 0.102*** | 0.104*** | 0.104*** |
|  | (0.030) | (0.030) | (0.030) |
| 常数项 | -0.00001 | 0.00001 | 0.00001 |
|  | (0.023) | (0.023) | (0.023) |
| 观测值 | 556 | 556 | 556 |
| R-squred | 0.020 | 0.021 | 0.021 |

注：括号内为标准差，*** 表示在1%的显著性水平下显著。

由模型（7.2）回归结果可知，本章考察的已婚无子女夫妻的收入模型扰动项正相关。由于此类样本能够近似反映青年男女在择偶时的选择倾向，因此可以认为当前我国适婚男女在择偶时存在收入特征上的同质性，收入水平较高的男性偏向于寻找与自己收入水平相当的女性作为结婚对象。这一结果表明随着社会经济的发展，我国婚姻市场上的择偶标准也发生了变化，郎才女貌不再是主流观念，强强结合成为上选。

结合我国目前的现状，可将导致择偶标准由收入异质性向同质性转变的原因分为两种：现实需要和制度缺失。伴随着生活用品生产的社会化，基本社会服务也日趋商品化。每个家庭都面临着一系列的支出问题，如住房支出、子女的养育和教育支出、老人的养老支出以及每个成员的医疗支出。而从目前我国劳动力平均工资来看，仅靠单个家庭成员的收入来解决这些支出问题是不可能的，因此青年男女在选择配偶时开始考虑对方的收入能力，择偶标准的收入同质性就成为现实的需要。与此同时，我国社会保障制度较不完善，保障效果难以到位，这进一步把生活的压力转移到了居民个体身上，家庭压力的增大和社会保障措施的缺失促使择偶标准向收入同质性转变。

## 三、结论

本章采用 CHIP – 2002 数据，从中生成了 648 对已婚但仍未生育子女的夫妇，通过研究这类夫妇的特征来间接考察当前婚姻市场的择偶标准。具体的，本章首先对夫妇之间的互补因素进行了考察，研究发现，无论是在受教育水平方面，还是工作经验以及政治和民族状况上，夫妻之间都表现出高度的一致性，亦即适婚男女在互补因素上的择偶标准存在同质性。进一步的，本章采用明瑟模型考察了 556 对已婚、未生育且双方均参加工作的夫妻样本的收入决定。研究发现，收入水平相当的男女更可能结为夫妻，即当前择偶标准体现为收入上的同质性，这与 Becker（1973）的预期以及我国传统社会的择偶标准相违背。

在传统社会，婚姻大多遵循父母之命，媒妁之言。父母在为子女挑选配偶时，注重对方的家庭出身和家庭财富。具体讲，男方父母在挑选儿媳时，倾向于选择贤惠的未婚女子，这样该女子过门之后才能更好地侍奉丈夫，孝敬公婆。当时，无论是主流官宦社会，还是普通人家，都信奉这样一个准则，即女子无才便是德。女子不需要读很多的书，知晓很广泛的学问，她只要擅长女工，清俊秀美即可。另一方面，女方父母在挑选未来姑爷时，则更加注重男方的才气和家庭出身，用现在的话而言，就是工作能力。因此，当时夫妻之间的收入水平是垂直分布的，一对新婚夫妇能够得到的最佳夸奖就是郎才女貌。本章通过实证模型发现，郎才女貌的择偶标准已经与我国目前的现状不相符合。当前，适婚男女在选择配偶时仍然关注彼此的收入水平，不同的是，收入水平相似的男女结为夫妻的可能性更高。

  本章的研究结果在一定程度上解释了我国婚介市场的飞速发展。根据中国社会工作协会婚介行业委员会提供的数据，目前全国共有2万多家传统婚介机构，网络婚介机构约6000多家。以往求助婚介机构的大多是一些自身条件不太好的男女，然而当前高学历、高收入的青年男女征婚比率日渐上升。究其原因是青年择偶收入标准的转变，即由收入异质性转变为收入同质性。这意味着高收入青年的未来配偶也属于高收入群体，但是高收入群体一般工作时间长、生活节奏快，可用于结交异性的时间较少，因此造成了婚姻老大难问题，这也解释了高收入群体对快速相亲、网络征婚等方式的热捧。综上所述，笔者认为，和谐社会的实现需要发挥婚介市场的作用。政府应当支持婚介机构的发展，而婚介机构则需时刻关注青年择偶标准的变动，努力提高婚配成功率，推动婚介市场高效运行。只有这样，婚姻关系才会和睦，家庭才能稳固，社会方能和谐。

# 第八章 人力资本、工作时间与城镇女性的劳动力供给

随着中国经济体制改革的逐步深入,市场机制在劳动力配置过程中发挥着越来越重要的作用,劳动力配置不再依赖于过去的行政手段,而更多的是通过人们的自主选择加以实现(Maurer-Fazio,1995)。一直以来,女性劳动力是我国劳动力市场上不可或缺的一部分,人口调查数据显示,2000年我国女性劳动力参与率为70.6%[①],2002年为67%,而同期美国女性劳动力参与率为60.3%,台湾地区仅为46%。与其他国家相同,近年来我国女性劳动力参与率有下降趋势[②],但是直至2007年我国女性劳动力参与率仍高居世界第十七位(易富贤,2007)。那么,是什么原因造成如此高的女性劳动力参与率?我国女性的劳动力供给是由什么决定的?回答这些问题将有助于我们深入了解我国女性的劳动力供给行为以及影响我国女性劳动力供给的因素。

西方国家对女性劳动力供给行为的研究已经日趋成熟,而我国的相关研究才刚刚起步(姚先国和谭岚,2004)。虽然近年来仍涌现了一些利用中国数据研究个体劳动力供给特别是女性劳动力供给行为的文献,但仍受到数据方面的掣肘。在现有研究中,采用的数据主要有两类,第一类是国家统计局公布的历届人口普查数据。这类研究是对全国样本的总体分析,但不足以对引起劳动力参与率变动的原因尤其是微观层面的原因进行深入的分析(Maurer-Fazio,Hughes和Zhang,2005、2007);第二类数据是政府、

---

[①] 数据来源于Margaret Maurer-Fazio,James Hughes,Dandan Zhang(2005),这篇文章的附表中给出了1982年、1990年、2000年的分性别和户口类型的劳动力参与率。

[②] 杜凤莲(2008)的研究表明,1991年我国女性劳动力参与率为82%,2004年为61%,下降了21个百分点;姚先国和谭岚(2005)认为,转型国家实行市场化改革过程中,女性劳动力参与率下降具有普遍性。1992-2001年间,波兰的女性劳动力参与率下降了4.7个百分点。

学术团体和个人通过问卷调查收集的微观家庭或个体数据,这类以个体或家庭为单位的微观数据,有助于深入探讨我国女性的劳动力供给行为,以及各种因素对女性劳动力供给的影响效应。

目前,利用微观层面数据,并从实证角度考察中国女性劳动力供给行为的文献大体上可以分为两类:第一类研究主要分析女性劳动供给在粗放边际(extensive margin)上的选择①,即选择工作还是选择退出劳动力市场(或者劳动参与率的变化)。例如姚先国和谭岚(2005)对已婚女性的研究指出,近年来女性劳动力参与率迅速下降的主要原因是日益严峻的就业形势,而非丈夫收入提高引起的家庭重新分工结果;蔡昉和王美艳(2004)认为劳动参与率的下降是失业的结果等。

第二类研究主要考察劳动力在集约边际(intensive margin)上对工作与闲暇多少的选择,这类研究与本章的出发点一致,即通过构建影响女性劳动供给时间的计量模型,考察不同因素对女性工作时间的影响效应。这类相关的研究主要包括:Putterman(1990)、Burkett 和 Putterman(1993)、Li 和 Zax(2003,2007)等。进一步的,考虑到我国户籍制度的特殊性,部分学者缩小了研究范围,如宋月萍(2007)的研究对象为具有城市户籍且已婚的劳动力、刘晓昀等(2003)主要针对农村劳动力。另一些研究,着重考察了某些特定因素对女性劳动力供给的影响,如蔡昉和王美艳(2001)重点考察了教育投资对女性劳动供给的促进作用,杜凤莲(2008)主要研究了家庭结构和儿童看护对我国非农村、有七岁以下孩子的女性劳动供给的影响,等等。

在现有研究的基础上,本章利用2002年中国家庭收入抽样调查数据(CHIP-2002),对我国女性劳动力供给行为进行了研究。目前,已有部分学者采用 CHIP-2002 数据研究了中国个体劳动力的供给行为,如 Chau,Li,Liu 和 Zhang(2007)。他们利用家庭劳动力供给博弈模型,研究了2002年的中国个体劳动力的劳动供给。结果表明,随着女性在家庭中议价能力的不断上升,其劳动力供给曲线呈现向后弯曲的趋势。然而,Li 和 Zax(2003)利用联合决策模型得出了相反的结论,他们认为女性劳动力供给整体上仍保持正的替代效应和负的收入效应,并进一步指出,家庭固

---

① 区分劳动供给在集约边际和粗放边际上的选择,是劳动供给研究在近几十年以来最突出的理论成就之一,Heckman(1993)对此有详细的论述(转引自姚先国和谭岚,2005)。

定资产和家庭身份会影响个体劳动力的供给决策。

本章采用联合决策模型作为研究基础,并对以往研究进行了拓展。首先,以往研究大多采用 1995 年数据,本章利用 2002 年调查数据。众所周知,劳动力市场状况在 1996 年后发生了众多变化,如 1997 年的国有企业改革、1998 年的住房改革以及逐步深化的养老和医疗保险制度改革、分配领域改革。一系列的改革措施造成了劳动力在地区和部门间的流动、各种福利同国有企业职工身份的脱离、国民经济市场化程度的进一步提高等转变。因此,利用 1995 年数据所得到的研究结论不一定适用于新形势下的中国。其次,本章检验了模型的样本自选择问题,并且在实证模型中了引入了全面反映影响劳动力供给决策的指标,其中一些因素是以往研究所没有涉及的,如私人房产和各年龄段子女虚拟变量等。最后,针对不同婚姻状况和家庭身份的女性劳动力供给间存在的差异性,本章对已婚女性和未婚女性,女性家庭户主和女性非户主的劳动力供给进行了对比分析,而以往研究往往只针对某一特定的女性群体进行研究。

本章的结构安排如下:第二节为模型及方法,包括理论框架、计量模型和估计方法;第三节为数据来源及变量的统计性描述;第四节为实证结果分析;第五节得出结论。

## 一、模型及方法

### (一) 个体劳动力供给的理论框架及实证模型

目前主要有两类针对个体劳动力的劳动供给模型:第一类是联合决策模型。该模型将家庭视为一个决策整体,家庭的各项收入之和(劳动收入和非劳动收入)构成了决策的预算约束,家庭在这一预算约束下进行消费决策和投资决策,确定各家庭成员最优的劳动供给,以求实现家庭效用最大化的目标(Blundell 和 Macurdy,1999)。第二类是家庭劳动力供给博弈模型。该模型是近年来发展较为迅速的个体劳动力供给行为研究模型。该模型引入了博弈论的相关原理,它认为家庭是个谈判场所,家庭成员间个人利益的冲突能够通过谈判得到解决,并最终实现合作。在各自相对的谈判力量基础上,家庭成员通过谈判来实现劳动供给和消费分配的帕累托最优结果(Chiappori,1988,1992;Bourguignon 和 Chiappori,1992;Browning,

Chiappori 和 Lechene，2006）。虽然博弈模型是对联合决策模型的发展，但该模型仍处于探索之中，还未形成一致的分析框架①。加之，与其他国家相比，我国的家庭观念更为浓厚，家庭对个人的决策有着极其重大的影响，因此联合决策模型适合我国国情，能够用来对我国女性劳动力供给行为进行研究（Li 和 Zax，2003）。鉴于此，本章采用联合决策模型作为计量基础展开分析。

家庭劳动力供给联合决策模型认为，家庭总效用由家庭总消费及家庭成员的闲暇消费共同决定。在家庭预算的约束条件下，最大化的家庭总效用最终确定了各个家庭成员最优的劳动力供给。假设家庭效用函数为 $U = U(C, L_1, L_2, \cdots, L_m, e)$，其中 $C$ 代表家庭消费，$L_j$ 表示家庭成员 $j$ 的闲暇时间，$e$ 表示影响家庭效用水平的其他因素。家庭预算约束条件为 $C = \sum_j W_j \cdot H_j + V$，在此条件中，我们将家庭消费品的价格规范化为 1，$W_j$ 和 $H_j$ 分别表示家庭成员 $j$ 的工资率和工作时间，$V$ 代表家庭财产收入。综合以上可以得出，家庭成员 $j$ 消费与闲暇之间的边际替代率为 $M_j(\sum W_j \cdot H_j + V, 1 - H_1, 1 - H_2, \cdots, 1 - H_m, e)$。对于成员 $j$ 而言，其工作时间由下式均衡状态决定：

$$W_j = M_j(\sum W_j \cdot H_j + V, 1 - H_1, 1 - H_2, \cdots, 1 - H_m, e) \quad (8.1)$$

（8.1）式的均衡状态决定了家庭成员 $i$ 工作时间的计量设定为：

$$H_i = \alpha + \beta \log(W_i) + \gamma (\sum_{j \neq i} W_j \cdot H_j + V) + \delta' Z_i + e_i \quad (8.2)$$

其中 $Z_i$ 为一向量，它包括一系列决定成员 $i$ 工作偏好的因素，例如年龄、工作经验、受教育年限、家庭资产，家庭规模等；$e_i$ 为扰动项，包含了个人偏好等不可观测的因素。模型（8.2）为本章主要的估计模型。在该模型中，家庭成员 $i$ 的年工作小时数（取对数，$LnH$）为被解释变量，其他决定该成员工作时间的解释变量的定义和描述见表 8 - 1。

从现有的相关研究看，影响女性劳动力供给的因素主要有两类：第一类是宏观层面的因素。这类因素主要包括：养老保险政策（Shimizutani, Suzuki 和 Noguchi，2008）、健康保险政策（Chou 和 Staiger，2001）、惠税政策（Ridao - cano 和 McNown，2005）、福利政策（Maloney，2000）以及社会观念尤其是家庭观念的转变（Vendrik，2003）等。第二类是微观层面的

---

① 如何在模型中处理家庭生产行为是博弈模型至今未能解决的一大难题。

因素。这类影响因素主要包括：工资（Jacobsen，1999）、婚姻状况（包括未婚、已婚以及离婚）（Vendrik，2003）、生育（Atsuko Ueda，2008；Cruces 和 Galiani，2005）、年龄（Maurer–Fazio，Hughes 和 Zhang，2005）、受教育程度（Crook，1995）以及家庭状况（Evans 和 Kelly，2008）等。除此之外，Woittiez 和 Kapteyn（1998）的研究还表明，习惯形成（个人偏好的工作时间）和相互依赖偏好（其他劳动者实际的工作时间）两个因素对女性是否参与工作以及工作时间的长短有显著影响。

由于宏观因素具有长期稳定性和连续性的特点，因此从短期看，宏观层面因素并不是影响劳动力供给的决定性因素。本章侧重于从微观家庭以及女性自身特征角度分析我国女性劳动力的供给行为及影响女性劳动力供给的因素。

### （二）估计方法

在模型（8.2）中，包含了个人工资和家庭其他成员收入变量，而个人工资和家庭其他成员收入通常与模型的扰动项相关，即模型存在内生性问题。个人在做出劳动力供给决策的同时便确定了工作时间和工资，二者都是由不可观测的个人偏好所决定的，而这些个人偏好不仅体现在工作时间和工资的选择上，而且包含在模型的扰动项中。此外，本章的劳动工资是由年收入与年工作小时数相除而计算得到，工作时间存在的测量误差将会影响到工人工资的测度。因此，个人工资与模型的扰动项可能存在相关性。在本章中，家庭其他成员收入主要是指家庭其他成员的劳动收入。在联合决策模型中，为实现家庭效用最大化，各个家庭成员的劳动力供给是同时决定的。因此，家庭成员个人的偏好可能会影响家庭其他成员的劳动力供给和劳动收入，换句话说，家庭其他成员收入也是内生的。

由于模型中存在内生变量，因此传统的 OLS 估计结果是有偏的。工具变量回归是解决变量内生性问题的有效方法。在以往研究中，个人工资的工具变量一般采用模型中未包括的个人特征变量，如年龄、工作经验或受教育年限等。也有研究从劳动力需求方面出发设定工具变量，如工作环境变量等（Li 和 Zax，2003）。本章采用被调查样本的培训时间、在当前单位工作年数以及工作经验平方项作为工人小时工资的工具变量。其中，参加技能培训，属于人力资本的积累过程，培训时间的长短与劳动者的工资密切相关，同时与劳动者当期的工作时间相关性较小，因此可以作为小时工资的工具变量;将在当前单位的工作年数作为工资的工具变量,主要是因为劳动者在当前单位工作年数的长短对其当前工资有重要影响,大多数工作单位都制定了对长期在本单位工作的劳动人员给予奖励的规定,其中不乏工资上的奖励;工作经验的平方项,可以体现劳动力的人力资本特征,是劳动力供给行为研究中经常采用的工具变量。

相对于选择个人工资的工具变量而言,由于不同家庭以及家庭成员的特征存在很大差异性,因此从个人方面出发选择的工具变量并不能适用于所有家庭。鉴于家庭其他成员滞后若干期的年收入与当期的年收入存在相关性,且与当期被调查者工作时间无必然联系,为此,本章在模型估计过程中把家庭其他成员2001年与2000年的平均收入、2000年与1999年的平均收入以及2000年、1999年收入作为2002年家庭其他成员收入的工具变量。

## 二、数据来源及统计性描述

本章所使用的数据来自于中国社会科学院和西方学者合作的住户抽样调查(以下简称CHIP)。此次抽样调查覆盖了北京市和重庆市两个直辖市,以及其他10个省份,包括陕西、辽宁、江苏、安徽、河南、湖北、广东、四川、云南和甘肃。住户样本数为6398个,个人样本数为20632个。由于本章的研究重点为处于工作年龄段的女性劳动力供给,因此我们将样本年龄范围限定在19岁到61岁之间并且拥有稳定职位的女性劳动力,抽样调查时处于失业状态的女性不再加以考虑,这使得模型可能存在样本自选择问题。采用Heckman(1979)的方法,本章对模型进行了检验,结果显示模型不存在样本自选择问题,因此本章样本的设定不会影响回归结果。表8-1给出了模型中所有变量的定义及其统计性描述。

表8-1给出了计量模型中所有变量的定义,并列出了变量的统计性描述。在本章中,因变量为年工作小时数,它由样本中工作女性每天工作小时数、每周工作天数和每年工作周数相乘得到,在模型中以对数形式出现。这一估计忽略了节假日、请假以及加班等特殊情况,因此,估计出来的年工作小时数与实际的年工作小时数之间存在差异,但从计量的角度看,由于随机测量误差出现在被解释变量中,它对回归并不构成影响(伍德里奇,2003)。因此本章在计量分析中仍采用计算得出的年工作小时数,

而忽略其测量误差。

表 8-1 变量的统计性描述

| 变量名称 | 变量定义 | 均值 | 标准差 |
| --- | --- | --- | --- |
| 年工作小时 | 2002年工作小时 | 2115.35 | 557.16 |
| 工资 | 2002年总收入/工作小时 | 5.52 | 5.44 |
| 家庭其他成员收入 | 2002年家庭其他成员收入（千元） | 15.94 | 12.24 |
| 家庭资产 | 家庭全部资产（千元） | 43.53 | 75.12 |
| 年龄 | 被调查者年龄 | 38.82 | 8.47 |
| 工作经验 | 至2002年底工作年数 | 18.32 | 9.05 |
| 家庭规模 | 家庭成员数 | 3.16 | 0.76 |
| 党员 | 党员=1，非党员=0 | 0.21 | 0.41 |
| 健康 | 身体健康=1，其他=0 | 0.96 | 0.20 |
| 大学及以上 | 大学及以上=1，其他=0 | 0.08 | 0.27 |
| 大专 | 大专=1，其他=0 | 0.23 | 0.42 |
| 中专 | 中专=1，其他=0 | 0.15 | 0.36 |
| 高中 | 高中=1，其他=0 | 0.30 | 0.46 |
| 初中 | 初中=1，其他=0 | 0.21 | 0.41 |
| 老人 | 家中有大于等于60岁老人=1，其他=0 | 0.002 | 0.05 |
| 学前子女 | 小于等于6岁子女=1，其他=0 | 0.13 | 0.34 |
| 学中子女 | 6—18岁子女=1，其他=0 | 0.48 | 0.54 |
| 私人房产 | 私人房产=1，其他=0 | 0.84 | 0.36 |
| 下乡经历 | 有下乡经历=1，其他=0 | 0.16 | 0.37 |
| 已婚 | 已婚=1，未婚=0 | 0.87 | 0.34 |
| 户主 | 户主=1，其他=0 | 0.32 | 0.47 |
| 户主配偶 | 户主配偶=1，其他=0 | 0.51 | 0.50 |
| 户主子女 | 户主子女=1，其他=0 | 0.16 | 0.36 |
| 户主父母 | 户主父母=1，其他=0 | 0.00 | 0.05 |
| 培训 | 至2002年底接受工作培训月数 | 1.35 | 4.36 |
| 当前工作岗位工作年数 | 至2002年底在当前工作岗位工作年数 | 12.81 | 8.99 |
| 01家庭其他成员收入 | 2001年家庭其他成员收入（千元） | 14.26 | 11.77 |
| 00家庭其他成员收入 | 2000年家庭其他成员收入（千元） | 13.11 | 10.53 |
| 99家庭其他成员收入 | 1999年家庭其他成员收入（千元） | 12.22 | 10.19 |

注：1. 学前子女、学中子女具体指被调查家庭中户主的各年龄段子女；2. 已婚女性仅指结婚并有配偶的女性，未婚女性包括未曾结过婚的女性、离婚女性、丧偶女性和其他。

在劳动力供给理论中，通常假定工作时间具有连续性，个人可以随意更改自己的工作时间。但是，在现实生活中，劳动者的工作时间是相对固定的，不可能随个人意愿而任意改变。虽然如此，劳动者仍可以通过选择不同的职业或者选择不同的工作单位来体现个人的劳动偏好。通过分析发现，拥有不同职业或就职于不同所有制类型单位的劳动者工作时间各不相同。如表8-2所示，就全部女性而言，非技术工人比办公室职员每周大约多工作2个小时，比技术工人多工作约1个小时；就职于私营企业及其他非公有制部门的女性劳动者平均每周的工作时间高出在中央及省级国有企业的女性劳动者约1小时，高出在城镇集体企业的女性劳动者约0.8小时，等等。此外，不同婚姻状况、家庭身份的女性的工作时间也存在较大差异，已婚女性和女性家庭户主的小时工资大于未婚女性和女性非户主，并且她们的工作时间波幅较小。因此，只要劳动力拥有自主选择工作的权利，她就在一定意义上实现了工作时间的自主选择。虽然在改革开放前以及改革开放后的一段时间内，我国劳动力分配大多通过政府行为实现，劳动者无权选择工作，但随着改革开放的持续深入，原有的计划经济体制下的制度壁垒逐渐被打破，作为经济市场化程度提高的一个结果，劳动者获得了自主选择职业的权利，劳动力流动性大大增强。不仅如此，劳动者在工作生涯中变换工作的现象也日益频繁。在CHIP-2002数据中，参加工作5—10年内变换过工作单位的女性占所有工作女性样本的比例约为13%。由此可以看出，不同劳动者可以通过选择职业以及选择不同的单位来选择工作时间，即劳动者对劳动供给量的偏好通过其选择的职业和工作单位所有制类型体现出来。因此，可以将工作时间看作连续变量。

**表8-2　分不同身份、职业、所有制类型单位的女性的周平均工作小时数和小时工资**

| 女性类别\项目 | 全部女性 | 女性户主 | 女性非户主 | 已婚女性 | 未婚女性 |
|---|---|---|---|---|---|
| 总体 | | | | | |
| 周平均工作小时 | 41.20 | 40.49 | 41.54 | 41.19 | 41.26 |
| 标准差 | 9.74 | 8.38 | 10.31 | 9.65 | 10.29 |
| 平均小时工资 | 5.52 | 6.58 | 5.02 | 5.61 | 4.96 |
| 标准差 | 5.44 | 5.25 | 5.46 | 5.59 | 4.28 |

续表

| 项目 \ 女性类别 | 全部女性 | 女性户主 | 女性非户主 | 已婚女性 | 未婚女性 |
|---|---|---|---|---|---|
| 分不同职业 | | | | | |
| 经理、个体经营者和专业人员 | | | | | |
| 周平均工作小时 | 41.41 | 39.90 | 42.16 | 41.69 | 39.58 |
| 标准差 | 10.16 | 8.64 | 10.76 | 10.23 | 9.53 |
| 办公室职员 | | | | | |
| 周平均工作小时 | 40.08 | 40.14 | 40.03 | 40.18 | 39.38 |
| 标准差 | 6.72 | 6.10 | 7.12 | 6.52 | 7.90 |
| 技术工人 | | | | | |
| 周平均工作小时 | 41.17 | 42.05 | 40.83 | 41.04 | 42.63 |
| 标准差 | 8.44 | 6.48 | 9.06 | 8.54 | 7.11 |
| 非技术工人及其他 | | | | | |
| 周平均工作小时 | 42.10 | 40.98 | 42.48 | 41.80 | 43.83 |
| 标准差 | 11.86 | 11.24 | 12.04 | 11.73 | 12.46 |
| 分不同所有制类型 | | | | | |
| 中央及省级国有企业 | | | | | |
| 周平均工作小时 | 40.65 | 40.59 | 40.67 | 40.52 | 41.61 |
| 标准差 | 6.64 | 4.84 | 7.33 | 6.32 | 8.82 |
| 地方国有企业 | | | | | |
| 周平均工作小时 | 40.16 | 39.71 | 40.39 | 40.11 | 40.69 |
| 标准差 | 8.44 | 8.48 | 8.42 | 8.13 | 11.28 |
| 城镇集体企业 | | | | | |
| 周平均工作小时 | 40.80 | 39.93 | 41.14 | 40.47 | 44.06 |
| 标准差 | 9.72 | 9.54 | 9.78 | 9.87 | 7.41 |
| 其他所有制类型单位 | | | | | |
| 周平均工作小时 | 41.64 | 40.79 | 42.06 | 41.74 | 41.08 |
| 标准差 | 10.41 | 8.56 | 11.17 | 10.40 | 10.46 |

注：1. 办公室职员包括在政府部门及企事业单位的部长、主管以及办公室文职人员；非技术工人及其他包括非技术工人、销售人员、服务业工作人员、农民及其他；2. 其他所有制类型单位指私营企业、个体经营户、中外合资企业、外商独资企业、国有控股企业、其他控股企业、乡镇私营企业、乡镇个体企业和其他所有制类型的企业。

### 三、估计结果及分析

#### (一) 以全部样本女性为考察对象

表 8-3 给出了利用模型 (8.2) 和全部工作女性样本的估计结果。其中,第 1 列为利用普通最小二乘法估计的结果,第 2 列和第 3 列为采用两阶段最小二乘法估计的结果。在第 2 列结果中,将工资看作内生变量,把培训以及在当前单位的工作年数作为其工具变量。在第 3 列估计结果中,除将工资看作内生变量外,将当年家庭其他成员的收入也作为内生变量处理。工具变量的过度识别检验通过 Basmann 检验来实现。具体结果见表 8-3。

在表 8-3 第 1 列的估计结果中,小时工资的系数在 1% 的显著性水平下显著为负,而家庭其他成员收入和家庭资产的系数在 1% 的显著性水平下显著为正,这说明随着小时工资的增加,职业女性将减少工作时间;家庭其他成员收入越高、家庭资产越多,职业女性的工作时间将越长,这一结果显然与我国的现实情况相违背。这可能是由于模型中存在内生变量而导致估计结果有偏造成的。本章采用 Wu-Hausman 方法分别对小时工资和家庭其他成员收入进行检验,检验结果显著拒绝了原假设,因此小时工资和家庭其他成员收入均为内生性变量,OLS 的估计结果有偏。进一步的,表 8-3 第 3 列将小时工资和家庭其他成员收入作为内生变量处理,过度识别检验表明了模型工具变量的有效性。

从表 8-3 第 3 列的结果中可以看出,在其他条件不变的情况下,家庭其他成员收入每增加 10%,被调查女性的年工作小时数将减少 1.16%;小时工资每增长 10%,被调查女性的年工作时间将增加 1.95%,对于平均小时工资为 5.52 元的女性劳动力而言,若小时工资增长到 6.07 元时,每年的工作时间将在原来的 2115.35 小时基础上增加约 41 小时,由此可以得到一条向右上方弯曲的女性劳动力供给曲线。该结论与 Chau、Li、Liu 和 Zhang (2007) 的研究结论存在差异,但与 Li 和 Zax (2003) 的研究结果一致。Li 和 Zax (2003) 认为,由于我国人均收入水平相对较低,闲暇对一般劳动者而言仍是正常商品。在此情况下,工资变动产生的收入效应要小于替代效应,因此劳动力供给曲线向右上方弯曲。

受教育水平和工作经验都是反映人力资本水平的重要指标。在表 8-3

第 3 列结果中，工作经验的系数在 1% 的显著性水平下为负。具体而言，工作经验每增长 1 年，女性年工作小时数将下降约 0.4%。本章将被调查样本的受教育水平分为六类，大学及以上、大专、中专、高中、初中以及初中以下，其中初中以下水平的人员为基准组。回归结果显示，五类受教育水平虚拟变量的系数均在 5% 的显著性水平下显著为负。通过比较发现，受教育水平为大学或者大学以上的女性要比只受过初中以下教育的女性的年工作时间少 25.6%（$=100\times[\exp(-0.296)-1]$，下同），比高中毕业生年工作时间少将近 12 个百分点。中专毕业生与大专毕业生的工作时间相差不大，分别比初中水平人员年工作时间少 10.9% 和 11.7%，而初中毕业生仅比基准组每年的工作时间大约少 9.3%。该结论与 Eberharter（2001）对西德的研究结论一致，他认为女性受教育水平与工作时间的长短呈反向相关关系。

在理论上，家庭规模（家庭中的人口数）增加或者家庭中存在子女以及老年人，一方面可能会使得女性减少工作时间来照顾家人，另一方面会激励职业女性增加劳动时间，赚取更多的收入贴补家用，因此这些因素对女性工作时间的影响具有不确定性。家庭规模的系数为 0.045，在 1% 的显著性水平下为正，这意味着以样本平均年工作时间计算，家庭成员每增加 1 人，被调查女性每年的工作时间将多出约 2.4 周。为考察子女和老人对女性劳动供给的影响，本章在模型中包含了学前子女和学中子女虚拟变量以及大于 60 岁的老人虚拟变量。从估计结果可以看出，子女以及老人的存在对女性劳动时间没有显著影响。该结论与现有的部分研究不一致。如 Brancher 和 Santow（1990）发现学龄前子女的存在会显著减少澳大利亚妇女的劳动供给，Budig 和 England（2001）对美国的研究也验证了这一点。

是否为中共党员通常被认为是影响人们地位变化的重要因素，也被作为衡量政治资本的指标。在估计结果中，党员虚拟变量的系数为正，这说明党员身份激励女性增加工作时间，但该影响并不显著。同样的，健康变量、私人房产变量的系数均为正，但在 10% 的显著性水平下不显著，这说明身体健康的女性工作时间长，而家庭中拥有私人房产的女性比家庭没有私人房产的女性的工作时间更长，但这种差别不具有一般性。模型中其他解释变量，如年龄、家庭资产、下乡经历等对女性工作时间的影响也不显著。

表8-3　　　　　　　　　全部女性劳动力供给

| 变量 | OLS | 2SLS（个人工资作为内生变量） | 2SLS（个人工资和家庭其他成员收入均作为内生变量） |
|---|---|---|---|
| 工资 | -0.201*** | 0.224*** | 0.195*** |
|  | (0.007) | (0.082) | (0.069) |
| 家庭其他成员收入 | 0.031*** | -0.099*** | -0.116*** |
|  | (0.007) | (0.027) | (0.032) |
| 家庭资产 | 0.0003*** | -0.0003** | -0.0002 |
|  | (0.0001) | (0.0001) | (0.0001) |
| 年龄 | -0.003 | -0.003 | -0.003 |
|  | (0.006) | (0.008) | (0.008) |
| 年龄平方项 | 0.00002 | 0.00003 | 0.00003 |
|  | (0.0001) | (0.0001) | (0.0001) |
| 工作经验 | 0.002** | -0.005** | -0.004*** |
|  | (0.001) | (0.002) | (0.002) |
| 家庭规模 | 0.003 | 0.045*** | 0.045*** |
|  | (0.008) | (0.013) | (0.013) |
| 党员 | 0.020* | 0.007 | 0.006 |
|  | (0.012) | (0.016) | (0.016) |
| 健康 | 0.016 | 0.024 | 0.023 |
|  | (0.022) | (0.030) | (0.029) |
| 大学及以上 | 0.038 | -0.317*** | -0.296*** |
|  | (0.033) | (0.081) | (0.070) |
| 大专 | 0.019 | -0.232*** | -0.222*** |
|  | (0.030) | (0.063) | (0.055) |
| 中专 | -0.003 | -0.220*** | -0.213*** |
|  | (0.030) | (0.058) | (0.052) |
| 高中 | -0.025 | -0.168*** | -0.170*** |
|  | (0.029) | (0.048) | (0.044) |
| 初中 | -0.024 | -0.094** | -0.098** |
|  | (0.029) | (0.041) | (0.040) |
| 老人 | -0.006 | -0.025 | -0.039 |
|  | (0.105) | (0.141) | (0.137) |
| 学前子女 | -0.001 | -0.020 | -0.017 |
|  | (0.018) | (0.024) | (0.024) |
| 学中子女 | -0.001 | -0.029* | -0.030* |
|  | (0.012) | (0.017) | (0.017) |

续表

| 变量 | OLS | 2SLS（个人工资作为内生变量） | 2SLS（个人工资和家庭其他成员收入均作为内生变量） |
|---|---|---|---|
| 私人房产 | 0.027** | 0.003 | 0.010 |
|  | (0.012) | (0.017) | (0.016) |
| 下乡经历 | -0.004 | -0.008 | -0.006 |
|  | (0.014) | (0.018) | (0.018) |
| 已婚 | -0.035 | -0.005 | -0.012 |
|  | (0.022) | (0.030) | (0.030) |
| 户主 | 0.168** | -0.013 | -0.009 |
|  | (0.083) | (0.118) | (0.113) |
| 户主配偶 | 0.137* | 0.048 | 0.045 |
|  | (0.083) | (0.113) | (0.109) |
| 户主子女 | 0.041 | 0.032 | 0.030 |
|  | (0.081) | (0.110) | (0.106) |
| 户主父母 | 0.061 | -0.043 | -0.049 |
|  | (0.125) | (0.170) | (0.164) |
| 常数项 | 7.729*** | 7.740*** | 7.804*** |
|  | (0.142) | (0.192) | (0.188) |
| 观测值 | 4136 | 4088 | 4022 |
| F-statistic | $F_{(24, 4111)}=34.18$ | $F_{(24, 4063)}=2.09$ | $F_{(24, 3997)}=2.17$ |
| Prob > F | 0.000 | 0.001 | 0.000 |
| Basmann test | — | 0.343 | 2.228 |
| P-value | — | 0.8422 | 0.8168 |
| Wu-Hausman | — | $F_{(1, 4062)}=49.49$ | $F_{(2, 3995)}=32.58$ |
| Prob > F |  | 0.000 | 0.000 |

注：括号内为标准误；*** 表示 1% 的显著性水平；** 表示 5% 的显著性水平；* 表示 10% 的显著性水平。

在表 8-3 的结果中，已婚变量和户主变量的系数均在 10% 的显著性水平下不显著，这意味着婚姻和家庭身份对女性劳动时间的影响不显著。但现有的诸多研究指出，不同婚姻状况和家庭身份的女性劳动力供给存在差异性。如 Inglehart（1997）研究发现，婚姻鼓励女性增加劳动力供给。而 Lee, Jang 和 Sarkar（2007）的实证结果表明，在受教育程度相同的条件下，韩国已婚女性的劳动力参与率要比未婚女性低 60%。本章将分别针对已婚女性和未婚女性、女性家庭户主和女性非户主展开研究。

### (二) 对已婚女性和未婚女性样本的比较研究

本部分对已婚女性和未婚女性样本进行了分组估计，结果见表 8-4 第 1 列和第 2 列的估计结果。估计方法和工具变量的选择与表 8-3 第 3 列相同。

从结果中可以看出：第一，工资对已婚和未婚女性工作时间的作用方向相同，且均显著为正，这进一步验证了前面得出的我国女性劳动力供给曲线向右上方倾斜的结论。通过比较可以发现，未婚女性小时工资变量的系数明显大于已婚女性，这意味着已婚女性的劳动供给弹性小于未婚女性的劳动供给弹性——若小时工资增长 10%，那么未婚女性的工作时间将增加 2.84%，而已婚女性仅增加 1.39%；第二，家庭其他成员收入对已婚女性和未婚女性的工作时间影响均显著为负，但相比之下，对未婚女性工作时间的影响更大——家庭其他成员的收入每增加 10%，未婚女性的工作时间将减少约 2.15%，而已婚女性仅减少约 0.84%；第三，教育水平虚拟变量的系数均显著为负，这说明随着受教育水平的提高，已婚女性和未婚女性的年工作时间都呈减少趋势，但未婚女性的年工作时间在不同受教育水平之间的下降幅度远远高于已婚女性。例如，受教育水平为大学及以上的未婚女性平均每年比受教育水平为大专的未婚女性少工作 14%，但同样受教育水平的已婚女性之间工作时间差距仅为 4.5%。

进一步分析可以发现，工作经验对两类女性劳动力供给的影响是相反的，随着工作经验的增加，未婚女性会增加工作时间，而已婚女性却减少工作时间。众多的研究表明，工资与工作经验之间存在一种倒 U 型关系。未婚女性在参加工作初期，工资会随着工作经验的增加表现出一种快速上升趋势，且在此阶段未婚女性工作时间对小时工资的弹性较大（这可以从上述的分析中得到结论），因此对未婚女性而言，更倾向于选择工作。相比之下，已婚女性的年龄偏大，工作经验较丰富，随着工作经验的逐渐积累，工资的增长速度会逐渐放缓，甚至会随着工作经验的增加，工资相对呈下降趋势。在此过程中，已婚女性的保留工资增加，且工作时间对小时工资的弹性较小，因此已婚女性的工作时间会随着工作经验的增加而呈缓慢减少趋势。前文提到，家庭规模和私人房产是影响女性劳动供给的重要因素。表 8-4 估计结果表明，家庭规模对已婚女性影响更为显著，但影响力度小与未婚女性。拥有私人房产会显著增加未婚女性的工作时间,而已婚女性的工作时间将减少。

### (三) 对具有户主身份和非户主身份女性样本的比较研究

在过去较长的一段时间内,性别几乎是决定家庭户主的唯一因素,女性作为家庭户主的人数远远低于男性。1988 年女性户主只占户主总数的 6.13%,1995 年,女性户主的比例上升为 26.33%,到 2002 年女性户主的比重达到 33%。由这些变化可以看出,男女平等的思想日渐深入人心,女性在家庭中的地位不断提高。作为家庭户主,不仅意味着享有某些家庭决策的特权,而且需要承担更多的家庭责任,这就要求户主的劳动力供给相对平稳。因此我们预期,女性户主的工作时间将缺乏弹性。

表 8 – 4 第 3 列和第 4 列分别是对具有户主身份和不具有户主身份的女性样本的分组估计结果。估计方法和工具变量的选择与表 8 – 3 第 3 列相同。从变量系数的符号中可以看出,虽然小时工资增加会使得两类女性的工作时间同时增加,而家庭其他成员的收入增加会使得两类女性的工作时间减少,但小时工资和家庭其他成员收入对具有户主身份的女性的影响在 10% 的显著性水平下不显著。这种状况同时表现在工作经验和家庭规模对两类女性工作时间的影响上。不具有户主身份的女性会随着工作经验的增加而减少工作时间,随着家庭规模的扩大而增加工作时间,上述两种因素的变化对具有户主身份的女性的影响则不显著。受教育水平对两类女性的影响方向一致,即不同家庭身份的女性均会随着教育水平的提高而减少工作时间,但女性非户主在各个受教育层次之间的工作时间差异高于具有户主身份的女性。在估计结果中,其他的解释变量的系数均不显著,这表明这类变量的变化对两类女性的影响不具有普遍性。综合上述的分析,可以得出女性户主的劳动力供给缺乏弹性。

表 8 – 4　　　　　　　分婚姻状况和户主身份的女性劳动供给

| 变量 | 已婚女性 | 未婚女性 | 女性户主 | 女性非户主 |
| --- | --- | --- | --- | --- |
| 工资 | 0.139** | 0.284* | 0.004 | 0.244*** |
|  | (0.069) | (0.150) | (0.100) | (0.084) |
| 家庭其他成员收入 | -0.084*** | -0.215*** | -0.029 | -0.146*** |
|  | (0.030) | (0.079) | (0.038) | (0.040) |

续表

| 变量 | 已婚女性 | 未婚女性 | 女性户主 | 女性非户主 |
|---|---|---|---|---|
| 家庭资产 | -0.0001<br>(0.0001) | -0.0002<br>(0.0002) | 0.00001<br>(0.0003) | -0.0002<br>(0.0001) |
| 年龄 | -0.011<br>(0.010) | 0.009<br>(0.021) | -0.007<br>(0.014) | -0.004<br>(0.009) |
| 年龄平方项 | 0.0001<br>(0.0001) | -0.0004<br>(0.0003) | 0.0001<br>(0.0002) | 0.00005<br>(0.0001) |
| 工作经验 | -0.005**<br>(0.002) | 0.009<br>(0.006) | -0.002<br>(0.003) | -0.005**<br>(0.002) |
| 家庭规模 | 0.031**<br>(0.014) | 0.084*<br>(0.044) | 0.031<br>(0.020) | 0.049***<br>(0.018) |
| 党员 | 0.006<br>(0.015) | -0.064<br>(0.077) | 0.022<br>(0.018) | -0.004<br>(0.022) |
| 健康 | 0.013<br>(0.028) | 0.183<br>(0.156) | 0.012<br>(0.038) | 0.018<br>(0.039) |
| 大学及以上 | -0.227***<br>(0.068) | -0.831***<br>(0.291) | -0.119<br>(0.094) | -0.352***<br>(0.088) |
| 大专 | -0.181***<br>(0.055) | -0.681**<br>(0.265) | -0.113<br>(0.076) | -0.256***<br>(0.070) |
| 中专 | -0.175***<br>(0.051) | -0.688**<br>(0.266) | -0.127*<br>(0.073) | -0.238***<br>(0.066) |
| 高中 | -0.135***<br>(0.042) | -0.669**<br>(0.259) | -0.124*<br>(0.066) | -0.174***<br>(0.055) |
| 初中 | -0.076**<br>(0.038) | -0.501**<br>(0.246) | -0.085<br>(0.060) | -0.096*<br>(0.050) |
| 老人 | -0.084<br>(0.137) | 0.289<br>(0.488) | 0.086<br>(0.199) | -0.136<br>(0.176) |
| 学前子女 | -0.017<br>(0.024) | 0.055<br>(0.124) | -0.066*<br>(0.035) | -0.008<br>(0.028) |
| 学中子女 | -0.017<br>(0.017) | -0.103<br>(0.077) | -0.006<br>(0.021) | -0.045**<br>(0.023) |
| 私人房产 | -0.003<br>(0.017) | 0.143**<br>(0.056) | -0.005<br>(0.026) | 0.021<br>(0.021) |

续表

| 变量 | 已婚女性 | 未婚女性 | 女性户主 | 女性非户主 |
|---|---|---|---|---|
| 下乡经历 | -0.007<br>(0.017) | 0.167<br>(0.143) | 0.011<br>(0.022) | -0.018<br>(0.025) |
| 常数项 | 7.980***<br>(0.201) | 7.986***<br>(0.430) | 7.908***<br>(0.301) | 7.882***<br>(0.177) |
| 观测值 | 3555 | 467 | 1224 | 2798 |
| Basmann test | 1.875 | 10.547 | 3.177 | 3.212 |
| P-value | 0.8661 | 0.0611 | 0.6726 | 0.6674 |
| Wu-Hausman test | $F_{(2, 3533)}$ = 24.29 | $F_{(2, 445)}$ = 5.44 | $F_{(2, 1202)}$ = 4.49 | $F_{(2, 2776)}$ = 26.89 |
| Prob > F | 0.000 | 0.005 | 0.011 | 0.000 |

注：括号内为标准误；*** 表示1%的显著性水平；** 表示5%的显著性水平；* 表示10%的显著性水平。

## 四、结论及政策建议

本章利用 CHIP 数据对我国城镇女性劳动力的供给行为进行了分析。采用以往研究中通常使用的联合决策模型，用年工作小时数来体现女性劳动力供给的变动，将工资、家庭其他成员收入、受教育水平、工作经验、家庭规模以及其他反映被调查人员工作偏好的特征因素考虑在内，并运用工具变量法解决模型的内生性问题。

通过研究发现，小时工资和家庭中其他成员收入是影响女性劳动力供给的两个重要因素。在其他因素不变的情况下，小时工资的变化会导致女性的工作时间同方向变动，家庭其他成员收入的变化则会导致女性工作时间向相反方向变动。据此，有关部门在制定改革措施时应当意识到这一点：如果改革措施直接或间接导致了劳动者工资的变动，那么工资变动将进一步反映到劳动者工作时间的相应调整上。换句话说，改革措施将通过工资的变动影响女性劳动者的劳动力供给。

不同受教育水平女性的劳动力供给行为也存在显著差异。随着受教育水平的提高，女性年平均工作时间呈不断下降趋势。这一结果表明，高等教育的优势不仅体现在更高的工资收入上，而且体现在更少的工作时间上。近年来我国对高等教育的投入逐年增加，但据 2005 年全国 1% 人口抽样调查数据显示，年龄在 18—61 岁之间，受过大学本科及研究生教育的女性占该年龄段女性总人口的比重仅为 2.2%，受过高中及以上教育的女性占 17.9%，而绝大多数女性仅受到了初中及以下水平的教育。由于受教育水平低，我国女性从事的行业多为非技术密集型行业（宋月萍，2007），收入微薄且工作时间长[①]。因此，在今后改革过程中，要采取各种措施，鼓励女性接受中、高等教育，提高女性的整体素质，改善女性的工作现状。

为进一步探讨不同女性群体劳动力供给行为的差异性，本章按照婚姻状况和是否为家庭户主对全体女性样本进行分类，并对不同的女性群体进行分组估计。估计结果表明，与未婚女性和女性非户主相比，已婚女性和具有家庭户主身份女性的劳动力供给缺乏弹性。小时工资、家庭其他成员收入以及教育水平对各个分组样本的劳动力供给影响方向相同，但相比之下对未婚女性和女性非户主的影响程度更大；工作经验对已婚女性和未婚女性具有相反方向的显著影响；家庭规模对未婚女性和非户主女性存在显著影响，而对已婚女性和具有户主身份的女性的影响不显著；家庭拥有私人房产对未婚女性的影响非常显著，而对其他女性群体的影响不显著。

## 参考文献

［1］蔡昉，王美艳．中国城镇劳动参与率的变化及其政策含义［J］．中国社会科学，2004，4.

［2］蔡昉，王美艳．女性劳动力供给特点与教育投资［J］．江海学刊，2001，6.

［3］曹永栋．我国行业工资性收入差距拉大的原因［J］．经济纵横，2012，1.

［4］陈东，刘金东．劳动保护有助于缩小就业弱势群体的相对收入差距吗——以新《劳动合同法》的实施为例［J］．财贸经济，2014，12.

［5］陈汉聪．我国高等教育大众化进程的现状分析及前景展望［J］．

---

① 我国女性每周平均工作时间为 41.20 小时，而 1990 年加拿大女性每周平均工作 34.86 小时（Mueller，2005），澳大利亚女性 1984－2002 年间每周平均工作时间为 17.80 小时（Evans 和 Kelley，2008），国际劳工标准规定的每周工作小时为 40 小时。

教育科学，2007，6.

[6] 陈晋玲．基于面板模型的山西省行业工资收入变化趋势实证研究[J]．云南财经大学学报，2011，16.

[7] 陈敏．中美高校学生就业指导师资队伍专业化比较研究[J]．教育发展研究，2006，3.

[8] 陈钊等．行业间不平等：日益重要的城镇收入差距成因——基于回归方程的分解[J]．中国社会科学，2010，3.

[9] 程名望，史清华，Jin Yanhong 等．农户收入差距及其根源：模型与实证[J]．管理世界，2015，7.

[10] 程蹊，尹宁波．农民工就业歧视的政治经济学[J]．农村经济，2004，2.

[11] 丁赛，董晓媛，李实．经济转型下的中国城镇女性就业和收入分配变化[J]．经济学（季刊），2007，4.

[12] 杜凤莲．家庭结构、儿童看护与女性劳动供给：来自中国非农村的证据[J]．世界经济文汇，2008，2.

[13] 杜智敏，王静，周萍．论高等学校生师比与办学效益[J]．教育研究，1998，5.

[14] 高梦滔，姚洋．农户收入差距的微观基础：物质资本还是人力资本[J]．经济研究，2006，12.

[15] 耿德伟．中国城镇居民个人收入差距的演进——一个基于组群视角的分析[J]．管理世界，2014，3.

[16] 顾严，冯银虎．我国行业收入分配发生两极分化了吗——来自非参数 Kernel 密度估计的证据[J]．经济评论，2008，4.

[17] 黑建敏．高校人力资源管理效益提升空间探析——从评估方案生师比指标看高校编制功能开发[J]．中国高教研究，2009，1.

[18] 黄乾，周兴．城镇职工与农村进城务工人员收入差距的变迁及其影响因素[J]．人口研究，2015，1.

[19] 纪秋发．北京青年的婚姻观——一项实证调查分析[J]．青年研究，1995，7.

[20] 晋利珍．改革开放以来我国行业工资差距及其决定因素实证研究——兼论对企业技术创新的影响[J]．经济问题探索，2010，12.

[21] 李静．农民工歧视问题探究[J]．中共云南省委党校学报，

2009，4.

［22］李利英，董晓媛．性别工资差异中的企业效应［J］．经济研究，2008，9.

［23］李强．社会学的"剥夺"理论与我国农民工问题［J］．学术界，2004，4.

［24］李任玉，杜在超，何勤英等．富爸爸、穷爸爸和子代收入差距［J］．经济学（季刊），2014，1.

［25］李实，丁赛．中国城镇教育收益率的长期变动趋势［J］．中国社会科学，2003，6.

［26］李实，罗楚亮，中国收入差距究竟有多大？——对修正样本结构偏差的尝试［J］．经济研究，2011，4.

［27］李雅楠，廖利兵．城镇居民性别收入差距及其演变：1991－2009［J］．人口与经济，2014，2.

［28］刘林，李光浩，雷明．连片特困区少数民族农户收入差距的微观基础——以2011－2014年新疆南疆三地州为例［J］．经济科学，2016，3.

［29］刘文忻，杜凤莲．失业与中国城镇人口收入差距［J］．经济评论，2008，1.

［30］刘晓昀，Terry Sicular，辛贤．中国农村劳动力非农就业的性别差异［J］．经济学（季刊），2003，3.

［31］刘智勇，胡永远．人力资本、要素边际生产率与地区差异——基于全要素生产率视角的研究［J］．中国人口科学，2009，3.

［32］罗楚亮．经济增长、收入差距与农村贫困［J］．经济研究，2012，2.

［33］吕康银，王文静，张丽．行业工资的性别差异研究［J］．山东社会科学，2010，6.

［34］马晓春．美国高校大学生就业服务体系研究及启示［J］．煤炭高等教育，2009，5.

［35］毛勇．影响中国高等教育规模速度发展的因素探析——实践与反思［J］．高教探索，2005，5.

［36］亓寿伟，刘智强．"天花板效应"还是"地板效应"——探讨国有与非国有部门性别工资差异的分布与成因［J］．数量经济技术与经济研究，2009，11.

[37] 秦季飞. 武汉地区大学生的择偶标准 [J]. 青年研究, 1995, 11.

[38] 卿石松, 郑加梅. "同酬"还需"同工": 职位隔离对性别收入差距的作用 [J]. 经济学(季刊), 2013, 2.

[39] 尚会鹏. 中原地区村落社会中青年择偶观及其变化 [J]. 青年研究, 1995, 9.

[40] 孙敬水, 于思源. 行业收入差距影响因素及其贡献率研究——基于全国19个行业4085份问卷调查数据分析 [J]. 山西财经大学学报, 2014, 2.

[41] 宋月萍. 职业流动中的性别差异: 审视中国城市劳动力市场 [J]. 经济学(季刊), 2007, 2.

[42] 汤凤林, 雷鹏飞. 收入差距、居民幸福感与公共支出政策 [J]. 经济学动态, 2014, 4.

[43] 万海远, 李实. 户籍歧视对城乡收入差距的影响 [J]. 经济研究, 2013, 9.

[44] 王鹏, 刘国恩. 健康人力资本与性别工资差异 [J]. 南方经济, 2010, 9.

[45] 王询, 彭树宏. 中国行业工资差距的演化与特征 [J]. 中国人口科学, 2012, 5.

[46] 文东茅. 高等教育发展与毕业生资源配置, 闵维方. 高等教育运行机制 [M]. 人民教育出版社, 2002.

[47] 文东茅. 高等教育规模扩展与毕业生就业 [J]. 高教探索, 2000, 4.

[48] 伍德里奇, J. M. 著, 费剑平等译. 计量经济学导论——现代观点 [M]. 中国人民大学出版社, 2003.

[49] 武向荣. 教育扩展中的过度教育现象及其收入效应——基于中国现状的经验研究 [J]. 北京师范大学学报, 2007, 3.

[50] 武向荣. 过度教育的经验研究——基于对三家企业的调查 [J]. 教育与经济, 2005, (2): 4-8.

[51] 吴雪莹, 陈如. 众里寻他千百度——从征婚启事看当代人的择偶标准 [J]. 青年研究, 1996, 9.

[52] 武岩, 胡必亮. 社会资本与中国农民工收入差距 [J]. 中国人口科学, 2014, 6.

[53] 向书坚，李芳芝，李超. 区域分割下农民工收入差距的回归分解 [J]. 统计研究，2014，2.

[54] 徐晓红. 中国城乡居民收入差距代际传递变动趋势：2002-2012 [J]. 中国工业经济，2015，3.

[55] 杨娟，Sylvie Demurge，李实. 中国城镇不同所有制企业职工收入差距的变化趋势 [J]. 经济学（季刊），2011，1.

[56] 张丹丹. 市场化与性别工资差异研究 [J]. 中国人口科学，2004，1.

[57] 周广肃，樊纲，申广军. 收入差距、社会资本与健康水平——基于中国家庭追踪调查（CFPS）的实证分析 [J]. 管理世界，2014，7.

[58] 潘懋文. 高等教育大众化的教育质量观 [J]. 清华大学教育研究，2000，1.

[59] 盛昕. 改革开放30年中国农民工政策的演进及发展 [J]. 学术交流，2008，4.

[60] 宋洪远，黄华波，刘光明. 关于农村劳动力流动的政策问题分析 [J]. 管理世界，2002，5.

[61] 谢嗣胜，姚先国. 农民工工资歧视的计量分析 [J]. 中国农村经济，2006，4.

[62] 徐安琪. 上海女性择偶行为的现状和变迁 [J]. 妇女研究论丛，1997，4.

[63] 徐洁，杨宜平. 行业工资差异的分位数回归分析——以重庆市为例 [J]. 重庆工商大学学报，2016，10.

[64] 杨俊，李雪松. 教育不平等、人力资本积累与经济增长：基于中国的实证研究 [J]. 数量经济技术经济研究，2007，2.

[65] 姚先国，赖普清. 中国劳资关系的城乡户籍差异 [J]. 经济研究，2004，7.

[66] 姚先国，李晓华. 工资不平等的上升：结构效应与价格效应 [J]. 中国人口科学，2007，1.

[67] 姚先国，谭岚. 女性劳动供给研究的理论综述与评价 [J]. 劳动经济与公共政策研究中心工作论文系列，浙江大学经济学院，2004.

[68] 姚先国，谭岚. 家庭收入与中国城镇已婚妇女劳动参与决策分析 [J]. 经济研究，2005，7.

［69］姚先国，谭岚．中国经济转型中城镇女性劳动供给行为研究——兼论动态博弈框架下教育决策的内生性问题［J］．经济论坛，2005，8.

［70］张敦福．城市农民工的边缘地位［J］．青年研究，2000，9.

［71］张海峰．城乡教育不平等与收入差距扩大——基于省级混合截面数据的实证分析［J］．山西财经大学学报，2006，2.

［72］张晓蓓，亓朋．我国过度教育现象研究——基于全国综合社会调查数据的分析［J］．教育发展研究，2010，17.

［73］张晓蓓，亓朋．劳动合同类型、性别与工资差异［J］．南方人口，2010，1.

［74］张智勇．户籍制度：农民工就业歧视形成之根源［J］．农村经济，2005，4.

［75］朱力．农民工阶层的特征与社会地位［J］．南京大学学报，2003，6.

［76］易富贤．中国就业市场是"人荒""才不荒"——浅谈中国劳动力廉价的原因［N］．光明观察，2007 - 6 - 27.

［77］Bargain O., Bhaumik K. S., Chakrabarty M., and Zhao Zhong. (2009). Earnings Differences between Chinese and Indian Wage Earners, 1987 - 2004. Review of Income and Wealth, 55: 562 - 587.

［78］Bayard K., Hellerstein J., Neumark D., and Troske K.. (2003). New Evidence on Sex Segregation and Sex Differences in Wages from Matched Employee - employer Data. Journal of Labor Economics, 21 (4): 887 - 922.

［79］Becker, G. S.. Human capital: A Theoretical and Empirical Analysis with Special Reference to Education, National Bureau of Economic Research, New York, 1964.

［80］Becker, Gary S., 1973, "A Theory of Marriage: Part I," *The Journal of Political Economy*, Vol. 81, pp. 813 - 846.

［81］Beaudry P., Lewis E.. (2014). Do Male - female Wage Differentials Reflect Defferences in the Return to Skill? Cross - city Evidence from 1980 - 2000. Applied Economics, 6 (2): 178 - 194.

［82］Behr A., Potter U.. (2009). Analysing Wage Differences between the USA and Germany Using Proportional Hazards Models. Labour, 23 (2): 319 - 347.

[83] Blinder, 1973, "Wage Discrimination: Reduced form and Structural Estimations," *Journal of Human Resources*, Vol. 8, pp. 436 – 455.

[84] Blundell, R., Macurdy, T., 1999, *Labor Supply: a Review of Alternative Approaches* [J]. Handbook of Labor Economics, Vol. 3, pp. 1560 – 1618.

[85] Bourguignon, F. and Chiappori, Pierre – Andre, 1992, *Collective Model of Household Behavior* [J]. European Economic Review, Vol. 36, pp. 355 – 364.

[86] Bracher, M., Santow, M. G., 1990, *The Family Histories of Australian Women* [J]. European Journal of Population, Vol. 6, pp. 227 – 255.

[87] Browning, M., Chiaporri, Pierre – Andre and Valerie Lechene, 2006, *Collective and Unitary Models: a Clarification* [J]. Rev Econ Household, Vol. 4, pp. 5 – 14.

[88] Budig, M. J., England, P., 2001, *The Wage Penalty for Motherhood* [J]. American Sociological Review, Vol. 66, pp. 204 – 225.

[89] Burkett, John P., Putterman, Louis, 1993, *The Case of Dahe Commune* [J]. Economica, 60 (240), pp. 381 – 396.

[90] Candelaria, C., Daly M., Hale G.. (2015). Persistence of Regional Wage Differences in China. Pacific Economic Review, 20 (3): 365 – 387.

[91] Canal – Dominguez F. J., Rodriguez – Gutierrez C.. (2007). Analysis of Wage Differences between Native and Immigration Workers in Spain. Span Econ Rev, 10: 109 – 134.

[92] Carruth A., Collier W., Dickerson A.. (2004). Inter – industry Wage Differences and Individual Heterogeneity. Oxford Bulletin of Economics and Statistics, 66 (5): 811 – 846.

[93] Cerrutti, M., 2000, *Economic Reform, Structural Adjustment and Female Labor Force Participation in Buenos Aires, Argentina* [J]. World Development, Vol. 28, No. 5, pp. 879 – 891.

[94] Chan, Kamwing, 1996, "Post – Mao China: A Two – Class Urban Society in the Making", International Journal of Urban and Regional Research, 20, 134 – 150.

[95] Chau, T. W., Li, Hongbin, Liu, P. W. and Zhang Junsen, 2007, *Testing the Collective Model of Household Labor Supply: Evidence from China* [J].

China Economic Review, Vol. 18, pp. 389 – 402.

[96] Chiappori, Pierre – Andre, 1988, *Rational Household Labor Supply* [J]. Econometrica, Vol. 56, pp. 63 – 89.

[97] Chiappori, Pierre – Andre, 1992, *Collective Labor Supply and Welfare* [J]. Journal of Political Economy, Vol. 100, pp. 437 – 467.

[98] Cho J., Cho D.. (2011). Gender Difference of the Informal Sector Wage Gap: a Longitudinal Analysis for the Korean Labor Market. Journal of the Asia Pacific Economy, 16 (4): 612 – 629.

[99] Chou, Y. J. and Staiger, D., 2001, *Health Insurance and Female Labor Supply in Taiwan* [J]. Journal of Health Economics, Vol. 20, pp. 187 – 211.

[100] Coelli B. M. (2014). Occupational Differences and the Australian Gender Wage Gap. The Australian Economic Review, 47 (1): 44 – 62.

[101] Cotton J.. (1993). Color or Culture? Wage Differences among Non – Hispanic Black Males, Hispanic Black Males and Hispanic White Males. The Review of Black Political Economy: 53 – 67.

[102] Crook, C. J., 1995, *The Rool of Mothers in the Educational and Status Attainment of Australia Men and Women* [J]. Australian and New Zealand Journal of Sociology, Vol. 31, pp. 45 – 73.

[103] Cruces, G., Galiani, S., 2007, *Fertility and Female Labor Supply in Latin America: New Causal Evidence* [J]. Labour Economics, Vol. 14, pp. 565 – 573.

[104] Dong, X., Zhang, L., 2009, "Economic Transition and Gender Differentials in Wages and Productivity: Evidence from Chinese Manufacturing Enterprises," *Journal of Development Economics*, Vol. 88, pp. 144 – 156.

[105] Drydakis N.. (2011). Health Status and Wage Differences: Measuring Productivity Penalty and Discrimination Patterns. Applied Economics Letters, 18: 1393 – 1396.

[106] Duncan, G. J. & Hoffman, S.. The Incidence and Wage Effects of Overeducation [J]. Economics of Education Review, 1981, (1).

[107] Dye, A., 1985, "Optimal Length of Labor Contracts," *International Economic Review*, Vol. 26, pp. 251 – 270.

[108] Eberharter, V. V., 2001, *Gender Roles, Labour Market Participa-*

tion and Household Income Position [J]. Structural Change and Economic Dynamics, Vol. 12, pp. 235-246.

[109] Evans, M. D. R., Kelley, J., 2008, *Trends in Women's Labor Force Participation in Australia: 1984-2002* [J]. Social Science Research, Vol. 37, pp. 287-310.

[110] Fernandez, R. M., Mors, M. L., 2008, "Competing for Jobs: Labor Queues and Gender Sorting in the Hiring Process," *Social Science Research*, Vol. 37, pp. 161-1080.

[111] Fitzenberger B., Wunderlich. G.. (2002). Gender Wage Differences in West Germany: a Cohort Analysis. German Economic Review, 3 (4): 379-414.

[112] Florida R., Mellander C. (2016). The Geography of Inequality: Difference and Determinants of Wage and Income Inequality across US Metros. Regional Studies, 50 (1): 79-92.

[113] Fleisher, B. M., Li, Haizheng, Zhao Minqiang. Human Capital, Economic Growth and Regional Inequality in China [J]. Journal of Development Economics, 2009.

[114] Freeman, R. B.. The Overeducated American [M]. New York: Academic Press, 1976.

[115] French, E., Strachan, G., 2009, "Evaluating Equal Employment Opportunity and Its Impact on the Increased Participation of Men and Women in the Transport Industry," *Transportation Research Part A*, Vol. 43, pp. 78-89.

[116] Gabriel E. P.. (1997). Occupational Differences and the Relative Wages of Married and Single Young Men. Applied Economics Letters, 4: 591-594.

[117] Garcia J., Hernandez J. P., Lopez-Nicolas A.. (2001). How Wide is the Gap? An Investigation of Gender Wage Differences Using Quantile Regression. Empirical Economics, 26: 149-167.

[118] Groot, W., & Maassen Van Den Brink, H.. Overeducation in the Labor Market: A Meta-analysis [J]. Economics of Education Review, 2000, 19, 149-158.

[119] Gray J. A., 1978, "On Indexation and Contract Length," *Journal*

of Political Economy, Vol. 86, pp. 1 – 18.

［120］Gyimah – Brempong K. , Fichtenbaum R. . (1997) . Racial Wage Gaps and Differences in Human Capital. Applied Economics, 29: 1033 – 1044.

［121］Heckman J. J. . Sample Selection Bias as A Specification Error. *Econometrica*, 1979, (47): 153 – 161.

［122］Hedija V. (2016) . Gender Wage Differences in the Czech Public Sector: A Micro – level, Case. Review of Economic Perspectives, 16 (2): 121 – 134.

［123］Horney M. J. and McElory, M. B. , 1981, *Nash Bargained Household Decisions: Towards A Generalization of the Theory of Demand* ［J］. International Economic Review, Vol. 22, pp. 333 – 349.

［124］House, C. , Laitner, J. , Stolyarov, D. , 2007, *Trends in the Labor Force Participation of Married Women* ［J］. University of Michigan Retirement Research Center Working Paper, No. 171.

［125］Inglehart, R. , 1997, *Modernization and Postmodernization* ［M］. Princeton Univ. Press, Princeton.

［126］Jacobsen, J. P. , 1999, *Labor force Participation.* ［J］The Quarterly Review of Economics and Finance, Vol. 39, pp. 597 – 610.

［127］JURAJDA, S. (2003) . Gender Wage Gap and Segregation in Enterprises and the Public Sector in Late Transition Countries. Journal of Comparative Economics, 31 (2): 199 – 222.

［128］Lam, D. , 1988, "Marriage Markets and Assortative Mating with Household Pubic Goods: Theoretical Results and Empirical Implications," *Journal of Human Resources*, Vol. 23, pp. 426 – 487.

［129］Lee, B. S. , Jang, S. , Sarkar, J. , 2008, *Women's Labor Force Participation and Marriage: The Case of Korea* ［J］. Journal of Asian Economics.

［130］Li, H. , 2003, "Economic Transition and Returns to Education in China," *Economics of Education Review*, Vol. 22, pp. 317 – 328.

［131］Li, Haizheng, Zax, Jeffrey S. 中国经济转型与劳动力供给［J］. 中国劳动力市场与就业问题, 西南财经大学出版社, 2000, pp. 217 – 233.

［132］Li, Haizheng, Zax, Jeffrey S. , 2003, *Labor Supply in Urban China* ［J］. Journal of Comparative Economics, Vol. 31, pp. 795 – 817.

[133] Linsley, I.. Causes of Overeducation in the Australian Labour Market, The University of Melbourne Department of Economics Research Paper No. 940, 2005.

[134] L. N. Christofides, C. Peng., 2006, "Contract Duration and Indexation in A Period of Real and Nominal Uncertainty," *Labour Economics*, Vol. 13, pp. 61 – 86.

[135] LUI Hon – Kwong and Wing Suen, 1999, "A Direct Test of the Efficient Marriage Market Hypothesis," *Economic Inquiry*, Vol. 37, pp. 29 – 46.

[136] Maloney, T., 2000, *The Impact of Welfare Reform on Labour Supply Behaviour in New Zealand* [J]. Labour Economics, Vol. 7, pp. 427 – 448.

[137] Mason, G.. Graduate Utilisation in British Industry: the Initial Impact of Mass Higher Education [J]. National Institute Economic Review, 1996.

[138] Mason L. P.. (1997). Race, Culture, and Skill: Interracial Wage Differences among African Americans, Latinos, and Whites. The Review of Black Political Economy, 5 – 39.

[139] Maurer – Fazio, M., 1995, *Labor Reform in China: Crossing the River by Feeling the Stones* [J]. Comparative Economic Studies, Vol. 37, No. 4, pp. 111 – 123.

[140] Maurer – Fazio, M., Hughes, J. W., and Zhang Dandan, 2005, *Economic Reform and Changing Patterns of Labor Force Participation in Urban and Rural China*, William Davidson Institute Working Paper, No. 787.

[141] Maurer – Fazio M., Hughes J. W., Zhang Dandan. An Ocean Formed from One Hundred Rivers: the Effects of Ethnicity, Gender, Marriage, and Location on Labor Force Participation in Urban China [J]. Feminist Economics, 2007, (13): 159 – 187.

[142] McElroy, M. B. And M. J. Horney, 1981, *Nash – Bargained Household Decisions: Toward a Generalization of the Theory of Demand* [J]. International Economic Review, 22, 333 – 349.

[143] McGregory Jr. C. R.. (2013). An Analysis of Black – White Wage Differences in Nursing: Wage Gap or Wage Premium? Review of Black Political Economics, 40: 31 – 37.

[144] Miyoshi, K., 2008, "Male – female Wage Differentials in Japan,"

*Japan and the World Economy*, Vol. 20, pp. 479 – 496.

[145] Mueller, R. E., 2005, *The Effect of Marital Dissolution on the Labor Supply of Males and Females: Evidence From Canada* [J]. The Journal of Socio – Economics, Vol. 34, pp. 787 – 809.

[146] Munoz – Bullon, F., 2009, "The Gap between Male and Female Pay in the Spanish Tourism Industry," *Tourism Management*, pp. 1 – 12.

[147] Murphy, K. and Welch, F., 1990, "Empirical Age – Earning Profiles," *Journal of Labor Economics*, Vol. 8, pp. 202 – 229.

[148] Nakosteen, R. and Zimmer, M., 2001, "Spouse Selection and Earnings: Evidence of Marital Sorting," *Economic Inquiry*, Vol. 39, pp. 201 – 213.

[149] Oaxaca, R. L., 1973, "Male – female Wage Differentials in Urban Labor Markets," *International Economic Review*, Vol. 14, pp. 693 – 709.

[150] Owen L. A., Yu Y. B.. (2008). Regional Differences in Wage Inequality Across Industries in China. Applied Economics Letters, 15: 113 – 116.

[151] Ozcan Z. Y., Ucdogruk S., Ozcan M. K.. (2003). Wage Differences by Gender, Wage and Self Employment in urban Turkey. Journal of Economic Cooperation, 24 (1): 1 – 24.

[152] Putterman, Louis, 1990, *Effort, Productivity, and Incentives in A 1970s Chinese People's Commune* [J]. Journal of Comparative Economics, 14 (1), 88 – 104.

[153] Reimers, C., 1983, "Labor Market Discrimination Against Hispanic and Black Men," *The Review of Economics and Statistics*, Vol. 65, pp. 570 – 579.

[154] Ridao – Cano, C., Mcnown, R., 2005, *The Effect of Tax – benefit Policies on Fertility and Female Labor Force Participation in the United States* [J]. Journal of Policy Modeling, Vol. 27, pp. 1083 – 1096.

[155] Sattinger, M.. Assignment Models of the Distribution of Earnings [J]. Journal of Economic Literature, 1993, 31.

[156] Shimizutani, S., Suzuki, W. and Noguchi, H., 2008, *The Socialization of at – home Elderly Care and Female Labor Market Participation: Micro – level Evidence from Japan* [J]. Japan and the World Economy, Vol. 20, pp. 82 – 96.

[157] Simon H. (2010). International Differences in Wage Inequality: a New Glance with European Matched Employer-employee Data. British Journal of Industrial Relations, 48 (2): 310-346.

[158] Simon J. H., Ramos R. and Sanroma E.. (2006). Collective Bargaining and Regional Wage Differences in Spain: An Empirical Analysis. Applied Economics, 38: 1749-1760.

[159] Sicilian P., Grossberg J. A.. (2001). Investment in Human Capital and Gender Wage Differences: Evidence from the NLSY. Applied Economics, 33: 463-471.

[160] Sookram, S., Strobl, E., 2009, "The Role of Educational Choice in Occupational Gender Segregation: Evidence from Thrinidad and Tobago," *Economics of Education Review*, Vol. 28, pp. 1-10.

[161] Spence, M.. Job Market Signaling [J]. Quarterly Journal of Economics, 1973, 87.

[162] Thurow, L. C.. Generating Inequality: Mechanisms of Distribution in the U. S. Economy [M]. Basic Books, New York, 1975.

[163] Tsang, M. C., Rumberger, R. W., & Levin, H. M.. The Impact of Surplus Schooling on Worker Productivity [J]. Industrial Relations, 1991, 30.

[164] Ueda, A., 2008, *Dynamic Model of Childbearing and Labor Force Participation of Married Women: Empirical Evidence from Korea and Japan.* [J] Journal of Asian Economics.

[165] Vendrik, M. C. M., 2003, *Dynamics of a Household Norm in Female Labour Supply* [J]. Journal of Economic Dynamics & Control, Vol. 27, pp. 823-841.

[166] Wang, M., Cai, F., 2006, "Gender Wage Differentials in China's Urban Labor Market," World Institute for Development Economics Research, Research Paper No. 2006/146.

[167] Watkins, M. P. and Meredith, W., 1981, "Spouse Similarity in Newlyweds with Respect to Specific Cognitive Abilities, Socioeconomic Status, and Education." *Behavior Genetics*, Vol. 11, pp. 1-21.

[168] Woittiez, I., Kapteyn, A., 1998, *Social Interactions and Habit*

*Formation in a Model of Female Labour Supply* [J]. Journal of Public Economics, Vol. 70, pp. 185 – 205.

[169] Wolszczak – Derlacz J.. (2013). Mind the Gender Wage Gap – the Impact of Trade and Competition on Sectoral Wage Differences. The World Economy, 36 (4): 437 – 464.

[170] Yaohui Zhao, 1999, "Leaving the Countryside: Rural – To – Urban Migration Decisions in China," *The American Economic Review*, Vol. 89, pp. 281 – 286.

[171] Zhang, J., Liu, W., Yung, L., 2007, "The Cultural Revolution and Returns to Schooling in China: Estimates Based on Twins," *Journal of Development Economics*, Vol. 84, pp. 631 – 639.